奈良県立大学
ユーラシア研究センター学術叢書シリーズ3
vol.2

# 大和の国のリーダーたちⅡ

奈良県立大学ユーラシア研究センター編著

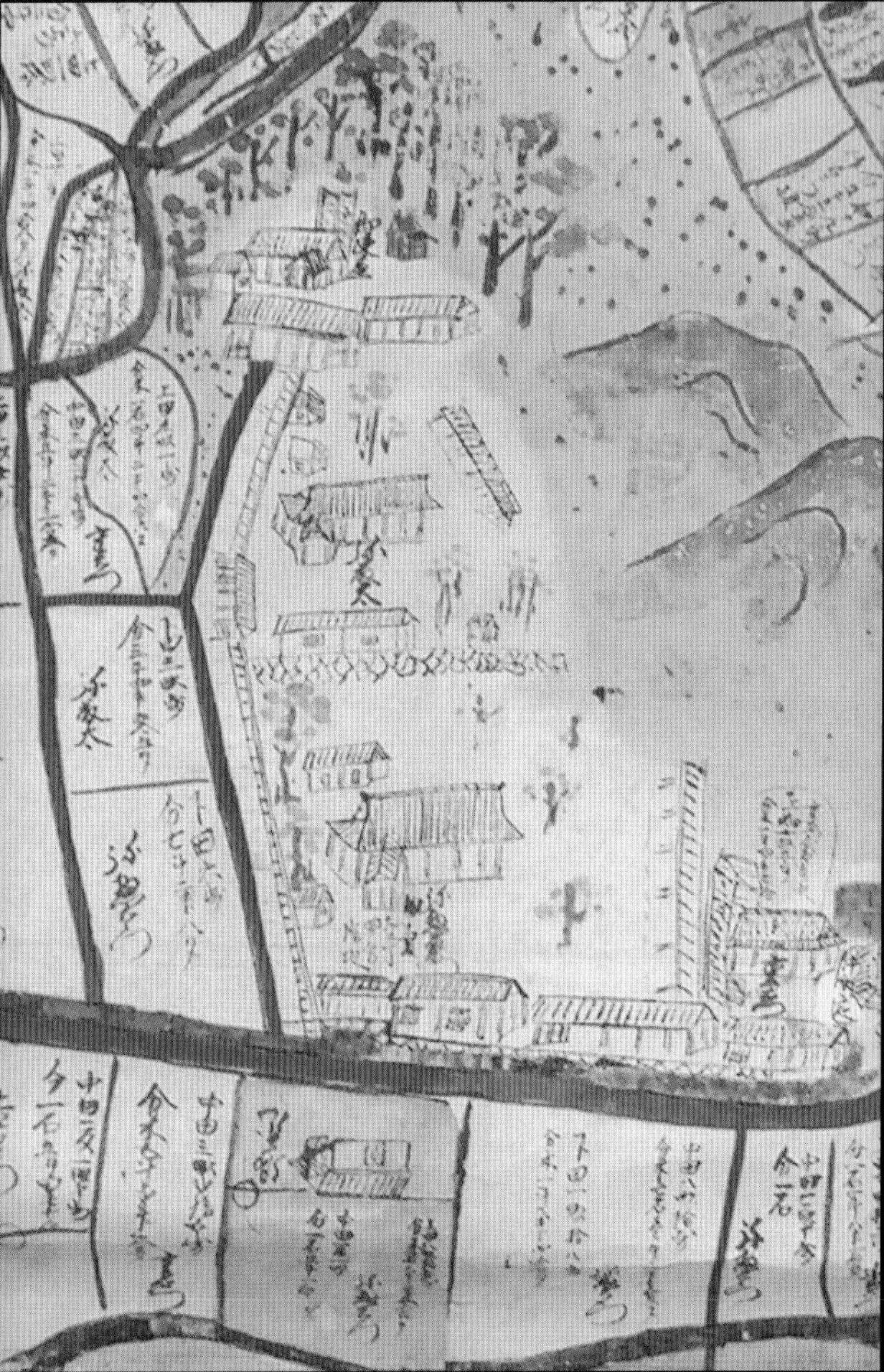

寛政元年（1789）辻村絵図（生駒市辻町・農家組合所蔵文書）
生駒陣屋の周辺

旧今村邸（現・安堵町歴史民俗資料館）(生駒郡安堵町東安堵)

旧今村邸（現・安堵町歴史民俗資料館）(生駒郡安堵町東安堵)

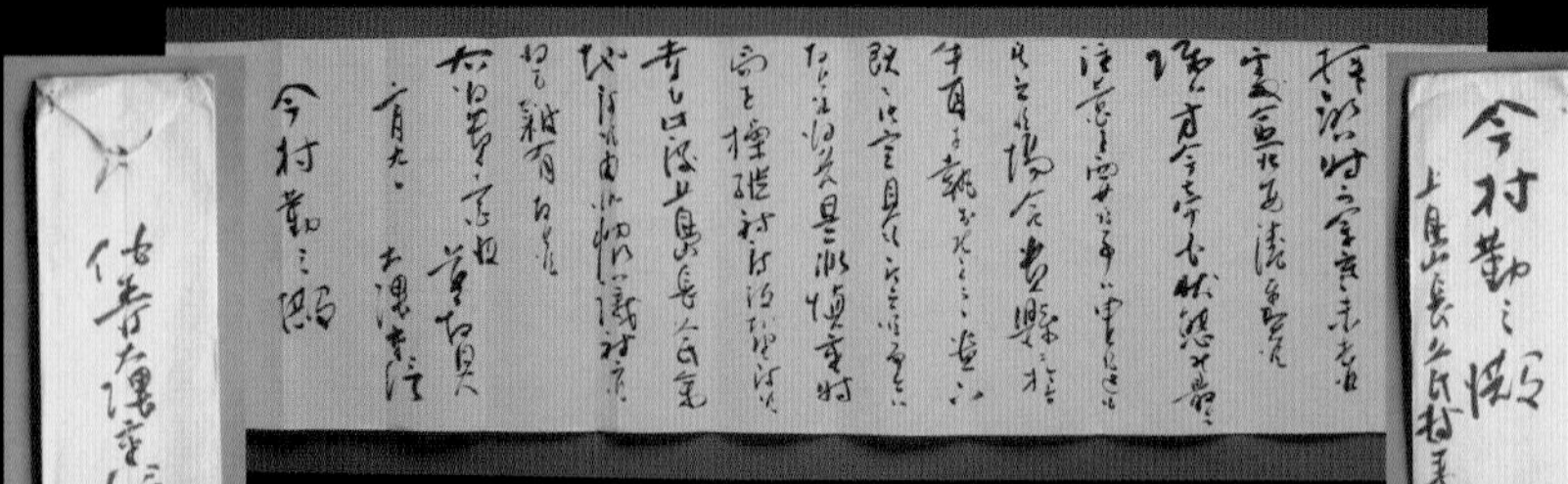

大隈重信からの書状
（安堵町歴史民俗資料館所蔵）

# 今回も、はじまる前に。

「センセー、シツモンで～す」

「……また、あなたですか。……はっきり言って、あなたの評判良くないんですよ。『学術叢書』にふさわしくないキャラだって。前回はvol. 3や4にも出ていたって顰蹙を買っていますよ」

「ふう～ん。だったら、シカのツメみたいにかっちかちの『前書き』にすりゃ良いじゃないですか」

「あのねえ、『しかつめらしく』は『鹿の爪みたいに』じゃありません。当然そのようなものとすべきという意味の古語、『然るべくありつらし』。鹿爪は当て字です」

「シカセンベイがアルのにツライ？」

「……忙しいんですよ。質問があるなら、どうぞ」

「今回のリーダーって、びっくりするくらい無名じゃないですか。なんでこーゆー誰も知らない人を出すんですか」

「リーダーにふさわしい人物なのに知られていない。理由として十分じゃないですか」

「それって、この人たちがリーダーだって決めてかかってません？　そこがギモンなんですよぉ。もっとユーメーな人がいるでしょうに」

「リーダーは有名・無名で弁別するものではありません」

「でも、ちゃんとしたリーダーなら有名でしょう、ふつう」

「……あなた、中江兆民という人物を知っていますか」

「チョーミン？　ミンシュシュギのセンク者でしょ」

「じゃあ、井上円了は？」

「前回のvol.3にセンセーが書いていた人ですね。それ以外で見たことも聞いたこともないですけど」

「読んでくれました？」

「……う〜ん、パラパラと」

「読んでいませんね」

「読む気、しませんよぉ。何をした人かゼーンゼン知らないし」

「中江兆民は、民主主義と結びつけて覚えていたのに」

「セーケーだったかリンシャだったかの教科書に出てましたから」

「そこなんですよ」

「ドコですか」

「きょろきょろしても見つかりません。教科書は読むけど、この本は読まない」

「？」

「何が・誰がフィーチャーするかによって、その人物の有名無名が決まるってことです」

「でも、ユーメーだから教科書に載ったんでしょ」

「私は教科書に載っているから有名になった場合の方が多いと思っています。教科書のように嫌でも読まなきゃならない本とか、テレビドラマとか一般向けの小説の主人公に採り上げられたら、一気に有名になります」

「有名だからドラマや小説になるんじゃなくて？」

「すでに有名な人なら、想像の羽を広げる余地がない。ドラマにも小説になりません。戦国時代に生きた織田信長の近代人的合理主義のイメージも、激動の幕末における坂本龍馬の大活躍も、司馬遼太郎という傑出した作家の小説抜きでは考えられません」

「ふうん。シバって人、チョーミンの小説も書いてるんですか」

「中江兆民の場合は、日本史に残る大事件で有名な幸徳秋水という強力なフォロワーがいたからです。中江兆民の著作では、伝統的な架空討論形式で書かれた『三酔人経綸問答』が有名ですが、架空の人物なのでどんな極論も口にできる。AとBの二人が両極端の先鋭的議論を交わしておいて、最後にCがどちらも否定して中庸を採る。三者三様の立場から起こりえる可能性を全部並べ立てているので、どれかが未来に合致する仕組みになっている。普通に考えればインチキですが、鋭い考察に満ちた国家論と激賞される。兆民の評価は、幸徳秋水というお弟子さんの存在抜きでは考えられません」

「エンリョーにはそういう人がいなかった？」

「ええ。円了は『星界想遊記』という、これも伝統的な異界訪問譚形式の著作を残していますが全く評価されていない、というよりほとんど無視されています」

「それって、そんごくうが出てくるお話ですね」

「それは『西遊記』。円了のは『せいかいそうゆうき』。兆民の『問答』と同時期、悲愴な決意の下に書かれた、円了渾身の国家論です。素直に読めばどちらの論考が優れているかは明らかなのに、『想遊記』はできの悪いＳＦ小説として扱われています。評価の基軸が間違っているとしか思えない。

リーダーへのまなざしも同じだと私は思っています。評価軸が歪んでいるから、人物像が正しく映らない。この『大和の国のリーダーたち』では、あらためて彼らの言動に真正面から向き合い、正しい評価にアプローチしていきたいと思っているのです。

……おや、まだ話が途中ですが、どこかへ行くんですか？」

「ちょっと、vol.３まで」

（編集責任者　中島敬介）

〈注記〉

1．本書に収録された論考は各執筆者からの寄稿で構成したもので、所属団体や奈良県立大学の公式的な見解を示すものではない。

2．文章は日常使われる標準的な日本語を用い、漢字は基本として常用漢字・音訓表に基づき、必要に応じて古語・外国語・ローマ字を使用した。

3．固有名詞の表記は筆者の意向を尊重した。ルビは読みやすさを考慮して適宜付したが、特に人名、地名等の固有名詞に関しては、筆者・発話者の意向を尊重した。

4．固有名詞や事実関係については、基本的に執筆者に委ねたが、執筆者への聴き取りや必要な範囲での文献等による調査を加えた。この調査は、出典／専門用語／慣用句／その他各種の表現／誤字・脱字の確認とともに、現在も継続している。

5．本文の上段に入る注記は（注＋数字）、本文の最後に入る《注》は（数字）で記している。

なお、本書の内容に関するご質問・ご意見は、編集責任者にお寄せください。

（編集責任者　中島敬介）

〈目 次〉

# 維新期の一揆とリーダー

## ―生駒の「矢野騒動」をめぐって―

谷山　正道

# はじめに

戊辰《ぼしん》戦争の緒戦である鳥羽・伏見の戦が起きてから約半月後、慶応四年（一八六八）の一月下旬に、旗本松平氏の旧知行所《ちぎょうしょ》で「矢野騒動」（もしくは生駒一揆）と呼ばれる百姓一揆が起きた（「矢野騒動」という呼称は、松平氏が設けていた生駒陣屋の代官であった矢野弥平太らが一揆勢から直接の攻撃対象とされたことによる）[1]。この一揆は、当地の明治維新期の歴史を語るうえで欠かすことができない出来事であり、全国的にも注目されるべき内容を有している。本稿では、この一揆に焦点をあて、幕末の政治・社会・経済情勢のなかで当地の百姓たちがどのような状況に置かれるようになり、時代の推移を見据えながら、維新期にどのような動きを示すようになったのかを具体的に明らかにするとともに、一揆をめぐる階層配置のあり方やリーダーのあり方について論じることにしたい。

なお、本稿は、民衆運動（ここでは百姓一揆）を架橋とし、政治史（ここでは維新史）とリンクさせながら、動的な地域社会史を構築していく必要があるという考えにもとづくものであり、「幕末維新期の京坂は政局の中心舞台であったが、共通する問題は京坂で繰り広げられた激動の政治史とは無縁かのような地域史像が描かれていることである」という、当該期の畿内近国地域研究のあり方に関する岩城卓二氏の指摘[2]も念頭に置いている。

旗本松平氏知行所11か村図（生駒古文書を読む会 会報『いこま』第四号より）

# 一　旗本松平氏と知行所支配

## 旗本松平氏の知行所と在地支配

旗本松平氏の知行所は、明石藩主であった松平信之《のぶゆき》（三河以来の藤井松平家の当主）の大和郡山への転封《てんぷう》に際し、弟信重《のぶしげ》が大和国内で五〇〇〇石の地を拝領したことによって成立した。延宝七年（一六七九）のことである。信重の知行所は、添下郡の二か村（北田原・南田原）と平群郡の九か村（小明《こうみょう》・俵口・谷田・辻・菜畑《なばた》・有里・萩原・小瀬《おぜ》・小平尾《こびらお》）の、計一一か村からなっており（いずれも現生駒市域に属しており、菜畑村は郡山藩との相給《あいきゅう》村であった）、その後、維新期に至るまで代々継承されていった。

旗本の場合、江戸を本拠地としたため、知行所に支配の拠点を定めることが必要であり、松平氏の場合には、一一か村のほぼ中央に位置し比較的交通の便に恵まれていた平群郡辻村（具体的には豪農矢野氏の屋敷地内）に生駒陣屋を設け、支配を行なうようになった。年代が下がるが、寛政元年（一七八九）の「辻村領之絵図」（辻町農家組合所蔵、口絵写真参照）によれば、広大な矢野家の屋敷地のなかに、弥惣右衛門《やそえもん》の屋敷、弥藤太《やとうた》の屋敷、「御陣屋」が、往還から東上方に向かって並んで存在していたことが知られる（また、弥惣右衛門・弥藤太の所持地の多さもうかがえる）。

松平氏は、当初は江戸から役人を派遣していたが、やがて矢野氏や俵口村の楠田《くすだ》氏、菜畑村の朴木《ほうのき》氏など、知行所内の最有力者（豪農）のなかから陣屋の役人を取り立てるようになった。ちなみに、幕末になるが、安政五年（一八五八）の当陣屋の「分限帳」(3)には、矢野弥平太（高五〇石・四人扶持《ぶち》、御用人格）・矢野弥太郎（銀三枚、大小姓）・朴木一郎右衛門（銀五枚・三人扶持、大小姓格）・岩瀬岩蔵（二人扶持、御同心）・村田源助（二人扶持、御同心）・楠田良右衛門（銀三枚、御従士格、大庄屋）・朴木丈右衛門（銀二枚と金二分、御従士格、谷田村取締）のほか、楠田徳右衛門・楠田徳兵衛・楠田良之助・川久保政助（各金二分）の名が記されている（なお、「壱人扶持」の「御中間」もいたようたが、名前が欠落している）。

このうち、陣屋元である辻村の矢野氏については、『生駒市誌』資料編Ⅰに、「矢野家は辻村の庄屋筋で、古くは元禄元年に弥惣兵衛が庄屋をつとめ、享保二十年に大庄屋にとりたてられている。安永三年には大庄屋であった弥藤太が拾石三人扶持で陣屋役人を仰せつかっている。こうして矢野氏は、辻村の庄屋から十一ヶ村の大庄屋に、更に陣屋役人にと、とりたてられていった。叔父の石丸助右衛門は弥藤太のあとをついで大庄屋役をつとめ、矢野氏一族が生駒陣屋の主役をつとめるようになった。弥藤太の子の弥惣右衛門は天明六年に石丸助右衛門のあとをうけて大庄屋となり、更に陣屋役人にとり立てられている。弥惣右衛門の養子弥平太は辻村の庄屋から文化元年に陣屋本役見習となり、文化八年家督を相続して陣屋の主役人（代官）となった」(4)という記載が見られるが、幕末には陣屋の主役人＝代官として権勢をふるうようになっていた。矢野氏は、俵口村の楠田氏などとともに、所持地の面積・石高において、知行所内では飛び抜けた存在であり、年代が下がるが、明治六

年（一八七三）の村内の所持田畑は六町一反三畝二四歩で、石高は八〇石余であったことが知られる。(5)

## 領主財政の窮乏と百姓たちの負担

他の多くの旗本と同様に、松平氏も早くから財政難に陥っており、江戸中期には借金の借り換えでなんとか帳尻《ちょうじり》をあわせる状態になっていた。(6)また、年貢の徴収に関しては、江戸中期には「土免法」（毎年五月に各村の「土免」を決定・通知し、秋作に大きな被害が生じなければこれにもとづいて年貢を賦課し、大きな被害が生じた場合には検見《けみ》によって減免をほどこすという徴租法）が採用され、「土免」自体も村ごとに固定するようになっていた（各村の「土免」は表1参照。谷田村の七ツ九分〔七九パーセント〕から南田原村の三ツ九分〔三九パーセント〕まで、村ごとに差があるが、生産条件とともに、二割半無地増高《むちましだか》の有無(7)も関係していた）。本年貢額の上限が固定され、徴租法上は百姓にとって有利な形になっていたが、国中《くんなか》（奈良盆地）の村々と比べて、米の品質は良い(8)が反収という面で劣り、また生活を大きく潤すような特産物（たとえば国中における木綿《きわた》など）に恵まれなかった当地の百姓たちにとっては、かなりの負担であったように思われる。(9)

江戸後期になると、領主財政の悪化がさらに進行するようになり、これに伴って知行所の百姓たちの本年貢以外の負担が増加するようになった。文政二年（一八一九）の「御米当暮御渡し方積り帳」(10)には、つぎ

表1　各村の村高と土免

| 村　名 | 村　高（石） | 土　免 |
|---|---|---|
| ※北田原 | 650・906 | 4ツ7分 |
| ※南田原 | 694・250 | 3ツ9分 |
| 小　明 | 423・010 | 5ツ2分 |
| 俵　口 | 306・940 | 6ツ3分 |
| 谷　田 | 284・880 | 7ツ9分 |
| 辻 | 228・240 | 5ツ3分 |
| 菜　畑 | 426・411 | 6ツ4分 |
| ※有　里 | 274・790 | 4ツ1分 |
| ※萩　原 | 337・511 | 5ツ9分 |
| ※小　瀬 | 497・850 | 4ツ2分 |
| ※小平尾 | 875・162 | 4ツ3分 |

〔注〕安永3年（1774）「毎年五月土免証文様」（『生駒市誌』資料編Ⅰ所収、339頁）などから筆者作成。※印の村は、村高の内に二割半無地増高を含んでいる。

のような記述が見られる。

近年先納銀等被申付《もうしつけられ》百姓一統困窮仕《つかまつり》候上、去々年金八百五拾両余永納仕、尚又去寅冬先納銀并新借とも千三百両余、此奥に御座候通り先納仕候へ共、何分御大借之儀に付、右にては諸方渡方行届兼《かね》候に付、当正月四日より郷中一統寄合相談仕、諸名目京都・大津・奈良其外国々之分三百〆（貫）目程村々江割付仕候、残り平銀年越銀調達銀其年々済方掛ケ合仕度《つかまつりたき》積り奉存《ぞんじたてまつり》候

領主が財政「不如意《ふにょい》」に陥るなか、知行所の百姓たちが年貢銀の先納を命じられるとともに、領主の莫大な借銀の尻ぬぐいをさせられ、大いに苦しめられるようになっていた様子がよくうかがえる。

## 二　幕末の社会情勢と「世直り」への希求

### 幕末の社会情勢と窮民の増加

幕末期になると、「異国船」の渡来と国内の政治情勢の緊迫化に伴って、領主の軍事面での支出が増加するようになり、旗本松平氏の知行所の百姓たちも、おびただしい負担増を強いられることになった。これに関して、慶応元年（一八六五）一二月に当知行所のうち八か村から道中奉行宛に出された増助郷赦免《ましすけごうしゃめん》願書[11]には、「当地頭所従来不如意《ふにょい》之勝手向《むき》ニ御座候ハヽ、用金者《は》勿論、収納等度々《たびたび》先納被申付《もうしつけられ》難渋

罷在《まかりあり》候処、去ル亥年より兵歩《へいふ》人足被仰付《おおせつけられ》」という記載が見られる。当知行所の百姓たちは、度重なる御用金の賦課や年貢の先納、「去ル亥年」＝文久三年（一八六三）以降の「兵歩人足」などの徴発（↑関係費用の村入用による補塡《ほてん》）によって、「難渋」するようになっていたことがうかがえる。これに加えて、内乱期に入り、東海道の通行量が激増するなか、宿駅の負担が増し、旧来の助郷だけではとてもフォローできなくなったため、宿駅からはるかに離れた当地域の村々も、幕府道中奉行の命によって新たに助郷に加えられ（慶応元年の上記の願書には、東海道草津・土山・坂下宿の名前が記されている）[12]、費用の負担を強いられるようになったことも知られる。

幕末期には、こうした負担増に加えて、開港以降の経済の激変、とりわけ猛烈な物価騰貴（幕府が実施した貨幣改鋳の影響などによる）が起き（上図参照）、数多くの人々が窮乏の淵に追い込まれるようになった。諸物価のうち米穀の高騰は、庶民（特に米穀を購入して生活していた町民や零細な農民）を直撃し、飯料にこと欠く「極《ごく》難渋人」が増加するようになったのである。

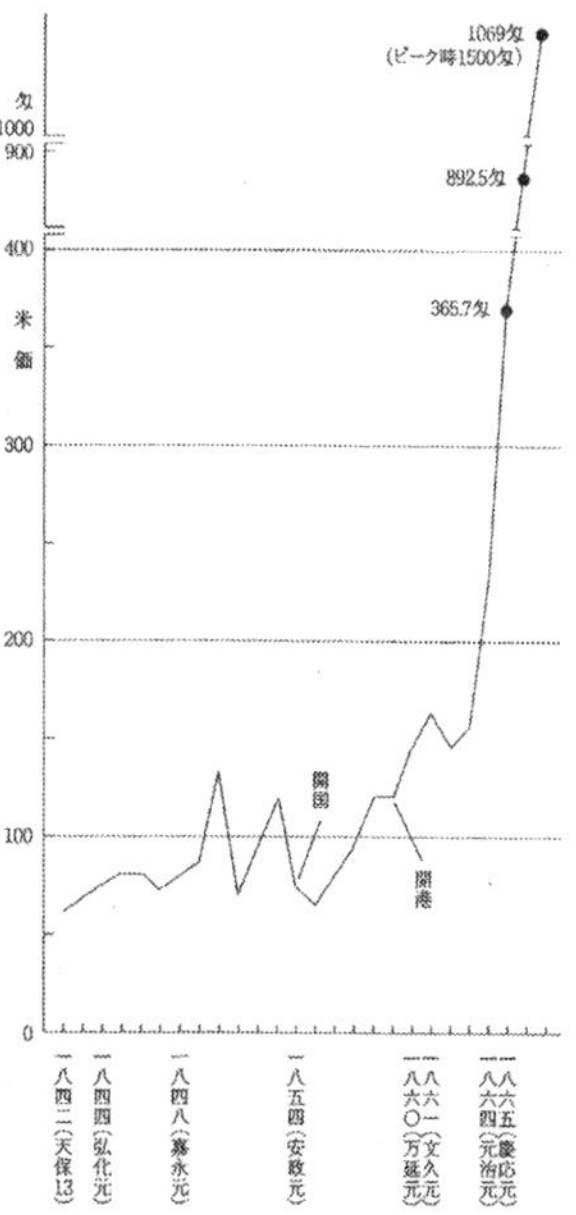


図　幕末期における米価の高騰（「西村手覚年代記」（旧山辺郡福知堂村）より作成）

慶応二年（一八六六）の平群郡小瀬村の大庄屋川久保政助の役用日記によれば、米価が暴騰していた同年五月の時点で、①旗本松平氏の知行所には米屋が計一八軒存在していたこと、②「極難渋」として調

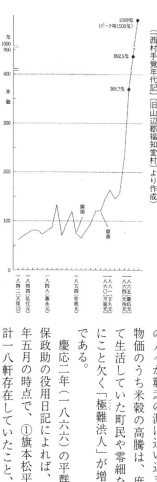

高瀬道常が連綿と書き残した『大日記』（桜井市生田・高瀬家文書）

査書に記載された家が計一二三〇軒にのぼっていたことが知られる。[13] ①は当地に飯米を購入して生活していた人々＝「買喰層《かいぐい》」[14]がかなり存在したことを物語るものであり、②からは「極難渋」とされた家が全戸数の約三〇パーセントに及んでいたことがうかがえる。

この年は、第二次長州戦争に向けて大坂に集結していた幕府軍が兵糧米《ひょうろう》を買い占めたこともあって、米価の高騰がピークに達し、各地で打ちこわしが頻発した年で、大和を含む大坂周辺地域でも、四月下旬から一か月ほどの間に、町場を中心に米屋などの打ちこわしが連鎖的に発生し、「大坂十里四方一揆おこらざるはなし」と言われる有様となっていた。[15] 五月二一日には、当地域に隣接する富雄地域（具体的には旗本角南《すなみ》氏の知行所であった添下郡中村と藤木村）でも打ちこわしが起きたが、[16] 川久保政助の日記には、平群郡小平尾村のうちにこれに加わった者がいるのではないかという噂が立ち、二三日に同村の村役人ら（庄屋金五郎ほか四名）をはじめ領内各村の庄屋・年寄・村物代を陣屋に呼び出して吟味が行なわれたという関係記事が見られる。[17]

## 長州藩への期待の高まり

このように、社会が騒然とした状況にあった時、政治の世界では維新変革に向けての大きなうねりが生じていた。外圧のもと、尊王攘夷運動・公武合体運動を経て、討幕運動が展開され、ついにそれが実現されるに至るが、そうした政治過程を当地の人々はいかなる思いで見つめ、どのような政治勢力に期待を寄せるようになって

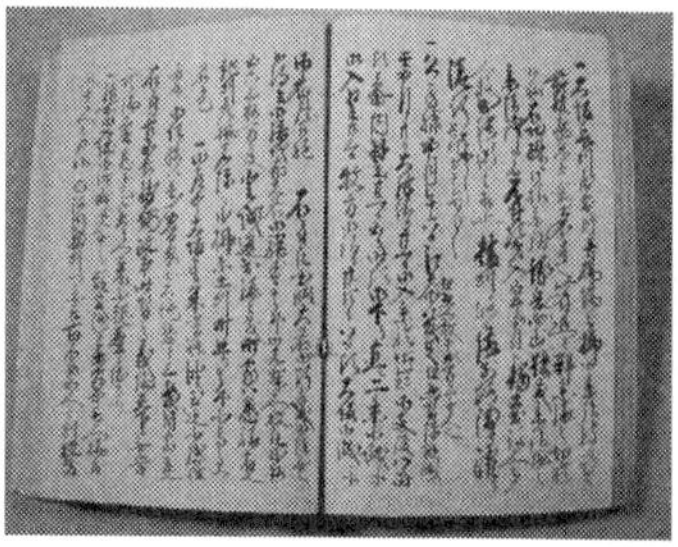

慶応元年（一八六五）の『大日記』の記事（桜井市生田・高瀬家文書）

いたのだろうか。この点について、（当地の関係史料が乏しいため）十市郡荻田《おいだ》村の高瀬道常《みちつね》が書き残した『大日記』(18)の記事なども援用しながら、記しておくことにしたい。

当地を含む大和や周辺地域の民衆は、開港に伴う経済の激変によって生活を大きく圧迫されるなかで、開港に踏み切った幕府（大老井伊直弼《なおすけ》）に対する批判を強め(19)、「異人打払」を期待して、民心は尊王攘夷を唱える勢力へとなびいていった(20)。文久三年（一八六三）五月一〇日を期して長州藩が攘夷決行に踏み切った後には、同藩への贔屓《ひいき》の声が一挙に高まり(21)、その後同藩が、八月一八日の政変後の禁門の変、四国艦隊下関砲撃事件、第一次長州戦争によって窮地に追い込まれるようになってからも、民衆の長州贔屓の声は高なり続けた。ちなみに、『北倭郷土誌資料』（森本愛二編）にも、「会津横縞《よこしま》、薩摩は絣《かすり》、長州縮《ちぢみ》ミは誰も好く」という俗謡が収載されている(22)。元治元年（一八六四）から翌年にかけては、京都で（禁門の変による戦火＝「どんどん焼」によって大きな被害を蒙ったにもかかわらず）「長州おはぎ」が爆発的に売れる現象が起きたのをはじめ(23)、禁門の変で敗走し尼崎で自害した長州藩士山本文之助の墓への群参（「残念さん」参り）(24)、禁門の変のあと取り壊された長州藩大坂蔵屋敷跡の柳の木（「無念柳」）への群参(25)などが流行し、播州などにおいては「長州カチジャ〳〵」と囃《はや》しての「長勝踊り」(26)の流行が見られた。

一方、尊王攘夷運動の中心勢力であった長州藩は、四国艦隊下関砲撃事件により、欧米列強の力の強大さをまざまざと見せつけられて、攘夷が不可能であることを悟るようになり、藩論を対外和親へと転回させるようになっていた（但し、国内にはそのことを公表しなかった)。[27] この後、当藩(奇兵隊を組織した高杉晋作や桂小五郎(木戸孝允《たかよし》)らの革新派が藩政を主導するようになっていた)は、慶応元年(一八六五)に薩摩藩(生麦《なまむぎ》事件を引き金として起きた薩英戦争の経験から、イギリスに接近して開明政策を進めるようになり、西郷隆盛や大久保利通ら下級武士の革新派が藩政を主導するようになっていた)と軍事同盟を結び、志を同じくする他藩とともに、やがて討幕への道を突き進んでいくことになるが、困苦に喘《あえ》いでいた民衆の「世直り」への期待は強く、民心は幕府にかわる新たな政権の樹立をめざした薩長、特に長へとなびいていった。

そうした様子について、『大日記』と題する厖大《ぼうだい》な記録を残した高瀬道常は、第二次長州戦争における長州藩側の勝利に関わって、「三才之童子ニ至る迄西国之勝ヲ悦《よろこ》び、心ニ力を合せ無程《ほどなく》長州御登り諸式下直《げじき》ニ相成可申抔《あいなりもうすべしなど》と、於関東《かんとうにおいて》もこぞって申立候よし」と書き留めており、[28] この後長州征伐の制札《せいさつ》が取り払われた際に、京都・大坂とその周辺の人々が「長州様勝や〱や〱や」と口々に叫びながら歓喜した様も記している。[29] さらに、慶応四年(一八六八)正月早々に起きた鳥羽・伏見の戦の様子を紹介したあと、「此度《このたび》関東勢数ケ《か》所之戦悉《ことごと》く敗ヲ取、一度も不勝利得《しょうりをえず》、四、五日之戦ニ数万之軍勢城ヲ明退《あけしりぞき》、今古珍敷《めずらしき》大敗軍、天之しからしむる処か、長州方ニ人気寄御城数百大筒引出《ひきだし》候ニ付、市中打こそり我も〱と手伝ニ参り嬉《よろこ》び踊り廻りける、国々同様長州様之御蔭ニ而世が直り可申《もうすべし》と嬉こわ《ば》ぬものハなかりけり」と記している。[30] これらの記事を通して、「世直り」を切望する民衆の(この時点における)「長州様」への期待の大きさがよくうかがえよう。

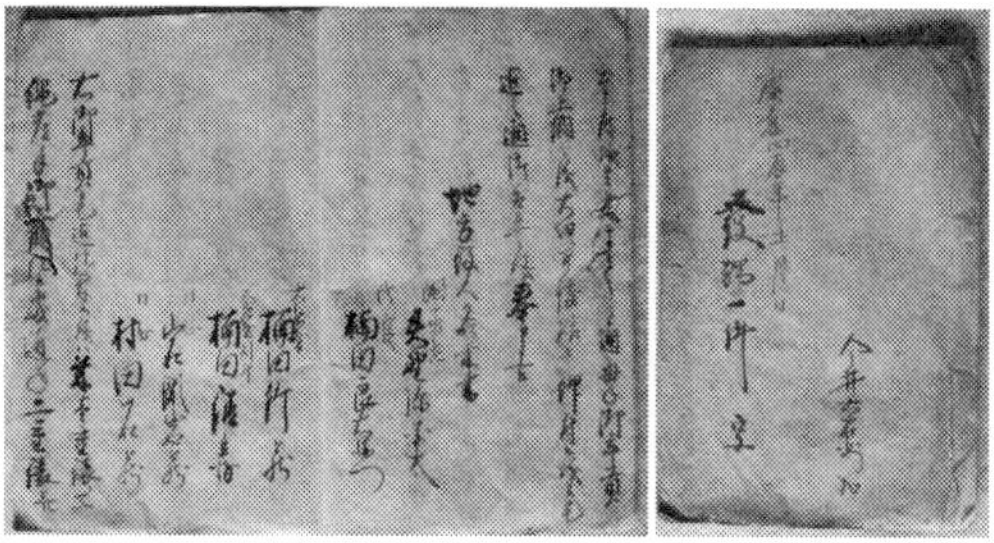

慶応四年(一八六八)正月「発端一件写」(生駒市北田原町・山口家文書)

## 三 「矢野騒動」をめぐって

### 一揆発生の背景 ―願書に記された要因―

前述したように、旗本松平氏の知行所では、幕末期に、国内の政治情勢の緊迫化(→領主の軍事面での支出の増大)を背景とする負担増と、開港以降の経済の激変(猛烈な物価騰貴)によって、窮乏の淵に追い込まれる人々が増加し、百姓たちの領主や代官矢野弥平太ら陣屋役人に対する不満や不信感が高まるようになっていた。

「矢野騒動」に際して提出された慶応四年(一八六八)正月付の願書[31]には、百姓たちが窮迫するようになった要因として、以下の八点が列挙されている。

①近年、年貢米の納入に際して、厳重な俵仕立てを命じられるようになり、納籾《おさめもみ》の品質チェックも厳しく行なわれるようになった。

②年貢米の計量を行なう際に、一石について五升宛の量り増しが行なわれ、さらに込米として五升宛加徴されるようになった。

③「宿々」(東海道草津・土山・坂下宿など)の増助郷に指定され、その費用として四、五千両の醵出を命じられた。

④領主の持馬(一疋)の「人足飼葉《かいば》料」として、三百両ばかりを課せられた。

⑤御用金として、千五百両ばかりを一一か村へ賦課された。

⑥近年、領主が京都・大坂へ「出勤」した際の地方役人の「上下」の費用(三百両)、地方役人が大坂へ赴いた際の飯代諸入用(千両ばかり)を賦課された。

⑦施行《せぎょう》米として八〇石を取り立てられ、このうち三〇石は窮民救済にあてられたが、残りの五〇石は地方《ちかた》役人が売り払い、代銀を取り込んだままになっている。その代銀を下げ渡してほしいと頼んだが、かえって御用意米として百石を取り立てられる始末で、その下げ渡しを重ねて願い出たが、いっこうに応じてくれなかった。

⑧領主側から新池を築調したり、用水施設を整備したりする場合には入用銀を下付するという通達があったので、「新溜池古池水取井戸等新普請」を行ない、それに要した三五〇貫目ほどの下げ渡しを願い出たところ、全く応じてもらえなかった。

これらのうち、①と②は年貢の取り立て強化に関する指摘である。③～⑥は国内の政治情勢の緊迫化を背景とする負担増に関する指摘で、③では東海道の宿駅の増助郷に指定されたことに伴う新たな負担、④～⑥では領主側の軍事面での支出の増大に起因する諸負担について言及されている。また、⑦では「極困窮人」への施行を目的とした「献米」の徴収と配分のあり方、⑧では水利関係の普請入用銀の下げ渡しに関する問題点(不満)が、それぞれ記されている。

## 「極困窮人」に対する施行米をめぐる問題

「矢野騒動」の階層配置のあり方との関連で、特に注目しておきたいのは、⑦で指摘されている「極困窮人」に対する施行米をめぐる問題である。以下、その事情について記しておきたい。

生駒陣屋は、騒動の発生を防ぐため、米価が暴騰していた慶応二年(一八六六)の五月下旬に、各村の村役人に「極難渋人」の調査を命じ、その名簿を提出させた。「極難渋人」に対する救米(計八・五七石)は、石高を有し農業をしている者には一人あたり米一升、そうでない者には同じく五合という割合で下げ渡されることになったが、両者の間に二倍の格差があり、不公平なやり方であるとして、後者の人々から不満の声があがった。六月に入り、添下郡北田原村・南田原村と平群郡俵口村では、「御救米」をめぐって「乱言」する者があったようで、これに関わる記事が小瀬村の川久保政助の日記に見られる。(32)

このように、生駒陣屋は、不十分ながら「極困窮人」に対する救恤《きゅうじゅつ》を行なったが、領主財政はまさに火の車というべき状況にあったため、自前でこれを行うことができなかった。それ故、知行所内の庄屋・年寄をはじめ比較的ゆとりのある者からの「献米」に頼らざるをえなかったのであり、六月一〇日には、彼らを陣屋へ呼び出して、「献米」の額が少ないから増額するようにと直々に命じている。(33) こうした「献米」の強制はこの時に止まらなかったようで、「矢野騒動」に際して提出された慶応四年(一八六八)正月付の願書にも、これに関する記事(先記の⑦)が見られる。「矢野騒動」には、当時困窮に喘《あえ》いでいた人々のみならず、「献米」を行ないえた人々もこれに参加し、惣代となった人も出ているが、その背景には、様々な負担増という事情に加えて、(施行米という名目で差し出させた米の売払い代銀の過半を取り込んだままになっていた)陣屋役人に対する不信感の高まりが存在したのである。

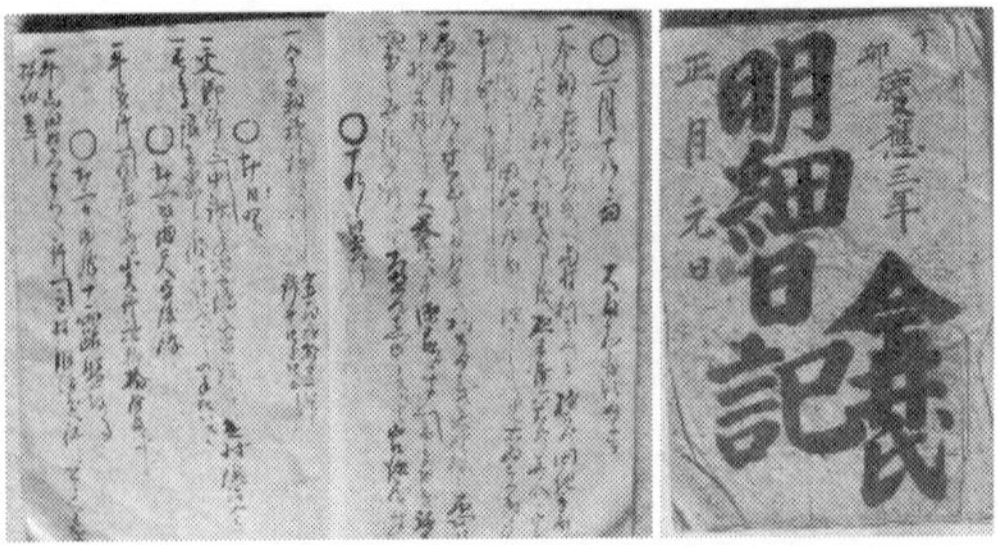

慶応三年（一八六七）「明細日記」（生駒市北田原町・山口家文書）表紙と記事

## 矢野代官の評判と一揆の勃発

慶応二年（一八六六）九月に作成された生駒陣屋の「分限帳」[34]には、矢野弥平太（大小姓）・朴木一良右衛門（大小姓）・朴木丈右衛門（中小姓）・楠田良右衛門（中小姓）・岩瀬岩蔵（同心）・村田石蔵（同心・谷田村取締）・川久保政助（大庄屋）と「御用席」であった五名の名前が記されている。

このうち陣屋の主役人＝代官であった矢野弥平太に関しては、北田原村の今井六右衛門がその翌年に書き残した「明細日記」[35]に、①「矢野氏より御貸下銀ヲ以《もって》粕売得候ハヽ、金違ニ而儲《もうけ》相成抔《など》、心得方六兵衛殿今聞コト」（正月一五日条）、②「当正月元日寺ニおゐて利左衛門義、矢野様之悪口申、朴木様之事大誉スル事、源蔵より聞」（二月一八日条）、③「庄屋利左衛門儀申条《もうしじょう》、矢野弥平太内へ小平尾村より下女参候、此者イねムリ由ニ成ニ而、暇差出ニ相成、数多《あまた》之人買入銀等相費《あいついえ》、此《これ》等之仕業《しわざ》矢野仕コト甚々宜敷《よろし》からす《ず》」（四月二六日条）という記事が見られる。このうち①からは、矢野代官が経済的な才覚に長けていたことがうかがえる。また、②と③はともに北田原村の庄屋利左衛門の「申条」であるが、矢野代官の評判が芳しくなかったことが知られる。「弁者」と評されており、一揆に際して有里村の庄屋浅右衛門とともに小前百姓らをなだめにかかった人物[36]が、こうした発言をしていることに留意しておきたい。

この年の一〇月一四日に大政奉還が行なわれた後、一二月九日に王政復古のクーデターが起き、新政府が成立することになった。それから程なく、翌年の正月早々に「上方筋動乱」（鳥羽・伏見の戦）が起こり、幕府方の大敗北に終わった。この後、

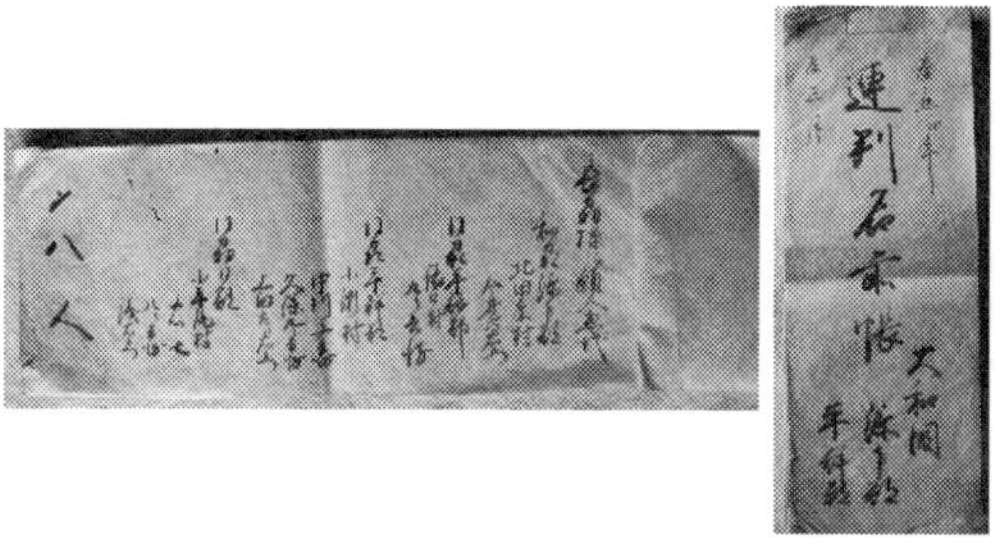

慶応四年（一八六八）正月「連判名前帳」（生駒市北田原町・山口家文書）

新政府方によって大和国の鎮撫《ちんぶ》も進められ、侍従鷲尾隆聚《じじゅうわしおたかつむ》による五條代官所の接収の後、一月一七日に軍事参謀烏丸光徳《からすまみつえ》らが奈良に派遣され、翌一八日には、南都参謀役所から、管内の動揺をふせぎ安堵して家業に従事するようにとの命令が発せられた。奈良奉行は謹慎を命じられて、興福寺評定所《ひょうじょうしょ》に一時政務が委ねられるようになり（程なく行政・司法・軍事をつかさどる大和鎮台が二一日に設けられることになった）、これに伴って、旗本松平氏の知行所は「南都興福寺東室《ひがしむろ》十津川様出張御役所」の預かりとなったが、矢野弥平太らの陣屋役人は罷免されず、「是まで之《で》通《とおり》毎年御年貢御上納之儀大切ニ可致様《いたすべきよう》」にと命じられるに至った。(37) これを「不承知」として、百姓たちが立ち上がることになったのである。

## 一揆の中心メンバー

慶応四年（一八六八）正月付の「連判名前帳」(38)には、「矢野騒動」と称される当一揆の惣代として、北田原村の今井六右衛門（組頭）、俵口村の九郎兵衛、小瀬村の中川与兵衛・久保九郎兵衛（組頭）・上田太郎右衛門（組頭）、小平尾村の忠七（組頭）・八郎兵衛（組頭）・浅右衛門（百姓惣代）の八名が記されている。(39)「八人組」(40)と称されていた彼らは、「小前百姓」のなかの有力者（八名のうち五名が組頭で、一名が百姓惣代）で、小平尾村の八郎兵衛と忠七は、同二年六月一〇日に生駒陣屋に召喚《しょうかん》され、救恤用の「献米」額を増やすように命じられた人々のうちに含まれていた。(41) また、後年になるが、小平尾村の（松山）八郎平は、明治四年（一八七一）二月の時点で庄屋、翌年八月の時点で戸長をつとめていたことも知られる。(42) なお、小瀬村与兵衛の孫（中

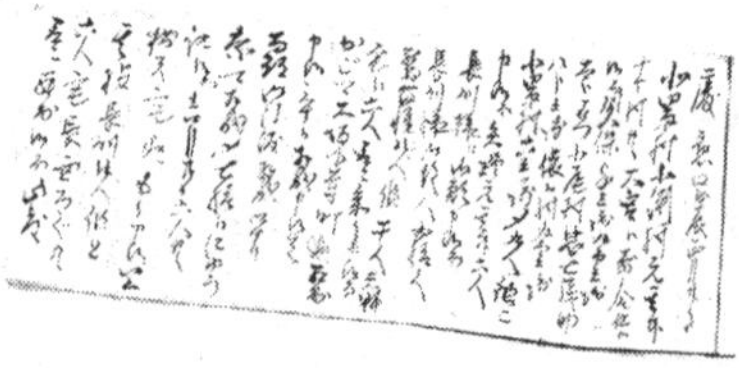

慶応四年（一八六八）井山松右衛門の記録（生駒市俵口町・井山家文書）

追分の本陣村井家

川吉治郎《きちじろう》）によって後年にまとめられた『義侠《ぎきょう》与平実伝記』(43)には、与兵衛の相談相手として、南田原村の稲田、小明村の幸助、小瀬村の北嶋、小平尾村の松山の名も見える。

なお、俵口村の井山松右衛門の記録(44)には、上記の「八人組」に小瀬村の大庄屋川久保政助を加えた「九人組」という表記も見られる。彼は一揆後に現地での差配を命じられることになる人物であるが、慶応二年（一八六六）九月の生駒陣屋の「分限帳」に大庄屋としてその名が出てくる彼が、矢野代官らの陣屋役人と袂《たもと》を分かって一揆勢の側に立つようになった経緯が記された一次史料は、今のところ見つかっていない（『義侠与平実伝記』には、小瀬村の与兵衛が「矢野代官の大庄屋へ行き」、百姓の窮状を詳細に述べて「よろしく取り扱い方」を頼み込み、これを受けて大庄屋より矢野代官への「申し入れ」が行なわれたが、一向に埒《らち》があかなかったという記述が見られる(45)）。また、一揆に際して彼がどのような行動をとったのかについても明らかではないが、一揆の前面に出ていなかったことは確かである（後述する「傘形連判状」にも名を連ねていない）。

## 頭取として一揆をリードした小瀬村与兵衛

「八人組」のなかの中心人物として、本一揆の頭取として活躍したのが、小瀬村の与兵衛であった。そうした彼はどのような人物であったのか、以下に紹介しておこう(46)。

与兵衛は、文化一三年（一八一六）三月六日に添下郡小和田《こわだ》村追分《おいわけ》（暗越《くらがりごえ》奈良街道

小瀬・観泉寺本堂

街道筋であった小瀬の家並

中川家の墓（輿山墓地）　与兵衛もここに眠っている

筋）の本陣村井家の次男として生まれた。一三歳の時に小瀬村の（駒井）藤兵衛方(47)に大工の見習に入り、七年間修行を重ねた。その後、小瀬村の徳兵衛家の長女なおと結婚して入婿《いりむこ》となり（当家の寛政三年〔一七九一〕の所持高は一七・四四三石で、(48)『義侠与平実伝記』にも、「徳兵衛当時、資産は田畑一町四、五反、外に山林もあった」という記載が見られる）、宮大工として活躍するようになった。これに関しては、『義侠与平実伝記』に記載があり、矢田山菩薩《ぼさつ》堂、矢田東明寺《とうみょうじ》本堂、矢田村椌木《むろのき》大師《だいし》堂、生駒大宮本社、小瀬村観泉寺本堂、信貴山多宝塔などの修理に携わったとされている。また、その人となりについては、「若き時より義侠心に富み、何事といわず相談を受け、人より頼まれればいかなる事情あるともしとげる性格であった」と記されている。仕事柄顔も広く、また人々からの信望も厚く、リーダーとしての資質を備えていたものと思われる(49)。これに加えて、与兵衛の居村であった小瀬村が、大坂

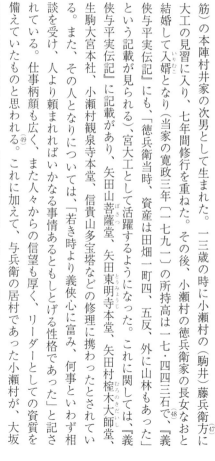

と奈良とを最短距離で結ぶ幹線街道であった暗越奈良街道と清滝《きよたき》街道との交差地にあたり、様々な情報が入ってきやすい場所であったという点にも留意しておきたい。

与兵衛は、「矢野騒動」起きた時には五一歳で、頭取として主導的な役割を果たした。一揆の後も、息子の源治郎とともに宮大工として活躍し、明治二七年（一八九四）一〇月一九日にこの世を去った。戒名は「眞覺淨鏡禅定門」で、輿山《こしやま》墓地に墓石が存在する。なお、与兵衛の孫は中川吉治郎氏で、文化財建造物の保存修理に携わり、生駒町役場（現 生駒ふるさとミュージアム）や生駒小学校（旧校舎）などの建築も手がけた。祖父などから聞いた話をもとに、昭和二五年（一九五〇）に『義侠与平実伝記』を書き残している。

## 一揆の「魁首」の一人と目された北田原村今井六右衛門

『奈良県史料』(50)の二「附録之部　騒擾《そうじょう》」には、「（四月一五日）春日讃岐守白洲ニ於テ糾弾《きゅうだん》ヲ遂《とげ》、全ク小瀬村与兵衛・北田原村今井六右エ門両名奸党《かんとう》ノ魁首《かいしゅ》ナルヲ以《もって》、速《すみや》カニ拘緊《こうきん》シ」という記載が見られる。一揆から数か月を経た四月一五日に、春日讃岐守（大和国鎮撫総督府参謀春日仲襄《なかあき》）による詮議《せんぎ》によって、北田原村の今井六右衛門が小瀬村の与兵衛とともに「奸党ノ魁首」と目され、「拘緊」されるに至ったことが記されているのである。

安政元年（一八五四）に六右衛門（直治）が取りまとめた今井家の系図(51)によれば、当家の元祖は近江国の浅井長政の家臣今井直之で、その長子直正の三男直高の代に大和国添下郡東田原村に移るようになったという。その後の歴代の当主は、六

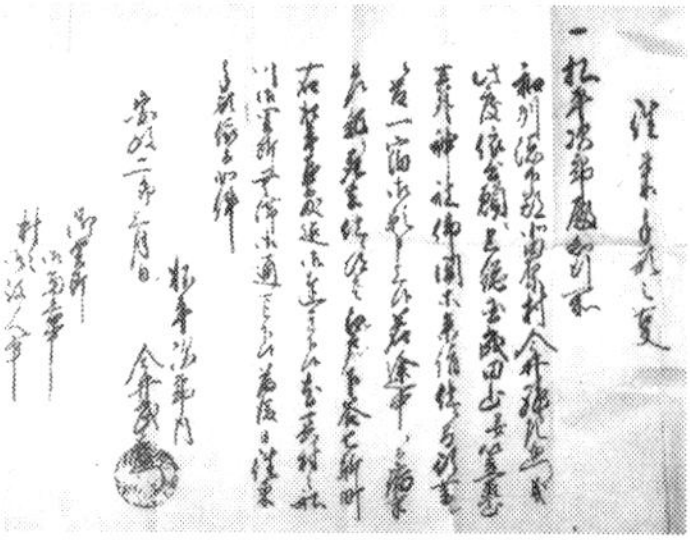
安政二年（一八五五）今井孫左衛門の往来手形（生駒市北田原町・山口家文書）

右衛門の父の代まで、六代にわたって「孫左衛門」を襲名していた。百姓として支配される立場にあったため、公式には今井姓を名乗れなかったが、旗本松平氏の役人に登用された直重《なおしげ》（六右衛門の父）の代、安政二年（一八五五）一一月に苗字帯刀を許されるようになった。これより先、直久（三代目）が当主であった宝暦三年（一七五三）には「小百姓」として、直道（五代目）が当主であった文政二年（一八一九）には「年寄」、同六年には「庄屋」として「孫左衛門」の名前が見られる。[52]当家の生計の支えは農業であったが、嘉永五年（一八五二）の一史料に[53]「中井家御支配御用役大工孫左衛門」とあることから、六右衛門の父直重は宮大工もつとめていたことが知られる（このことから、小瀬村与兵衛との交流も想定される）。その後、直重は、旗本松平氏の生駒陣屋の役人に取り立てられ、さらに江戸勤めを命じられるようになった。安政年間には、下谷《したや》三味線《しゃみせん》町にあった松平氏の上屋敷で「奥御女口役」などをつとめるようになっていたことが知られる。[54]

士分として半生を送り、慶応二年（一八六六）九月四日にこの世を去った父に対して、子の六右衛門は、嘉永五年閏二月七日に家督を譲り受けて以来、北田原の家を守り、百姓として農業に「出情」していた。彼は、日々の天候や農作業をはじめとする活動を記した日記（四年分が伝存している）を書き残すとともに、「大福帳」「当座帳」「入用金銀銭受取控帳」「出用金銀小遣銭控帳」「買物帳」「農作物揚帳」「所台喰費日数帳」なども毎年作成して、家の経営にあたっていた。なお、当家の所持高は、天保六年（一八三五）には一〇・六五六石、文久二年（一八六二）には八・五六石であり、[55]「矢野騒動」の際には六右衛門は北田原村の組頭をつとめていた。[56]

幕末期に旗本松平氏の役人に取り立てられ、士分としての道を歩むようになった父と、百姓仕事に「出情」して家を守り、父の死後、維新期に起きた「矢野騒動」に際して、「魁首」の一人として指導的役割を果たすに至った子の六右衛門、両者の対照的な生き様が注目される。

## 一揆に際して作成された「傘形連判状」

「矢野騒動」に関して第一に注目されるは、蜂起に際して「傘形連判状」が各村で作成され、そのうち南田原・小明・辻・菜畑・有里・萩原・小瀬の七か村分が伝存していることである。[57] これらは、頭取であった与兵衛の家＝中川家で保存されてきたもので、当主正司氏よって『生駒市誌』の編纂時に生駒市教育委員会に寄贈され、平成二一年（二〇〇九）に生駒市の有形文化財に指定されている。

一揆などの際に作成された「傘形連判状」は、参加者が円形に署名・連判したものので、その形状から車連判状とも称される。なぜそのような形をとるのかについては、首謀者が誰であるのかを分からないようにするためと説明されることが多かったが、ある村の惣百姓が車連判したうえで領内全体の一揆頭取の一人（名前判明）に宛てて提出するという形をとったものも見つかっており、[58] 参加者の平等性と団結の様（現在の団体スポーツにおいて試合が始まる前に円陣が組まれ士気が高められる様を想起されたい）を表現するのにもっともふさわしい形であるからと理解したほうがよいように思われる。

「矢野騒動」に際して作成された「傘形連判状」のうち、菜畑村のそれには「慶応

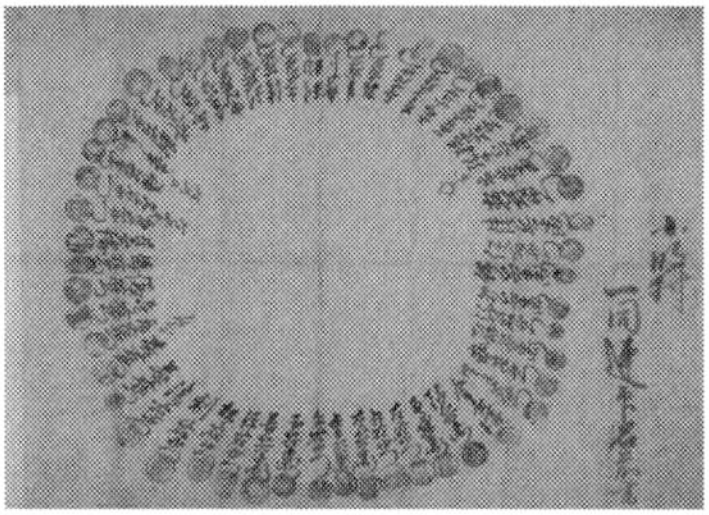

慶応4年(1868) 正月
小明村傘形連判状

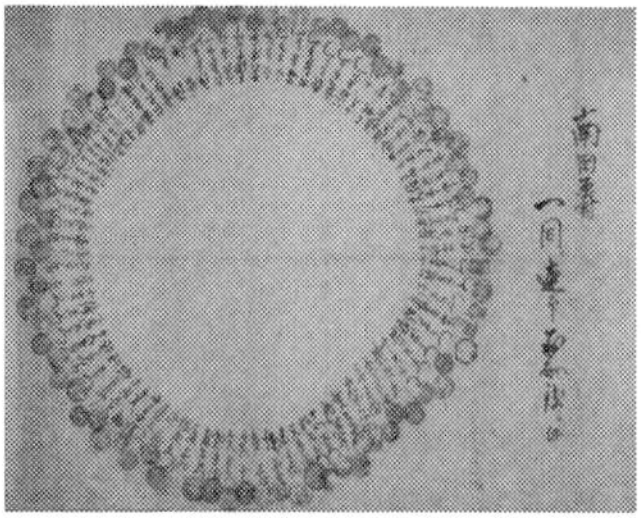

慶応4年(1868) 正月
南田原村傘形連判状

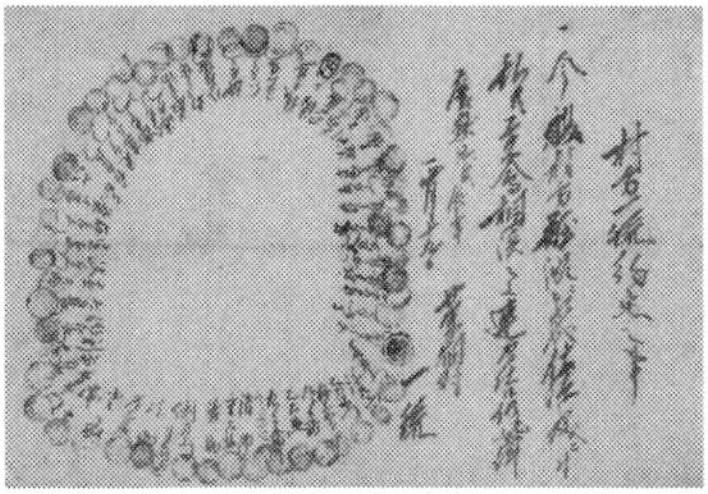

慶応4年(1868) 正月
菜畑村傘形連判状

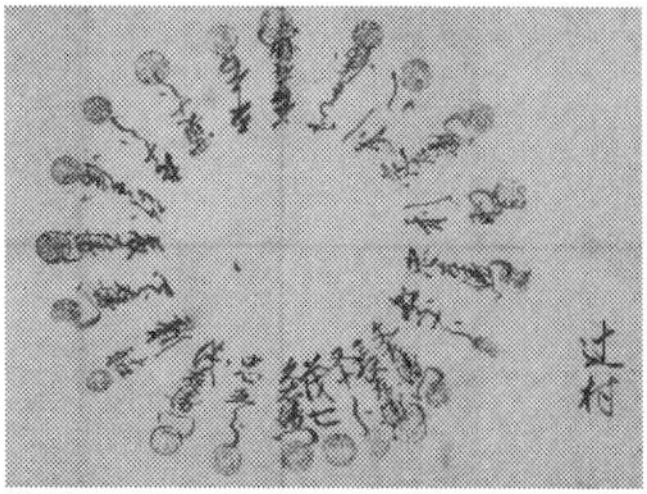


慶応4年(1868) 正月
辻村傘形連判状

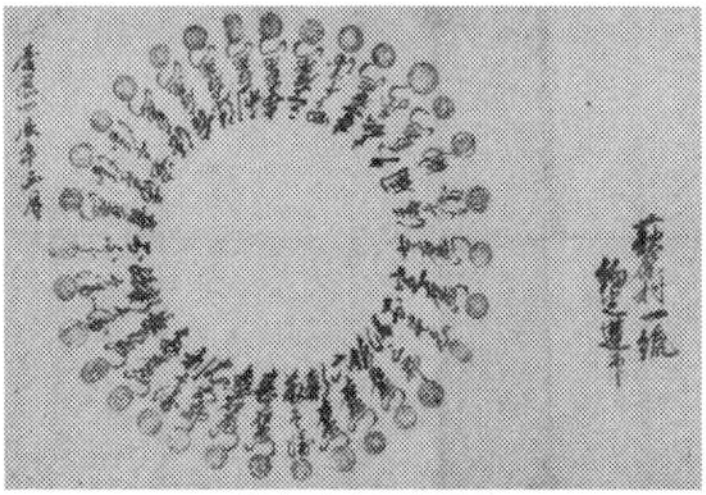

慶応4年(1868) 正月
萩原村傘形連判状

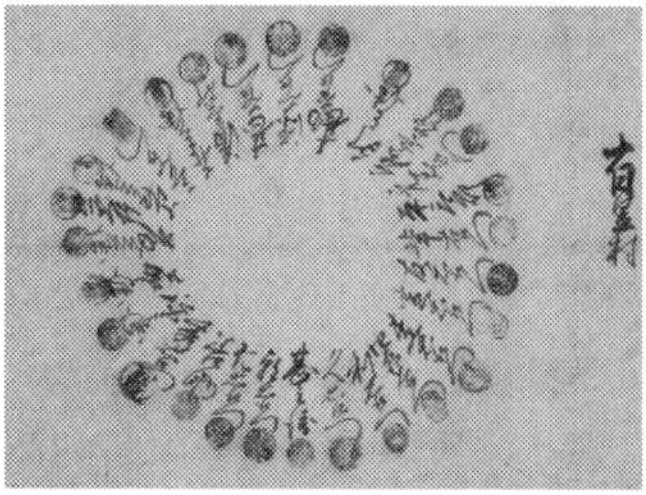

慶応4年(1868) 正月
有里村傘形連判状

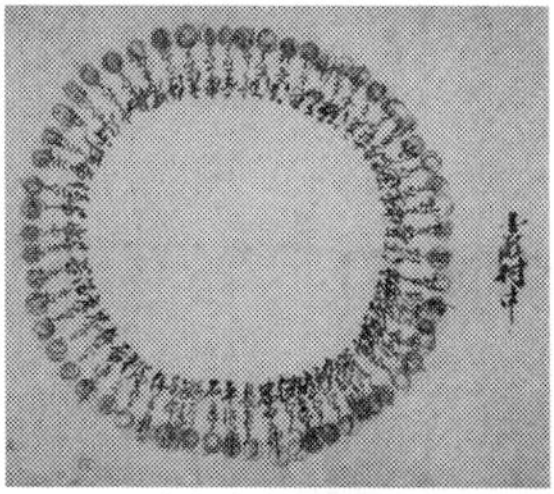

慶応4年(1868) 正月
小瀬村傘形連判状

四年戊辰年正月十九日」という記載が見られる。他村の連判状には作成日は記されていないが、菜畑村と同様に一月一九日に作成されたと想定される。

連判状の署名者は、南田原村が八五名、小明村が五三名、辻村が二一名、菜畑村が五六名、有里村が二七名、萩原村が三二名、小瀬村が六一名となっている。問題となるのは、各村の戸主のうちどれだけが連判状に名を連ねたのかということである。この点についての分析は、一揆の性格について論じるうえでも不可決であるが、残念ながら当年の「宗門改帳」など検証に必要な関係史料が見つかっていないため、そうした作業を行なうことができない。[59]しかし、南田原・小明・菜畑・萩原各村の連判状には、それぞれ「南田原一同ニ連印承知致し候」「小明村一同連印名前書」「菜畑村一統」「萩原村一統約定連印」という記載が見られ、各村の連判者数と前後の時期の戸数との比較から、陣屋役人となっていた者を除く各村の戸主のほとんどが、連判状に名を連ねたものと思われる。また、連判者のなかには庄屋や年寄といった村役人も含まれており、小明村の連判状には、珍しく「庄屋」「年寄」「村惣代」という肩書が付されている。

もう一点、伝存している「傘形連判状」のなかで、辻村のそれに関して注目しておきたいことがある。それは、右下部の「茂七」（庄屋）と「長左衛門」（年寄）の名前を除けば、等間隔に人名が整然と記された形になっているという点である。このことは、村方小前の各戸主（一九人）の名前をまず記したあとで、村役人であった両名の名前が書き加えられたことによるものであり、「矢野騒動」が、小瀬村与兵衛らの主導のもと、当時の社会経済情勢下で困窮に喘いでいた「小前百姓共」を主体

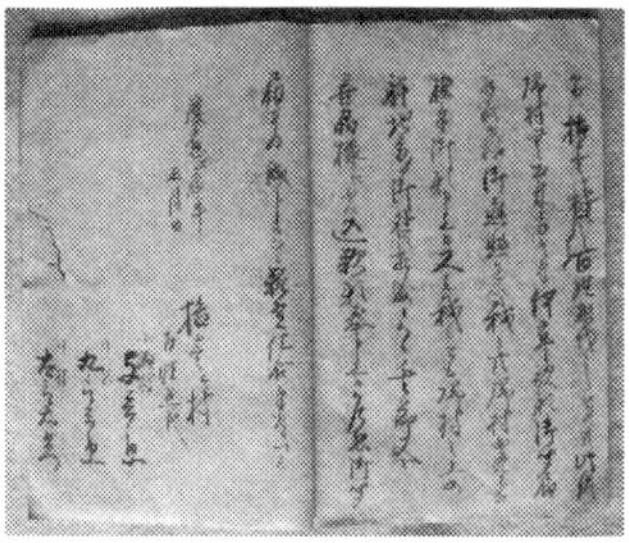
「長州様」への「欠込」願書
（生駒市北田原町・山口家文書）

勢力として、村役人をまきこむ形で展開されたことに対応すると考えられるのであ
る（なお、小瀬村の連判状からも、同様のことがうかがえる）[60]。

## 「長州様」への歎願の決行

「矢野騒動」に関してもう一つ大いに注目されるのは、小瀬村与兵衛ら惣代が各村の「傘形連判状」を携えて大坂に赴き、下寺《したでら》町にあった長州藩の出張陣屋へ歎願書を提出して、「長州様之御下の百姓」になりたいと願い出たことである。『義侠与平実伝記』には「三月中頃」とあり[61]、慶応四年（一八六八）正月付の「発端一件写」（今井六右衛門控）には、「正月十八日長州様江罷出《まかりいで》候処」という記載が見られるが[62]、俵口村井山松右衛門の記録[63]や「傘形連判状」の作成日（一月一九日）との関係から、一月二〇日のことであったと考えられる。

　当時、大和では、前述したように、鳥羽・伏見の戦いの後、新政府軍によって鎮撫が進められ、奈良を拠点に新しい支配体制が築き始められていた。旗本松平氏の知行所であった村々も「南都興福寺東室十津川様出張御役所」の預かりとなっていたが、そうしたなか、小瀬村与兵衛らの惣代たちは、なぜ暗峠を越えて大坂に赴き、「長州様」への歎願に及んだのだろうか。

　その事情について、『義侠与平実伝記』には、「なんとかいたしこの大ぜいの百姓達を助ける道なきやと考えておるやさき、与平大阪へ行き寺町付近を歩行中、長州藩大阪出張所掲示板、百姓無法に取立てる城主あるなら申出で直ちに成敗す、長州藩大阪出張所と掲げてあった。与平帰宅、直ちに生駒、田原の五人組に右の由を相談する。各々同意種々と相談結果、各村々の連判状を持参いたし、長州藩にお願いすることになった」(64)と記されているが、これだけでは、願書に「是まて《で》も長州様江歎願奉申上候と存居《ぞんじおり》候」「長州様之御下の百姓ニ相成度《あいなりたく》候」と記されていることを、十分に説明することはできない。

それではなぜ殊更《ことさら》「長州様」なのだろうか。前述したように、開港に伴う経済の激変によって窮民が増加するなかで、多くの人々の期待は、唯一攘夷決行に踏み切った長州藩に集まるようになっていた。その後、当藩は薩摩藩と軍事同盟を結び、幕府にかわる新たな政権の樹立をめざすようになったが、「世直り」を求める民衆の長州贔屓《びいき》の声は高なり続けた。慶応四年(一八六八)の正月早々に起きた鳥羽・伏見の戦での新政府方(長州方)の勝利の報に接した高瀬道常は、「長州様之御蔭ニ而世が直り可申《もうすべし》と嬉《よろ》こわ《ば》ぬものハなかりけり」と記しているが、この記事をふまえて、鳥羽・伏見の戦の約半月後に起きた「矢野騒動」を見つめれば、与兵衛らの行動ぶり――大坂の長州藩の出張陣屋に赴いて「長州様」の支配下の百姓になりたいと願い出たこと――がよくうかがえると思われる。なお、旗本堀田氏の知行所でも、同時期に百姓たちの不穏な動きがあったことを付記しておきたい(65)。

## 生駒陣屋の明け渡し

与兵衛ら惣代が大坂の長州藩出張陣屋に赴いて歎願書を提出した一月二〇日に、生駒では、「正月廿日より北田原村・小瀬村元其外十ヶ村共大宮江寄合仕候」(66)と俵口村の井山松右衛門が記しているように、百姓たちが「大宮」=往馬神社に集まって、

一揆勢の集合の場となった往馬神社の境内

気勢をあげていた。生駒谷の郷社であった当社が、一揆勢の結集の場になっていたことが注目される。

その翌日、旧旗本松平氏の知行所であった村々へ、つぎのような廻状(67)が回された。

甲斐守《かいのかみ》国役旗頭《はたがしら》之訳を以《もって》、何事も御聞調有之《これあり》候間、高橋治右衛門宅へ向早々可申出《もうしいずべく》候、尤長州公者《は》御越無之間《これなきあいだ》、左様承知可致《いたすべく》候、呉々《くれぐれ》何事も当方江可申出《もうしいずべく》候、以上

正月廿一日夕　郡山役所

矢野庄兵衛　在判

菜畑村
萩原村
小平尾村
小瀬村
有里村
辻　村
小明村
南田原村
北田原村
俵口村
谷田村

暗峠

矢野代官所（生駒陣屋）跡の石碑

右村々
庄屋
年寄

慶応四辰年正月廿一日、右者《は》郷中動乱之砌《みぎり》、高橋より之廻状也、写之置《これをうつしおく》

これは、郡山藩役所から同藩の大庄屋であった菜畑村（郡山方）の高橋治右衛門を経て、旧旗本松平氏の知行所であった一一か村へ廻されたものである。百姓たちが蜂起する気配を察した生駒陣屋の役人が、最寄りの郡山藩（石高も大和国内で最も多かった）に助勢を仰ぎ、これに応じた同藩が「長州公者御越無之」との情報を流し、蜂起を押えようとしたものであろう。

しかし、この画策は失敗に終わった。与兵衛ら惣代からの歎願に応じて長州藩が派遣することになった一隊（五〇名）が、一月二三日[68]に暗峠《くらがりとうげ》を越えて大和に入り、辻村の生駒陣屋へ到着した[69]。そして、蜂起していた数多くの百姓たち（『義侠与平実伝記』には「五、六百名」、俵口村井山松右衛門の記録には「千人」とある）が見守るなか、陣屋からの助勢の要請に応じて駆け付けてきていた郡山藩兵と協議のうえ、陣屋を差し押さえ、矢野弥平太ら六名の身柄を拘束するに至ったのである[70]。なお、身柄を拘束された六名は、矢野弥平太をはじめ、楠田良右衛門（代官）・楠田竹蔵（大庄屋）・楠田徳兵衛（大庄屋目付）・岩瀬岩蔵（同心）・村田石蔵（同心）の面々であったと考えられる[71]。

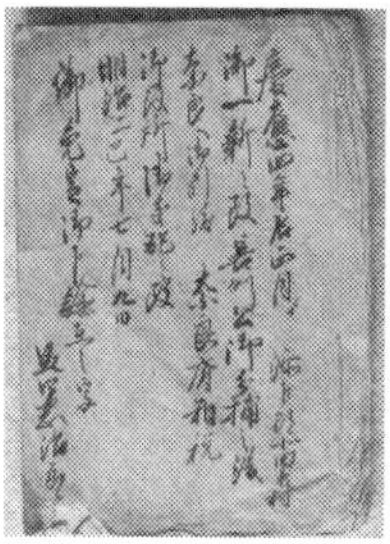

「長州公御分捕」という記載が見られる文書（生駒市北田原町・山口家文書）

この後、矢野弥平太らは長州藩兵によって大坂（下寺町）へ連行され、三〇日間入牢させられた後、大和国鎮撫総督府（大和鎮台にかわって、二月一日から奈良に設置されるようになっていた）に引き渡され、さらに四〇日間入牢させられて取調べを受けた後、釈放されるに至っている。(72)

## 四　一揆後の動向

### 一揆後の新体制と長州藩による「分捕」

「矢野騒動」の後、元旗本松平氏の知行所であった村々は、しばらくの間、長州藩（出張所）の支配下に置かれるようになった。それまで大庄屋をつとめていた小瀬村の川久保政助が現地での差配を任され、また「長州様江願人物代」＝「八人組」（小瀬村の中川与兵衛・久保九郎兵衛・上田太郎右衛門、北田原村今井六右衛門、俵口村九郎兵衛、小平尾村忠七・八郎兵衛・浅右衛門）も「村方混雑不仕様《つかまつらざるよう》」「取締」を行なうように命じられるようになった。(73)

このように、与兵衛らの念願が叶うことになったわけだが、その後、彼らの思惑どおりに事が運んだわけではなかった。与兵衛らが大きな期待をかけた長州藩は、百姓たちの要望に応えて窮民救済や普請入用にあてる一定の米銀の下げ渡しを行なったものの、前年分の年貢米売払い残銀などの多くを「分捕《ぶんど》」っていったのである（戊辰戦争の戦費として使われたものと思われる）。

後年に北田原村の山口忠治（今井六右衛門）が書き留めた文書に、「卯年貢米八分

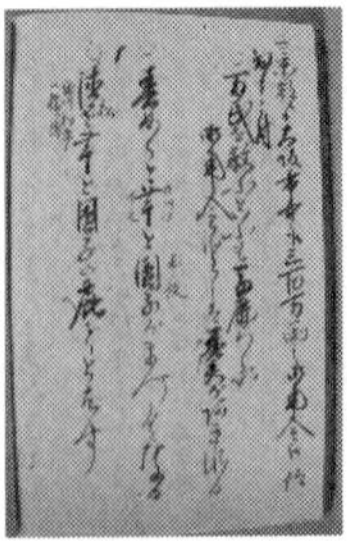

『大日記』の記事
（桜井市生田・高瀬家文書）
急速に冷めるようになった薩長熱

方旧地頭松平篤三郎《とくさぶろう》取、残明辰年廻り弐分方長州公分捕ニ相成」[74]、「慶応四辰正月より御一新と改、長州公御分捕之後、奈良へ御引渡」[75]という表現が見られるが、双方で使われている「分捕」という言葉に、事の本質が示されているように思われる。

ちなみに、小瀬村の川久保政助と与兵衛ら「八人組」が奈良の鎮撫総督府に召し出され、吟味を受けた際の四月九日付の供述書[76]には、①長州藩の支配下になってからの調査の結果、大坂の米屋平右衛門方に年貢米売払い残銀が二一四貫目余あることが判明し、そのうち一六五貫目余を政助が取り立てて長州藩へ上納したが、郷中からの願い出により五一四両が下げ渡され、池川堤などの普請入用や困窮人の救済金として割り渡されるようになったこと、②郷蔵入米のうち三一一・六石を長州藩の命により大坂安治川《あじかわ》肥前屋平九郎方へ積み出したが、二三一石余が郷中村々へ下げ渡され、御救米や普請入用として割り渡されるようになったことが記されている。

## 「八人組」への非難と提訴

一揆後も、相変わらず物価は高く、太政官札の発行などによって経済の混乱が続き、人々の暮らしは良くはならなかった。こうした「世直り」とはとても言えない厳しい現実に直面するなかで、人々の長州熱は急速に冷めるようになり[77]、不満を募らせ、「長州様江願人惣代」となり一揆後には領内の「取締」にあたるようになっていた「八人之者」に対して、反感を抱く人々も出現することになった。また、混乱に乗じて、勢力の巻き返しをはかろうとする元陣屋役人らの動きも見られるようになり、四月には、長州藩の「分捕」に加担し「夥敷失費《おびただしきしっぴ》」を生じさせたとして、当時長州藩のあとをうけて関係村々を支配するようになっていた大和国鎮撫総督府への提訴が行なわれるに至った(78)。訴え出たのは、俵口村の庄屋松右衛門と菜畑村の庄屋甚兵衛、元陣屋役人の楠田繁雄と岩瀬岩蔵で(79)、高瀬道常の『大日記』にも、次のような関係記事(80)が見られる。

生駒谷五千石御旗本代官長野 某《なにがし》 取込抔《とりこみなど》申立《もうしたて》、長州分取方六人之者頭取《とうどり》申立候ニ付、早速出張金壱万両余・米八百石分取、郷中打こほ《ぼ》り大坂へ持運候処、右申分相立《あいたち》長野帰村候故、依之《これにより》領主之金石減候上、夥敷《おびただしき》失費出る処無之《これなく》、却而《かえって》郷中長野付《づき》と相成、六人之者相手として雑用之論ヲ起しよし(候脱カ)

これは閏四月の記事であり、「取込」をしたとされていた「長野」の言い分が通り、帰村を許されるようになったこと、これによって「郷中」がかえって「長野付」となり、長州藩の「分捕」に加担し「夥敷失費」を生じさせた「六人之者」を相手取って訴訟を起こすようになったこと、が記されている。なお、文中には「長野」とあるが、「矢野」の誤りであり、また訴えられたのは「八人之者」とすべきであろう。このように、記載内容についてはよく吟味する必要があるが、訴訟は実際に行なわれており、先に紹介した四月九日付の川久保政助と与兵衛らからの返答書(大和国鎮撫総督府宛)(81)は、この訴訟に際してのものと思われる。

附録之部
騒擾
慶應四年四月十四日松平篤三郎采地平
群郡之内生駒郷拾壱箇村混擾ニ因リ
テ長藩ノ兵隊来リテ矢埜彌平太外
六名ヲ縛シ揚リ屋ニ投ス翌日春日讃岐
守白洲ニ於テ糾弾ヲ遂ケ全ク小瀬村與
兵衛北田原村六右エ門両名奸黨ノ魁首
ナルヲ以テ速カニ拘繋シ更ニ彌平太外六
名ヲ免シ事終ニ平穏ニ帰ス

『奈良県史料』二「附録之部　騒擾」の記事
（国立公文書館デジタルアーカイブ〔www.digital.archives.go.jp〕）

## 小瀬村与兵衛と北田原村六右衛門の入牢

さらに、『奈良県史料』の二「附録之部　騒擾《そうじょう》」には、この訴訟に関連すると思われる、次のような記事が見られる。

慶応四年四月十四日松平篤三郎采地《とくさぶろううねめち》平群郡之内生駒郷拾壱箇村混擾《こんじょう》ニ因《よ》リテ、長藩ノ兵隊来リテ、矢埜《やの》弥平太外六名ヲ縛シ、揚リ屋《あがりや》ニ投ス、翌日春日讃岐守白洲ニ於《おい》テ糾弾《きゅうだん》ヲ遂《とげ》、全ク小瀬村与兵衛・北田原村六右エ門両名奸党《かんとう》ノ魁首《かいしゅ》ナルヲ以、速《すみや》カニ拘繋《こうきん》シ、更《さら》ニ弥平太外六名ヲ免《ゆる》シ、事終《つい》ニ平穏ニ帰ス

但此事件ノ起由ハ賦税ノ平等ナラサルヨリトス

ここには、「四月一四日に松平篤三郎の知行所で一揆が起き、出張してきた長州藩兵が矢埜（野）弥平太ら六名を捕縛し揚り屋に投じたが、その翌日に春日讃岐守が吟味を行なった結果、小瀬村の与兵衛と北田原村の六右衛門が『奸党ノ魁首』として拘繋されるようになり、矢野ら六名は放免されることになった」と記されている。一揆が起き、長州藩兵によって矢野代官らの身柄が拘束されるようになったのは、四月ではなく一月であり、この箇所は明らかに誤りである。文中に出てくる「春日讃岐守」は春日仲襄で、四月一五日の時点では大和国鎮撫総督府の参謀という立場にあった。この記事についてもさらに吟味を要するが、小瀬村の与兵衛については『義俠与平実伝記』のなかに六〇日間入牢させられたという記事があり、彼と北田原村の六右衛門が入牢させられたのは、一揆直後ではなく、この時期である可能性が

高い。(82)

## 元旗本松平氏知行所の村々のその後の動向

元旗本松平氏知行所の村々は、慶応四年（一八六八）五月一九日に奈良県（初代知事は春日仲襄）が設立されたことに伴って、その管下に置かれるようになった。その後、奈良県は七月二九日に奈良府に改まったが、その管下の村々は、翌年四月に「他の『御役方之名号《みょうごう》』を唱えて、村内へやってくる者が、願い事などを頼んできても応じてはならず、『聊《いささか》之事件』で血気立ち徒党がましい行為に及ぶようなことは決してあってはならない。もし心得違いをしてこれを遵守《じゅんしゅ》しない者があれば、召し捕えたうえ厳しい処分を行なうつもりである。また、願いたいことや決し難いことがあれば、奈良府へ申し出てその指示を受けるようにし、『筋違《すじちがい》之方』から一切指図を受けてはならない」という内容の請書を提出させられている。(83) 外部からの介入を排除して、管内の民衆を統制下に置き、非合法な動きについては、これを強く規制しようとする意図を読み取ることができよう。

この指令（→請書の提出）との前後関係は不明であるが、俵口町の井山家には、「明治二己巳年四月廿五日　村方大惑乱ニ付南都御役所様御鎮撫之御出張被為下《くだせられ》候ニ付諸事買もの控帳　御上御宿阿弥陀寺ニおゐて仕候事」と表紙に記された文書が残っている。また、同三年六月一四日に「生駒郷拾壱ヶ村役人」から「奈良県御役所」に提出された願書(84)にも、「当郷中一昨并昨年両度之騒乱ニ而諸入用多分相掛《あいかかり》、村々一同疲弊ニ付」という記載が見られ、元旗本松平氏知行所の村々では、「一昨」年

表2　北田原村と俵口村の年貢納合高の推移(判明分)

| 年度(西暦) | 北田原村 | 俵口村 |
|---|---|---|
| 元治元年(1864) | 362・4012(石) | |
| 慶応元年(1865) | 352・8412(石) | |
| 慶応2年(1866) | 342・8412(石) | 288・1652(石) |
| 慶応3年(1867) | 352・8412(石) | 308・8053(石) |
| 明治元年(1868) | 208・708　(石) | |
| 明治2年(1869) | 216・45　(石) | 196・99　(石) |
| 明治4年(1871) | | 175・115(石) |

注1) 表示した数値は、「正租納高」「上納辻」「納辻」「納合」「貢米合」と史料によって表現が異なるが、本年貢に小物成や付加税を加えた額である。
注2) 北田原町の山口家と俵口町の井山家の年貢関係文書により作成した。

の「矢野騒動」に続いて「昨年」(明治二年)にも、(どのような内容であったのかは不明だが)「騒乱」が起きたことが知られる。さらに、同三年にも、「当郷拾壱ヶ村之内菜畑村一郎右衛門[85]外六人不帰依《ふきえ》ニ付、郷中連印ヲ以奉願上《もってねがいあげたてまつり》候事件」が起きており、役所の沙汰を待たずに閏一〇月九日に「生駒郷氏神」へ「多人数」が「寄集り」「再願之評議」をしたことは、「沸騰ケ間敷《ふっとうがましき》」所業であり「不届《ふとどき》」であるとして、翌年二月一三日に関係者(菜畑村善助ら「重立《おもだち》」人四名、北田原村儀右衛門ら随従者九名、村々役人共)に対する処分の「申渡」が行なわれるに至っていることも判明する[86]。

明治初年の社会情勢について、高瀬道常は、「御用金、諸式者《は》上り、戦争、金札、争論、人気不穏」(明治元年)、「世界動乱、諸事顛倒《てんとう》、物貨益《ますます》高く、近頃乞食相増、冬毛不作、人気不穏」(同二年)、「御政事向之悪評徳川家ニ倍《ばいす》、異人益増長、大小名弥《いよいよ》疲弊、人気動揺、諸式高直《こうじき》、下々必死難渋、所謂《いわゆる》天下困窮危急存亡之秋《とき》なり」(同三年)といった記事[87]を書き残しているが、元旗本松平氏知行所の村々も当該期に「人気不穏」な状況にあったことがうかがえる。

その一方で、「御料」となってからは、年貢収奪の面では手心が加えられるようになったようであり、旗本松平氏の知行所であった幕末期と比べて年貢額が大幅に減少していることが、北田原村と俵口村のケースから確認される(表2参照)。明治初年に相次いで起きた災害の影響もあり、一揆の直接的な成果というわけでもないが、負担の軽減を切望していた当地の百姓たちにとっては、一筋の光明であったと言えよう。

## おわりに

「矢野騒動」は、小瀬村与兵衛ら「八人組」(村方小前のなかの有力者)をリーダーとし、開港以降の社会経済情勢下で困窮に喘いでいた「小前百姓共」を主体勢力として、村役人をまきこむ形で展開された。一揆に際して作成された各村の「傘形連判状」からもうかがえるように、村方「一統」の参加のもとに展開されたところにこの一揆の大きな特色があったのであり、階層間の矛盾・対立にもとづく当時の一般的な世直し騒動[88]とは様相を異にしていた。

そうした形で展開された「矢野騒動」は、まさに「御一新」が行われようとするさなかに生駒の地で起きた、全国的にも注目すべき一揆であった。その大きな特色は、百姓たちが、鳥羽・伏見の戦における新政府方(長州方)の勝利という絶好の機会をとらえて、旧来の陣屋役人(代官矢野弥平太ら)による支配を拒否し、惣代が大坂の長州藩の出張陣屋に赴いて、「長州様之御下之百姓ニ相成度《あいなりたく》候」と願い出たところにあった。その後の事態は、惣代や百姓たちの期待どおりに進んだわけではなく、その前途には厳しい現実が待ちうけていた。しかし、彼らが「世直り」を希求し、時代の大きなうねりを見据えながら、自らの手で新たな領主を選びとろうとしたことは、大いに注目されてよいだろう。

《注》

1．「矢野騒動」に関しては、その頭取《とうどり》であった与兵衛の孫にあたる中川吉治郎《きちじろう》氏によって一九五〇年に『義侠与平実伝記《ぎきょう》』がまとめられていたが、一般に知られることはなかった。その後、杉島平晴氏による史料紹介（一九六九）と『生駒市誌』資料編Ｉ（一九七一）の刊行によって、世に知られるところとなり、それらの史料にもとづいた東《あずま》義和氏の論文（一九七五）も発表されるようになった。それ以降、私が一九九九年に論文を発表するまでの約四半世紀の間、史料の制約もあって研究がストップした状況になっていたが、生駒市教育委員会による市内の古文書調査など、史料調査の進展に伴って新たな関係史料も次第に見つかるようになり、それらを活用した研究成果（久保さおり氏の論文〔二〇〇六〕や私の論文〔二〇〇九・二〇一一〕など）も発表されるようになった。本稿は、それらの成果をふまえた、現時点での私なりのまとめとして草したものである。なお、「矢野騒動」に関する先行研究と翻刻史料に関しては、稿末に年代順にまとめて記しているので、参照されたい。

2．岩城卓二「西摂津地域から畿内・近国社会を考える」（『歴史科学』一九二号、二〇〇八）。

3．『生駒市誌』資料編Ｉ（以下『生駒』Ｉと略記する、生駒市役所、一九七一）三二三～三二五頁所収。

4．同前三一七頁。

5．明治六年（一八七三）二月「高名寄帳」（生駒市辻町・農家組合所蔵文書）。なお、『生駒』Ｉには、「矢野政敏（明治初期）の財産は、田畑約十町歩、山林約二十二町歩、屋敷地約三反歩であった」という記述が見られる（三一七頁）。

6．元文三年（一七三九）一二月「午御物成御勘定仕上帳」（生駒市小明町・生田家文書）。本文書は、会報『いこま』四号（以下『いこま』四と略記する、生駒市生涯学習グループ『古文書を読む会』、二〇〇六）に翻刻のうえ全文収載され、これを分析した倉田啓司氏の「江戸中期旗本松平氏の財政状況について」も併せて掲載されているので、参照されたい。

7．旗本松平氏の知行所となった旧郡山藩領の村々のうち、元和元年（一六一五）から当藩領となっていた東田原（延宝六年〔一六七八〕に北田原と南田原に分村）・有里・萩原・小瀬・小平尾の各村は、寛永一六年（一六三九）に竜田藩領から郡山藩領に編入された村々（小明・俵口・谷田・辻・菜畑）とは異なって、村高のうちに二割半無地増高を抱えていた（検地を行なうことなく、寛永年間に村高を二割半水増しされていた）。

8．寛延元年（一七四八）に郡山藩領の村々から出された願書（『上牧町史』史料編〔上牧町、一九七七〕一一四～一一八頁所収）に「生駒谷より五畿内ニ無比類《ひるいなき》上米（中略）持出し」という記載が見られ、明治三年（一八七〇）に当藩領で実施された米の品質調査では、生駒谷の村々の米は、極上《ごくじょう》（鶴《つる》印）・上々（松印）・上（竹印）・次（梅印）の四ランクのうち、いずれも鶴印＝極上米と評価されていた（同史料編四二三～四二六頁所収「郡山蔵御収納印之訳」）。生駒谷の産米はブランド品となっており、酒米や鮨《すし》米としてもよく使用されていた。

9．農業では主穀の生産が中心であり、余業としては、「縄莚《むしろ》かせぎ」（男）や「苧《お》かせぎ」（女）などが行なわれていた。郡山城下町との結びつきが強く、萩原村の宝暦三年（一七五三）「村鑑明細帳」にも「当村男女とも作間之稼と申者《は》縄莚等仕《つかまつり》、郡山御城下或《あるいは》者南都又者河州江売出し申候」「当村より市場江平生《へいぜい》縄莚等売ニ出し申候、尤《もっとも》年来諸色買物之儀者郡山御城下ニ而相調《あいととのえ》申候」という記載が見られる（『生駒市古文書調査報告書 Ⅵ』〔生駒市教育委員会、二〇一三〕所収「解説」二頁参照）。

10．『生駒』Ⅰの四六七～四七二頁所収。

11．『いこま』四の五〇～五三頁所収。

12．生駒市俵口町の井山家文書のなかには、「土山・坂之下・大津其外方々」の宿駅の費用負担に関わる、慶応三年（一八六七）五月と七月付の「助郷雑用割方請取帳」などが見られる。

13．『生駒市誌』資料編Ⅲ（以下『生駒』Ⅲと略記する、生駒市役所、一九七七）二二五～二二七頁参照。

14. 年代が少しずれるが、文政五年（一八二二）の旗本松平氏の知行所の人口は二八三三人であり（「十一ヶ村惣人別改帳」、生田家文書）、一軒の家族の人数を仮に四人として計算すると、この数値になる。

15. 酒井一「慶応二年大坂周辺の打毀しについて」（『国史論集（二）』所収、京都大学読史会、一九五九、のち『日本の近世社会と大塩事件』〔和泉書院、二〇一七〕に収録）、澤井廣次「慶応二年大坂騒擾と戦時下の社会変容」（『大阪の歴史』八二号、二〇一四）など参照。

16. これについては、木村博一「慶応二年富雄の一揆について」（『新しい歴史学』一〇号、一九五五、のち『近世大和地方史研究』〔和泉書院、二〇〇〇〕に収録）を参照されたい。

17. 『生駒』Ⅲの二二五頁。

18. 在野の知識人というべき存在であった高瀬道常が、嘉永五年（一八五二）から明治二四年（一八九一）一月下旬（死去する直前）にかけて、村・地域・国内さらには国外で起きた、外交・社会・経済・文化・宗教など様々な分野の出来事を連綿と書き残したもので、全二九冊からなる厖大な記録である。その全文を翻刻し、『大和国高瀬道常年代記』（上巻・下巻）と題して刊行している（以下『年代記』と略記する、廣吉壽彦・谷山正道編、清文堂出版、一九九九）ので、是非参照されたい。

19. 平群郡東安堵村岡田太平治の『古今吉凶并心得記帳』には、「諸大名様不申及《もうすにおよばず》、下々之もの共迄異国交易相悪《にく》ミ居《おり》候」という文久三年（一八六三）の記事があり（『安堵町史』史料編下巻〔安堵町、一九九二〕六一〇頁）、高瀬道常の『大日記』にも、「桜田で首と胴体《ドウタイ》ゆきわかれ　井伊《エヽば》はかものと人ハ言ふ也」という万延元年（一八六〇）の落首の記事が見られる（『年代記』上巻三七頁）。また、慶応元年（一八六五）九月の将軍家茂《いえもち》上洛時に大坂で流行したといわれる手まり唄にも、「一ツトエ、遠い異国をあわれんで、しもの難儀をよそニ見ン、にざまハ、コノ心地よさ」「十ツトエ、人のいやがる交易をはじめたかもんのしコノ国つぶし」というフレーズが見られる（小林茂『近世上方の民衆』〔教育社、一九七九〕一九七～一九八頁参照）。

20. 高瀬道常の『大日記』には、「交易ニ付諸式国中之困窮難筆紙尽《ひっしにつくしがたし》、此時　政《まつりごと》　整取候程之御方無之《これなく》、水戸御隠居御再勤交易断《ことわり》、強情申募《ごうじょうもうしつのり》候節ハ直《ただち》ニ打払《うちはらい》、水戸之外《ほか》ニ御人無之《これなき》様ニ今と成《なり》何国迄も申候、実ニ天下之央勇《おうゆう》なり」という万延元年（一八六〇）の記事があり（『年代記』上巻四〇〜四一頁）、この時点では、人々の期待が強硬な尊王攘夷論者であった「水戸御隠居」＝徳川斉昭《なりあき》に集まっていたことがうかがえる。また、天誅組の変で志を果たせず東吉野で憤死した尊攘派の志士吉村虎太郎（天誅組総裁）の墓＝「残念岩」への民衆の群参という現象も起きていた。

21．大和からは離れているが、伊与国越智郡井ノ口村の藤井此蔵《このぞう》の『一生記』には、「長州様は異人御打払の方故、万人長州江随気する」「見せてやりたや異国のやつに 長州がたなの切あじを」「六十余州に長州がなくば 広い日本がからとなる」という元治元年（一八六四）の記事があり（『日本庶民生活史料集成』第二巻〔三一書房、一九六九〕七七三頁）、高瀬道常の『大日記』にも、「長藩殊外《ことのほか》評判宜敷《よろしく》、会津ハ姦智《かんち》知るもしらぬも悪《にく》ミけるよし」（同年）、「皆人のしのふ《ぶ》心の深くして 匂《にお》ひそ《ぞ》つきぬ萩の花園」（慶応元年〔一八六五〕）といった記事が見られる（『年代記』上巻六三頁、七八頁）。これに先立って、大和では、物産交易を通して長州藩との結びつきを強める豪農商も出現していた（高田の豪商村島長兵衛・長三郎・内蔵進《くらのしん》、五條の下辻又七、十津川の上平主悦《かみだいらちから》らは、梅田雲浜《うんぴん》〔尊王攘夷派の志士、元小浜藩士、後妻千代は村島内蔵進の娘〕の仲介により、安政四年〔一八五七〕から長州藩との物産交易を開始している）。

22．『生駒市史史料集』第一集（生駒市、二〇一三）三三頁。

23．三宅紹宣「幕末・維新期における諸階層の対外意識」（『歴史学研究』五九九号、一九八九、のち『幕末・維新期長州藩の政治構造』〔校倉書房、一九九三〕に収録、三三四〜三三五頁）、酒井一「明治維新の過程で民衆はどう変わったのか」（『争点日本の歴史』6所収、新人物往来社、一九九一）四二一〜四三頁など参照。

24．小野寺逸也「〝残念さん〟考」（『地域史研究』二－一、一九七二）、酒井一「開国と民衆生活」（『日本民衆の歴史』5所収、三省堂、一九七四）、井上勝生「幕末における民衆支配思想の特質」（『歴史学研究』五〇二号、一九八二）など参照。高瀬道常の『大日記』にも、

「長州人昨年引取掛五人尼崎手前ニ而切腹、此墓所へ此節ニ及ひ《び》大群参、日ニ是も五万六万ニ及、病気之願治スル事妙也」という慶応元年（一八六五）の記事が見られる（『年代記』上巻六六五頁）。

25．「無念柳」への群参は、将軍家茂《いえもち》が長州征伐のため大坂城へ入ったまさにその夜から始まっており、小野寺氏は「一連の民衆運動は、この柳参りの段階において、より積極的な長州藩支持―反幕・反公武合体へと明確にすすんだといえる」と評価されている（前掲注24論文五九頁）。

26．髙瀬道常の『大日記』には、「無念柳」への群参とあわせて、「大坂長州屋敷内并揚場之柳江参詣、皮ヲむき病気平癒《へいゆ》多分有之《これあるを》聞付追々群参、依之《これにより》切捨候処右切株ニ同様参詣、線香如山《やまのごとく》夥敷《おびただしく》参詣、依之《これにより》参詣致し候者見付仕第入牢被申付《もうしつけられ》候触書出、役人多人数出張、漸々《ようよう》相止《あいやみ》、播州路より備前路へ渡り躍り流行、はやし長州カチジャ〱〱」という慶応元年（一八六五）の記事が見られる（『年代記』上巻六六六頁）。

27．三宅前掲注23論文第四節「長州藩の対外和親方針への転換と攘夷標榜による民心収攬」（前掲書三三四～三三七頁）参照。

28．『年代記』上巻八九頁。

29．同前一〇一頁。

30．同前一二三頁。西郷隆盛も、国元の家老桂右衛門宛の書状のなかで、「京摂の間、（幕府は）余程人心を失ひ居《おり》候事にて、今日に至りては、伏見辺は兵火の為に焼亡いたし候得共《そうらえども》、薩長の兵隊通行度毎《たびごと》には、老若男女《ろうにゃくなんにょ》路頭に出て、手を合せて拝を為し、難有《ありがたし》〱と申ス声のみに御座候」と、民心が薩長に集まっている様を報じている（『大西郷書翰大成』第三巻（平凡社、一九四〇）二七頁）。

31．全文翻刻のうえ、『生駒』Ⅰの四七二～四七六頁および『いこま』一一号（以下『いこま』一一と略記する、生駒古文書を読む会、二〇一三）一三～一六頁に収載。

32．『生駒』Ⅲの二二八頁、二三二頁。

33．同前二三〇～二三一頁。

34．『生駒』Ⅰの三三五頁。
35．生駒市北田原町・山口家文書。
36．発端一件写」に「村々役人之内北田原村庄屋利左衛門・有里村庄屋浅右衛門、右両人弁者ニ付小前百姓共へ申諭有之候」云々という記載が見られる（『生駒』Ⅰの四七二頁、『いこま』一一の一三頁）。
37．『生駒』Ⅰの四七三頁、『いこま』一一の一三頁。
38．全文翻刻のうえ、『いこま』一一の四〇～四三頁に収載（山口家文書）。
39．長州藩出張陣屋へ提出された願書には、「拾壱ヶ村百姓惣代」として、「八人組」のうち、小瀬村の与兵衛・九郎兵衛・太郎右衛門と小平尾村の八郎兵衛・忠七・浅助の計六名が名を連ねている（『生駒』Ⅰの四七五頁、『いこま』一一の一六頁）。この後、生駒陣屋の明け渡し後に、新体制を構築するに際して作成されたと考えられる「連判名前帳」では、父が旗本松平氏の役人に取り立てられていた北田原村の今井六右衛門と、一揆の首謀者であった与兵衛ら小瀬村の三名が苗字付きになっているが、どのような事情によるのか（一揆の功績を認められてのことであるのか否か）は今のところ不明である。
40．慶応四年（一八六八）「太神宮様被下ニ付覚帳」（生駒市俵口町・井山家文書）に、「八人組」という表記が見られる。
41．『生駒』Ⅲの二三〇頁。なお、八郎兵衛については、同村の忠五郎とともに、安政五年（一八五八）に萩原村へ「五ヶ年切ニ銀子」を「貸渡」していることも知られる（同二二九頁）。
42．明治四年（一八七一）二月「奉差上御受書」および同五年八月「乍恐奉願上候（未年御免状頂戴願）」（井山家文書）。
43．『生駒』Ⅰの四八〇～四八五頁に収載。
44．注40と同史料。
45．『生駒』Ⅰの四八一頁。
46．『生駒』Ⅰ所収の『義侠与平実伝記』、中川雅雄編『中川家のおじいさんたち』（私家版、一九九四)、生駒ふるさとミュージアム稿「生駒町役場を建てた中川吉治郎とその家系」(生駒ふるさとミュージアム館長山内紀嗣氏稿)による。

47. 小瀬の駒井家は、駒井藤平(明治一八年(一八八五)〜昭和四二年(一九六七)、大正〜昭和期に南生駒村会議員・南生駒村長・奈良県会議員・国会議員を歴任し、実業界でも活躍した)を輩出した家で、造酒屋として知られているが、与兵衛が弟子入りした当時は、宮大工を家業としていた。与兵衛を指導したのは、明治五年(一八七二)七月二日に七六歳で没した藤兵衛であったと思われる(「駒井家家系図」参照)。

48. 寛政三年(一七九一)正月「高畝歩改帳」(生駒市教育委員会所蔵旧中川家文書)。なお、他に「しみず割山」も持っていた。

49. 『義侠与平実伝記』には、一揆後に六〇日入牢させられたが、その間に牢名主になったという逸話も記されている(この「与平の入牢土産話」は、『生駒』Iではカットされている)。

50. 独立行政法人国立公文書館所蔵デジタルアーカイブ(www.digital.archives.go.jp)を利用した。

51. 「今井家古傑霊廟遠期(忌)・今井家系図委伝来」と題する冊子(生駒市北田原町・山口家文書)に記されている

52. 宝暦三年(一七五三)六月「一札之事」(『生駒』Iの四五七〜四六三頁所収)、文政二年(一八一九)「御米当暮御渡し方積り帳」(同前、四六七〜四七二頁所収)、同六年八月「旱損御願帳」(山口家文書)。

53. 嘉永五年(一八五二)一〇月「中井御支配御用役大工孫左衛門年頭八朔御益上納通」(山口家文書)。

54. 今井直重の足跡や活動については、谷山『民衆運動からみる幕末維新』(清文堂出版、二〇一七)の第九章の二「旗本松平氏の支配と今井孫左衛門—幕末期の動向」を参照されたい。

55. 天保六年(一八三五)「高反別ひかへ」と文久二年(一八六二)「御給帳」(ともに山口家

文書)。
56. 慶応四年(一八六八)正月「連判名前帳」(山口家文書)。なお、年代は下がるが、当家は明治一〇年代の初めには絞油業を営んでいたことが知られる。
57. 一一か村の全てで作成され七か村分が残ったのか、あるいは当初から四か村では作成されなかったのか、断定はできないが、『義侠与平実伝記』に与兵衛らが歎願に際して「傘形連判状」を持参したという記載があり(『生駒』Iの四八一頁)、当然全村の分を携えていったと考えられることから、前者であったと判断したい。
58. 明治二年(一八六九)の上州高崎五万石騒動の際の「傘形連判状」。『日本の近世』(梓出版社、一九九五)一一九〜一二〇頁参照。
59. 一揆時の村落構造についての分析も必要であるが、当時の土地台帳がほとんど残っておらず、これまた作業が困難である。唯一、有里村の天保二年(一八三一)と慶応年間(一揆前夜)の各村民の土地所持に関する史料が、『生駒市誌』の編纂時に藤本寅雄氏によって紹介されており(「有里村における農地経営の推移」)、それをもとに作成した表3(当村の階層構成表)から、①村民の大多数が五石以下層であったこと、②村民が所持権を放棄し村惣作地となっていた条件の悪い土地=「中地《なかぢ》」がかなり存在したことが判明する(なお、最上位の石高所持者であった組頭の源右衛門家が慶応年間にかけて石高を減らす一方、五〜一〇石層が二軒から五軒に増加しているが、その事情については不明である)。
60. 「傘形連判状」の人名の間隔からして、村方小前の各戸主の名前を記したあとで、庄十郎(庄屋)・四郎兵衛(年寄)・藤右衛門(同)の名前が書き加えられたものと想定される。
61. 『生駒』Iの四八一〜四八二頁。
62. 『生駒』Iの四七五頁、『いこま』一一の一六頁。
63. 注40と同史料。

表3　有里村の石高所持別階層構成

| 所持石高(石) | 天保2年(1831) | 慶応年間 |
|---|---|---|
| 40〜 | 1(軒) | |
| 30〜40 | | |
| 20〜30 | | 1(軒) |
| 15〜20 | 1(軒) | 1(軒) |
| 10〜15 | 1(軒) | 1(軒) |
| 5〜10 | 2(軒) | 5(軒) |
| 1〜5 | 20(軒) | 14(軒) |
| 0〜1 | 1(軒) | 4(軒) |
| 計 | 26(軒) | 26(軒) |
| 村民所持高 | 143・263(石) | 127・644(石) |
| 中地定年貢石 | 42・673(石) | 39・876(石) |

注1)最上位の石高所持者は組頭の中村源右衛門(天保2年40・602石、慶応年間28・344石)で庄屋の朝右衛門は両年ともに13・312石、年寄の音右衛門は両年ともに5〜10石層に属す。

注2)藤本寅雄氏稿「有里村における農地経営の推移」をもとに作成した。

64. 『生駒』Ⅰの四八一頁。

65. 慶応四年（一八六八）正月の「上方筋動乱」（鳥羽・伏見の戦）の後、旗本堀田氏の知行所でも百姓たちが騒ぎ立て、「矢野騒動」のような一揆が発生しかねない状況になっていた。その際、添下郡高山村の中谷吉兵衛は、単身上坂して「其筋」へ届け出たうえで、百姓らを説諭し、無難におさめた。吉兵衛は醤油醸造も行なって蓄財し、土地集積を進めつつあった豪農で、その経済力を背景に「勢威」をのばし、維新期には旗本堀田氏の支配機構に連なる在地の役人として、村政面でも大きな役割を果たすようになっていた。ここで注目されるのは、そうした彼が、（当時自らの領主と敵対するようになっていた）薩摩藩とも深い関わりを有するようになっていたという事実である（彼は大和出身の石河正竜を介して、薩摩藩との物産交易を行なうようになっており、慶応三年（一八六七）一〇月には、堺での薩摩藩機械紡績所の建設に先立って、「紡機方御用綿買圓其外諸世話方」に任じられている）。彼が届け出た「其筋」とは、薩摩藩の屋敷であったと想定される。

66. 注40と同史料。

67. 『いこま』一一号三九～四〇頁所収（山口家文書）。

68. 長州藩の一隊が生駒陣屋に到着した日を「正月廿四《（二四）》日頃」とする史料もあるが、俵口・井山家文書のなかに、「慶応四年辰正月廿三日長州御役人ニ付俵口村ニ楠田番人足給米被下《くださる》之節覚」と記された史料が存在することから、一月二三日と判断した。

69. 『義侠与平実伝記』には、この日、長州藩の一隊は、玉造から暗越《くらがりごえ》奈良街道に入り、暗峠《くらがりとうげ》（大和屋で昼食）から小瀬村（橋本屋で休憩）を経て、生駒川沿いの道を北上し、途中小瀬村と壱分村の中間で出迎えた大勢の百姓たちと合流して、辻村の陣屋へ向かったとある。一揆勢は、蓑笠《みのかさ》姿で竹槍を携えた「十五才以上」の男たちで、郷社であった「生駒大宮」に結集した後、郷墓があった「越山《こしやま》」（輿山）の釣鐘の音を合図に出迎え地点まで移動する手筈になっていたことも記されており、興味深く思われる（『生駒』Ⅰの四八二～四八四頁参照）。

70. これに際して、大変緊迫した空気が流れていたことは、高瀬道常の『大日記』に「生駒谷楠田徳右衛門旗本領代官相勤、収納米多分有之《これあり》候ニ付、か丶る時節故領内より下ケ《げ》米相願候付、南都伺候処、追而《おって》沙汰可及《およぶべき》旨領内疑惑浪花《なにわ》長藩へ願出、出役途中郡山領大庄屋具足ヲ着楠田江相詰候趣注進、依之《これにより》引返多人数出張、郡山へ可及一戦抔《いっせんにおよぶげきなど》之掛合《かけあい》ニ相成、楠田其外被召捕《めしとらえられ》家財封付、此時手形とも一万五千両在金之由、在方ニ者能《はよき》身代なり」（『年代記』上巻一三四〜一三五頁）とあることからよくうかがえる（なお、生駒陣屋の代官を楠田徳右衛門とする誤りも見られ、記載内容についてはさらに吟味を要する）。

71. これは、慶応四年正月「発端一件写」の「地方《ぢかた》役人名前書」によるが、矢野弥平太については「国家老」という肩書が付されている（『生駒』Ⅰの四七三頁、『いこま』一一号の一四頁）。

72. 注40と同史料。

73. 注56と同史料、慶応四年（一八六八）四月「乍恐奉申上候」（『生駒』Ⅰの四七六〜四七八頁所収）。

74. 明治六年「（諸事）覚」（山口家文書）。

75. 明治二年（一八六九）七月「慶応四辰正月より御一新と改、長州公御分捕之後、奈良へ御引渡、奈良府租税御役所御支配と改、明治二巳年七月九日御免定御下諭在之写」（山口家文書）。

76. 慶応四年（一八六八）四月「乍恐奉申上候」）注73と同）。

77. 高瀬道常の『大日記』に、「万民を救ふといふも馬鹿らしい 御用金とは糞があきれる」「春めくと芋《サツマイモ》と団子《長ノ紋》がまづくなる」（『年代記』上巻一三〇頁）、「根元交易より当今時勢御一新攘異御決定ト下々見込之処、外国ニ対し信義ヲ失わす《ず》兼而《かねて》四海兄弟公平正大之道理ニ基無礼之所業致し間敷《まじき》旨御触、就而者《ついては》此節外異京師《けいし》徘徊致し居《おり》候由、歎息之至」（同）、「先年長州征討之頃は長州江背(肩)ヲ不入《いれざる》国々もなし、近頃ニ及ひ会(会津)藩評判宜敷《よろしく》」（同一四一頁）といった慶応四年（一八六八）閏四月までの記事が見られる。

78. 注76と同史料と慶応四年（一八六八）四月「乍恐存意奉申上候」（『生駒』Ⅰの四七八〜四七九頁所収）。

79. 注78の後者の史料。
80. 『年代記』上巻一三九〜一四〇頁。
81. 注78の後者の史料。
82. 注40と同史料にも、両名の入牢に関する記載が見られる。
83. 明治二年（一八六九）四月「〔奈良府通達に付請状〕」（『いこま』一一号四三頁所収、山口家文書）。
84. 明治三年（一八七〇）六月「乍恐御歎願奉申上候」（井山家文書）。なお、明治二年七月一七日に、奈良府から奈良県に復していた。
85. 菜畑村の一郎右衛門は、元生駒陣屋の役人であった。
86. 明治三年（一八七〇）閏一〇月「乍恐御詫奉申上候」、同四年二月「奉差上御受書」（ともに井山家文書）。なお、明治三年には、俵口村の繁雄・勝三（ともに楠田氏）の両名が、「辰年春動乱之節」（「矢野騒動」の際）に「書類」が紛失したとして、同村の九郎兵衛を相手取って奈良県へ訴え、これに関わって川久保政助と「八人組」の他のメンバーも取り調べを受けるという一件が起きていることも知られる（同年五月「帰村御暇歎願書控」〔『いこま』一一号の五〇〜五一頁に収載、山口家文書〕）。
87. 『年代記』上巻一五三頁、一六五頁、一九九頁。
88. 佐々木潤之介『世直し』（岩波書店、一九七九）など参照。

《「矢野騒動」に関する先行研究と翻刻史料》

△中川吉治郎「義侠与平実伝記」（中川吉治郎、一九五〇）

○杉島平晴「矢野騒動について」（「義侠与平実伝記」・「傘形連判状」などを紹介、『奈良県高等学校教科等研究会歴史部会紀要』六、一九六九）

※『生駒市誌』資料編Ⅰ（旗本松平氏と「矢野騒動」に関する史料を収載、生駒市、一九七一）

○東義和「明治元年の世直し」（『歴史学研究』四一六号、一九七五）

○谷山正道「矢野騒動研究序説」（『ふるさと生駒 20周年記念誌』所収、生駒民俗会、一九九九）〔加筆のうえ、谷山『民衆運動からみる幕末維新』（清文堂出版、二〇一七）に収載〕。
○同「矢野騒動と傘形連判状」（『日本歴史』六九〇号、二〇〇五）
○久保さおり「矢野騒動とその背景」（『史文』八号、二〇〇六）
※『会報 いこま』四号（生駒市小明町・生田家文書を収載、生駒市生涯学習グループ「古文書を読む会」、二〇〇六）
○谷山正道「幕末維新期の領主と領民 ―旗本松平氏領と堀田氏領の動向―」（『ふるさと生駒 30周年記念誌』所収、生駒民俗会、二〇〇九）〔加筆のうえ、谷山『民衆運動からみる幕末維新』に収載〕
○同「幕末・維新期における旗本松平氏の動向と山口家文書」（『生駒市古文書調査報告書Ⅳ』所収「解説」、生駒市教育委員会、二〇一一）〔加筆のうえ、谷山『民衆運動からみる幕末維新』に収載〕
※『会報 いこま』一一号（生駒市北田原町・山口家文書を収載、生駒古文書を読む会、二〇一三）
○谷山正道「生駒陣屋と矢野騒動」（『生駒市古文書調査報告書 V』所収「解説」、生駒市教育委員会、二〇一二）
○同「小瀬村与兵衛（中川与平）」（「新大和人物志」第二五回、『ならら』二〇一二年八月号）
※天理大学附属天理図書館所蔵旗本松平氏生駒陣屋（矢野家）文書（陣屋日誌を始めとする主要な文書については、『生駒市史』で翻刻・活用される予定である）

〔備考〕○は先行研究（史料紹介や解説も含む）、△は伝記、※は史料（翻刻）である。

〔付記〕　本稿で活用した史料の多くは、私も調査員として関与している生駒市教育委員会による古文書調査の過程で見つかったものです。史料所蔵者をはじめ、調査に際して御世話になった方々に、この場を借りて深謝いたします。掲載写真のうち、七か村の傘形連判状および辻町農家組合所蔵文書・井山家文書（俵口町）の写真は生駒市教育委員会から提供を受け、高瀬道常の『大日記』については、『大和国高瀬道常年代記』上巻（清文堂出版）の口絵写真を使用させていただきました。記して御礼申し上げます。なお、他の写真は私が撮影したものです。

# 水平社運動に参加した人びととその歴史的意義

井岡　康時

## はじめに――問題意識

小論では大正一一年（一九二二）から昭和期にかけて展開された、奈良県における水平社運動に注目し、これに参加した一群の人びとの行動や理念を明らかにするとともに、その歴史的意義について考察する。

奈良県の水平社運動史については、古くは『奈良県同和事業史』[1]や『奈良県水平運動史』[2]によって、その概要が示されてきた。ところが、その後、全国水平社（以下、全水）創立に重要な役割を果たした西光万吉、阪本清一郎、駒井喜作らの出身地である御所市の被差別部落（以下、部落）において、多くの史料が見出された。平成一〇年（一九九八）に同地に開館した水平社歴史館（翌年、水平社博物館と改称）は、こうした史料をもとに研究を進めるとともに、図録や研究紀要の発刊などによって、今も多くの史実を提示し続けている。[3] また、桜井市の大福吉備資料館には当該期の関係史料が保存され、橿原市のおおくぼまちづくり館にも同時期の資料が保存、展示されている。[4] 奈良県立同和問題関係史料センターでは、同一八年に奈良県同和問題関係史料第一一集として『初期奈良県水平社関係史料』を刊行し、基本的な史料を翻刻した。

以上のような研究の進展によって、奈良県における水平社運動の歩みはかなり詳細に明らかになってきた。小論において新たな史実を付けくわえ、従来のものを更新した歴史像を提示することはできないが、差別や排除などの克服という、現代社会が直面している課題の解決の道筋を探るために、奈良県の水平社運動の歴史的意義について考察を深めることは必要であると考えている。さしあたり二つの問題を視野に入れているが、一つは、現代世界において、ジェンダーや性的指向、障がいや疾病、宗教や民族など多様性を承認するよう求める声が年々高まっていることである。後述するように、水平社運動は、二〇世紀初期の段階において世界中で声を上げはじめたマイノリティーの実践の一環をになったという一面をもっている。その歴史上の位置から現代を照射してみたい。もう一つは、秩序や紀律を重視する観点から、多様なあり方を軽んじて一色に統合しようとする力が働いていることである。そこにさまざまな軋轢や対立が生じてくるのだが、こうした現象は水平社運動の時代にあっても生じたことであり、これに対して差別撤廃を願った人びとが示したふるまいについて検証してみたい。以上の二点を念頭に置いて、奈良県の水平社運動が現代に投げかけている課題について考察を進めることとする。[5]

## 一、「エタである事を誇」るという認識をめぐって

大正一一年(一九二二)三月三日の全水創立大会において「宣言」が読みあげられた。高校日本史教科書にも紹介され、よく知られたものであるが、それは、朝治武の考証によると、「西光万吉によって起草されたうえで平野小剣によって添削され、全国水平社創立発起人による検討を経て決定された組織文書」[6]であったという。この宣言にはすぐれて革新性と創造性があったと考えるが、それは、「エタである事

を誇り得る時が来た」(7)という一文によく表現されていると思う。

「エタである事を誇」るという発想はどのようにして生まれたのだろうか。全水創立の一〇年前、大正元年八月に結成された大和同志会は機関誌『明治之光』を発行して持論を展開したが、そこでは部落の歴史に関する論説がくりかえし発表された。たとえば、同二年一月発行の同誌第三号掲載の「奔泉」、「碧水」と名乗る二人の人物による「我部落と守戸淵源」は、部落とともに「夙」とよばれた被差別民を取りあげ、両者ともに古代から「最も重要せられたる朝廷の顕臣」であり、「其源の尊とふべく決して毫も排斥すべき血統」ではないとして差別の不当を主張した。奔泉は、大和同志会創設者の松井庄五郎の筆名であり、碧水は、京都の部落の指導者の一人で眼科医としても知られた益井信であると考えられるが、この二人のほかにも、「緑雲」の筆名を用いた小川幸三郎や、人物の特定は困難であるが「岸田生」を名乗る人物が、各地の部落に伝わる由緒や伝承を紹介して、その歴史の長きと天皇など貴種とのつながりを紹介した。

右のような言説について、今日の歴史研究の成果をもとに、その誤りや限界を指摘することは容易であるが、ここで確認すべきことは、『明治之光』に参集した人びとが、「エタである事」の意味を、その始原にさかのぼって考察し、「其源の尊とふべく」と矜持を示していることであろう。しかし、同時にその主張が差別の不当を言うために貴種との関係を重視した背景には、我らこそがまっとうな日本国民であるとの思想が透けて見えることにも注意をはらっておきたい。

全水創立の二年前、大正九年九月に磯城郡の部落で三協社と名のる組織が結成され、山本平信、岡島松三郎、伊藤繁太郎という、後に水平社運動にも参加する人びとが中心となって運営が進められた。結成と同時に機関誌『警鐘』を発行したが、創刊号掲載の「巻頭ノ辞」では、「教育・兵役・納税義務完成」や「勤倹貯蓄、精神修養」などに注意して生活を送ろうと呼びかけており、活動の基本理念は当時の行政が進めていた部落改善政策の枠内にあったといえるだろう。しかし、一方で、創刊号掲載の「愛村生」による「警鐘雑誌発刊ニ付テ」は、「自発的観念」の養成と、「自動的改善心」の保持を主張している。「自動的」は文脈からすると自主的の意であろうと思われる。他者から律せられるのではない、自立した思念にもとづく行動を呼びかけたのである。さらに、同誌第二巻第二号掲載の「阪本紫舟」による「卑下する勿れ吾等同胞よ」では、部落のなかからも幾多の偉人を出しているとし、その一例として「吾国社会学の権威」である「京大講師文学博士」である米田庄太郎の名をあげ、こうした人も出しているのだから、「人の子として一点やましい愧しい所はない」と訴えた。「卑下する」ことなく自負心をもてとの主張なのだが、その説得力を強めるための事例として「京大講師文学博士」という知的エリートをあげていることに注目しておきたい。

以上のような思潮の系譜のなかに西光万吉や阪本清一郎らもいるのだが、水平社創立にあたって、この人びとはさらに踏みこんで、前述のように「エタである事を誇り得る時が来た」と述べたのである。宣言では、この文言の前に次のような言葉が置かれている。

兄弟よ、吾々の先祖は自由、平等の渇仰者であり、実行者であつた。陋劣なる階級政策の犠牲者であり男らしき産業的殉教者であつたのだ。ケモノの皮剥ぐ報酬として、生々しき人間の皮を剥取られ、ケモノの心臓を裂く代価として、暖い人間の心臓を引裂かれ、そこへ下らない嘲笑の唾まで吐きかけられた呪はれの夜の悪夢のうちにも、なほ誇り得る人間の血は、涸れずにあつた。

全水創立に参加した人びとは、貴種につながる系譜があったり、「京大講師文学博士」を生み出したことをもちだすのではなく、「ケモノの皮剥ぐ」生業を続けてきた無名の多くの人びとの人生に注目し、そこに「なほ誇り得る人間の血は、涸れずにあつた」と喝破して、部落住民の生活史を全面的に肯定してみせた。つまり、マジョリティーとの共通性を強調したのではなく、マイノリティーとしての独自性を前面に出して、そこに「誇り」があると主張したのである。これによって、水平社運動は『明治之光』や『警鐘』が到達できなかった地点へ飛躍した。前の引用に続いて宣言はさらに次のように言葉をつなぐ。

そうだ、そして吾々は、この血を享けて人間が神にかわらうとする時代にあうたのだ。犠牲者がその烙印を投げ返す時が来たのだ。殉教者が、その荊冠を祝福される時が来たのだ。
吾々がエタである事を誇り得る時が来たのだ。

「人間が神にかわらうと」し、「犠牲者がその烙印を投げ返」し、「殉教者が、その荊冠を祝福される」といったように、価値観の転換を表現し、それらをまとめて「エタである事を誇り得る」と結んだ。この鮮やかなレトリックは部落の内部だけではなく、幅広い層の関心と共感を集めることになった。この時期は社会運動の勃興期であり、多くのマニフェストが発表されているが、そのなかでももっともアピール力の強いものであったと評価してよいだろう。

## 二、「時が来た」——全国水平社創立のころの社会状況

### 有権者の増大

前掲引用にあるように、宣言では「時が来た」と三度くりかえしている。全水創立者たちが新たな時代の到来を感じていたようすがうかがえるが、それは創立者たちの単なる印象ではなく、実際に部落をふくむ地域社会に変化が到来していた。第一次世界大戦を背景に、経済力が伸張し政治状況が変わることによって、部落をとりまく社会環境に変動が生じはじめていたのである。いくつかの観点から確かめられると思われるが、ここでは参政権の拡張と、これにともなう社会進出という現象に注目してみる。

今日では、国会議員、地方議会議員、地方自治体首長の選出は、すべて公職選挙法という単一の法のもとで実施されるが、大日本帝国憲法のもとでは、衆議院議員は衆議院議員選挙法、府県会議員は府県制、市会議員は市制、町村会議員は町村制

| 県全体（大正7年） | | | | 被差別部落（大正7年） | | | |
|---|---|---|---|---|---|---|---|
| 戸数 | 人口 | 有権者数 | 指数 | 戸数 | 人口 | 有権者数 | 指数 |
| 106,299 | 591,533 | 51,949 | 100 | 6,361 | 33,518 | 1,668 | 100 |
| 県全体（大正11年） | | | | 被差別部落（大正12年） | | | |
| 戸数 | 人口 | 有権者数 | 指数 | 戸数 | 人口 | 有権者数 | 指数 |
| 107,565 | 600,212 | 56,404 | 109 | 6,235 | 32,878 | 3,384 | 203 |

表A　奈良県における市町村会議員選挙有権者数の変化

| 県全体（大正7年） | | | | 被差別部落（大正7年） | | | |
|---|---|---|---|---|---|---|---|
| 戸数 | 人口 | 有権者数 | 指数 | 戸数 | 人口 | 有権者数 | 指数 |
| 106,299 | 591,533 | 29,470 | 100 | 6,361 | 33,518 | 461 | 100 |
| 県全体（大正11年） | | | | 被差別部落（大正12年） | | | |
| 戸数 | 人口 | 有権者数 | 指数 | 戸数 | 人口 | 有権者数 | 指数 |
| 107,565 | 600,212 | 52,151 | 177 | 6,235 | 32,878 | 1,893 | 411 |

表B　奈良県における県会議員選挙有権者数の変化

という個別の法によって規定されていた。大正一〇年（一九二一）から翌一一年にかけて府県制・市制・町村制や税制の改正・制定がおこなわれ、これによって以下にみるように府県・市・町村会の議員選挙の有権者が大幅に増大することになった。(8)

大正一〇年（一九二一）四月一一日に市制と町村制の改正が実施された。改正前は、公民は独立の生計を営む満二五歳以上の男性で、二年以上市町村税を納め、且つ直接国税年額二円以上納める者としていたが、改正後は、公民は独立の生計を営む満二五歳以上の男性で、二年以上市町村税を納める者となった。公民が市町村会議員選挙の有権者とされていたから、この改正によって有権者が増えることになった。

大正一〇年一〇月一〇日に府県税戸数割規則が制定された。これは地方税の課税について、はじめて全国統一の基準を定めたもので、結果的に「農村における大衆課税化」(9)を進めたと評されている。これによって税負担者が増大し、このことが有権者を増やすことになった。

大正一一年四月二〇日に府県制が改正された。改正前は府県会議員の選挙資格は、市町村の公民で、その府県内で一年以上直接国税年額三円以上の納付者としていたが、改正後は、市町村の公民で、その府県内で一年以上直接国税を納める者と改められた。

以上のような改正・制定によって、府県会・市町村会の議員選挙の有権者資格のハードルは一気に下がることになったのだが、この変化は部落に有利に働いた。表A・Bは、改正前後の奈良県における市町村会議員有権者数と県会議員選挙有権者数の変化を、県全体と部落に分けて示したものである[10]。表Aから、市町村会議員選挙では、県全体で有権者が約一・一倍に増加したが、部落では二倍を超えて増えたことがわかる。表Bからは、県会議員選挙では県全体で約一・八倍、部落では四倍を超えたことが判明する。

県全体と部落で大きな違いが出た理由は何か。正確を期すためには個々の事例に応じて分析する必要があるが、概括的にいえば、近代以降、一部の部落では大きな人口増がみられた。こうした部落では貧困層も増えたため、納税額による制限によって選挙に関与できない住民が多く居住していた。しかし法改正によって制限が低くなったため一気に多数の有権者が出現したと考えられる。理由はともあれ、一連の改正・制定によって、一部の部落では地方会議員選挙において有利な状況が生まれることになった。

## 大正村会議員選挙と水平社運動

大正一〇年（一九二一）四月の市制・町村制改正にもとづく市町村会議員選挙は、奈良県では同一四年五～六月に実施された。この時、奈良市と全町、ならびに全村のほぼ九割にあたる一市二〇町一一七村一組合村で選挙が実施された。明治二二年（一八八九）の市制・町村制施行以来、四年ごとに選挙をおこなってきたので、三六年目のこの年は選挙の集中年となったのである。ところが、南葛城郡大正村は合併が遅れ、大正四年一月に三カ村の部落を含む八カ村が合併して誕生していた。このため、改正された町村制にもとづく村会議員選挙が、県内の他の町村に先がけて同一二年四月に実施されることになった。

八つの大字から成る大正村では、合併後も小学校の学区統一ができなかった。部落の指導者で、後に融和運動団体である大和同志会の再建をになう吉川吉治郎は学区の統一をもとめてしばしば陳情をおこなっていたが、容易に実現しないままに時が流れていた。大正一一年五月には地元の大正高等小学校で部落の児童が差別発言をうけたことに対して、結成間もない小林水平社が糾弾をおこない、これによって指導者の木村京太郎らが逮捕されるという事件が発生していた。これに衝撃をうけた八カ大字のうち、部落ではない三カ大字で大正村から分離して、隣接する御所町と合併しようという動きも生まれていた。

こうした緊迫した状況のなかで、大正一二年四月の村会議員が実施された。これまで大正村だけでなく多くの町村では大字ごとに議員を割りあて、ほとんど選挙で争うことなく町村会議員を決定していた。ところが、町村制の改正により、有権者のバランスがくずれたのである。奈良県立図書情報館所蔵奈良県庁文書のなかの大正一一年「水平社一件記録」に収められている御所警察署長からの報告によると、選挙実施の際の大正村の有権者は八三二名、このうち部落三カ大字の有権者数は四八六名であり、全体の五八％を占めていた。そこで部落の側では「此機会ニ於テ絶対多数ヲ占ムヘク、即チ十一対七トノ作戦計画」をたてたという。定員一八名の村議会で一一名を部落から出そうというのである。「小林青年水平社等モ煽動」したため、これまで通りの無風かと思われていた村会議員選挙は一気に嵐のなかに突入することになった。

最終的には部落のなかで立候補者の調整がおこなわれたとみえ、立候補者は八名となり、部落外の大字からの立候補者一一名とあわせて一九名が一八議席を争う選挙となった。この結果、得票数の上位八位まですべてを部落からの立候補者が独占し、部落外の大字の一名が落選することになった。当初の「十一対七トノ作戦計画」からは後退したものの、大正村政における部落の政治力の高まりを示す選挙となった。

## 「更始一新」の町村会議員選挙

大正村会議員選挙から二年後の大正一四年(一九二五)五〜六月、前述のように奈良市とすべての町、大部分の村で市町村会議員選挙が実施された。このころ第一次世界大戦を背景とした経済構造の変化にともない、農村部では男性が都市部に勤めに出る兼業農家が増え、各地で結成された農民組合が小作争議を展開するなど地域の社会状況が深部から変化しはじめていた。こうした時期に、法改正によって低所得層の男性に有権者が拡大するなかで、選挙がおこなわれたのである。部落問題以外にも多様な要因によって各地に変化があらわれた。

たとえば山辺郡朝和村では、「村治ノ円満」を理由に「各大字ニ議員数ヲ配当」していたが、農民組合が候補者を立て「配当ノ協調」を破って当選したために、村長が引責辞職する事態となった。[11] 北葛城郡王寺村では、人口増加が進んだことから町制施行がめざされており、地域の将来像をめぐってさまざまな意見が表明されていた。こうした背景があって定員一二名に対して一四名の立候補があったため、「政見発表ノ政談演説会ヲ開催スル等」、これまでにみられない選挙戦が展開された。その結果、「再選四名、新選八名」となって村会は「更始一新」されたという。[12] 県全体をみても、改選となった町村会議員は一八六八名であったが、その六一%にあたる一一四六名が新人議員となり、[13] 県内の政治地図は大きく塗り替えられることになった。

では、この選挙において奈良県水平社(以下、県水平社)はどのように動いただろうか。選挙を目前にひかえた大正一四年三月三日に県水平社は第四回大会を開催し、「賠償金として部落改善費を行使するの件」を可決して、行政に対して部落の生活環境を改善するための予算の確保と執行を求めた。全水が本格的に生活改善を求めて政府に予算を要求するのは昭和八年(一九三三)以降のこととされているから、県水平社は全国的にみても早い段階から行政に働きかけていたといってよい。こうしたこともあって、大正一四年の町村会選挙には県水平社初代委員長松本長八が高市郡鴨公村で、執行委員の浅川実蔵が北葛城郡河合村で村会議員選挙に立候補して当選している。

この選挙については、奈良県警察部が治安維持の観点から関心をもち、農民組合と水平社の活動を調査して報告書を作成している。[14] これによると、県内全域で農民組合から三七名が立候補し三三名が当選、県水平社からは二五名が立候補し二一名が当選したことになっている。当時の県水平社は確たる名簿ももたない、ゆるやかな組織であったため、その全貌は不明だが、新聞報道や行政文書から筆者が確認した限りでは、明らかな水平社の活動家で、この選挙に当選したのは前述の松本長八、浅川実蔵ら四名であり、県警察部の二一名当選という判断は過大な評価にもとづくものではないかと思われる。実数の確定は容易ではないにしても、治安当局の注意を引くほどの動向があったことはまちがいないとみてよいだろう。

## 三、身分・国民・階級をめぐる分岐

前述の町村会議員選挙が実施されているさなかの大正一四年（一九二五）五月五日、衆議院議員選挙法が改正され、選挙権における納税要件が撤廃されて満二五歳以上のすべての男性が投票できることになった。いわゆる男子普通選挙（普選）の成立である。[15] 翌一五年六月二四日には府県制・市制・町村制が改正されて、選挙権は衆議院議員選挙に準じることになったので、以後の府県会議員・市町村会議員選挙も男子普選によっておこなわれることになった。

こうした事態の進行を、いわゆる大正デモクラシーの進展ととらえ、日本における民主主義の発展史に位置づける見方がある。全水の成立を論じる際にも、その歴史的背景の一つとして必ず言及されている。しかし、ことはさほどに単純なことではないと思う。今では一部の研究者をのぞいて知る人も少ないが、東京帝国大学法学部教授で憲法学者の上杉慎吉という人がいる。強固な天皇主権論を主張して、同じく東京帝大教授であった美濃部達吉の天皇機関説をきびしく批判したことで知られており、その思想的位置はデモクラシーの対極にあったといえるだろう。この上杉が大正八年に刊行した『国体精華乃発揚』(洛陽堂)と題した著書のなかで次のように述べている[16]。

国事を視る、風馬牛の如く、動もすれば多少の反感を懐かんとするに至る者あらば、真に我が日本人の精神の為に痛恨の極なり、(中略)若し其の主因、主として国民の一部が衆議院議員選挙に参加すること能はざるに存せば、実に政治の失計なりと為さざるべからず、選挙の一事の為めの故に、億兆一心の大理想、阻碍せられんとす、速に普通選挙を行ひ、国民挙りて衆議院の構成に任ぜしめ、以て国策遂行に寸毫の支障も有らしめざるを力めざるべからず、挙国選挙は挙国一致の一要件なり

上杉の主張を概括すると、国家の行方に無関心な者がいることは「痛恨の極」であり、その主な原因が制限選挙にあるなら、これは「政治の失計」である。選挙のために「億兆一心の大理想」の実現が妨げられている。すみやかに普通選挙を実施して、国民がこぞって衆議院議員選挙に関与できるようすべきだ、といったことになるだろう。世界の先進国の指導者は、国際競争に勝利するためには国民の総力を国家に結集すること、つまり総力戦体制の構築が不可欠であることを第一次世界大戦から学んだ。すでに次の戦前がはじまろうとしていた。こうした状況にあっては、

国政選挙への国民の参与を拡大することは、上杉ほどの反デモクラシー論者にとっても、実現すべき当然の政治課題として理解されていたのである。

このころ、全水の内部に社会主義思想に共鳴し革命の実現によって部落差別の撤廃をめざそうする一群の人びと（全水左派）があらわれていたが、男子普選が総力戦体制の構築と表裏一体の関係にある以上、全水左派は議会進出に警戒心をもっていた。大正一二年一一月に全水左派によって全国水平社青年同盟と称する組織が結成されたが、その機関紙『選民』第一八号（大正一四年七月一五日付）掲載の「地方自治団体の選挙と無産階級」は、「県、市町村会議員は公職であり、一定年限権力に参与する以上、この支配階級の毒杯から受ける危機は一層重且つ大」である、したがって「何等の綱領なく、何等の原則なしに、無闇に選挙を争」うなら、「運動を死滅」させると主張している。

この組織には、奈良県から本田伊八、木村京太郎、中村甚哉が加わっていた。大正一三年七月二日開催の県水平社第一回総務委員会で、本田が執行委員、木村・中村が常任委員に選ばれているので、この三名は奈良県の運動では指導的立場にあったのだが、同時に議会進出を警戒する全水左派のメンバーでもあったことになる。前章で大正一四年の町村会議員選挙において奈良県委員長の松本長八らが当選したことを紹介したが、それは左派との緊張関係のなかで実現したことに注意しておこう。

選挙への関与を警戒したのは左派だけではなかった。奈良県宇陀郡で結成された岩崎水平社は大正一三年十月一日に『水平運動』と題した機関誌を発行しているが、これに船津翠峰と名のる人物が「失はれた人間の奪還運動」と題した論考を寄稿している。このなかで船津は「エタも人間だ、奪はれた人間権を返せ」という要求が水平社運動の基本であるとし、「何者の運動も、労働運動も、普選運動も、乃至は婦人運動も、この水平運動に比すれば、その真剣さに於ては到底同日の談ではありません」と述べ、「この運動が、最後まで現在の正々堂々たる態度を失はず、他の所謂社会運動屋達の喰物にならず、あくまで健全なる発達」を遂げることを期待する旨を主張している。

船津の主張は特異なものではなかった。大正一三年三月に全水第三回大会が開催されているが、その際、来たるべき衆議院議員選挙に対する水平社運動の対応が議論となった。大阪の「東宮原水平社」は、「我々ハ水平運動ノ精神ヲ忘レテハナラナイ」と述べ、「政治ニ没交渉デナケレバナラヌ」として政治活動への関与に反対した。同じく九州水平社も「水平運動ハ人間性ノ奪還ヲ目的トスル超批判ノ運動」だから「政党政派ニ超越セナケレバナラヌ」と反対意見を述べた[17]。

船津の主張と全水第三回大会で表明された意見のいずれも、水平社運動の独自性を重視し、他の社会運動や政党による政治活動との差異を強調していた。それは宣言のいう「エタである事を誇」るという、旧来の身分集団に根ざした思念に立脚したものといえるだろう。しかし、現実の生活世界において改善や向上を求めるなら、「所謂社会運動屋達」とも連携しなければならず、「政党政派ニ超越」する姿勢を維持することも困難である。運動の独自性がそこなわれる危険があったとしても、国民の一員として社会に参与するしかなかった。

つまり、身分と国民という二つの道が浮上したのであるが、それだけではなかった。労働者階級の一角をになない社会変革を進めることで差別撤廃を実現するという道も左派から示された。昭和恐慌から満州事変へと戦争への道を歩むにつれて、部落解放運動はいくつもの組織に分かれていくが、その分岐の契機を大づかみにいうなら身分・国民・階級の三つだったのではないかと思われる。むろん、この三者に截然と分岐したわけではない。三者の間に明確な境界線はなく、互いに浸透しあい、それぞれの組織が三者の要素を持ち合いつつ、その濃淡の度合いによって個別の道を歩んでいった。そして、統一を失ったそれぞれの組織は、しだいに強固となる総力戦体制に組み込まれ、やがては戦争協力の道を歩んで消滅していくのである。

## おわりに——奈良県における水平社運動の歴史的意義

大正デモクラシーは複雑な性格を有していた。字義通りに大正期に進展した民主主義であるとともに、次の戦前に向けた総力戦体制構築の地ならしをするものでもあった。したがって近代史研究者のなかから「こんにち「大正デモクラシー」という概念もしくは枠組みそのものを、日本近代史の論点・争点として検討する意味はほとんどない」[18]といった声すらあがるようになっている。二つの世界大戦の狭間に生まれた全水は、この両義的な大正デモクラシーにもまれて、その創立間もなくの時期から分裂の危機をはらんでいたといえるかもしれない。

結果的には深まる戦時体制のなかで消滅していくのだが、だからといって水平社運動の歴史的意義が減衰したわけではない。「エタである事を誇り得る時が来た」との確言は、同時代の世界のマイノリティーの叫びと確かに共鳴しあっていた。

アイヌの古謡を世に伝えたものの、病を得てまもなく一九年の人生を閉じようとしていた知里幸恵は、日記に次のように記した[19]。

私はアイヌであったことを喜ぶ。私がもしかシサムであったら、もっと湿ひの無い人間であったかも知れない。アイヌだの、他の哀れな人々だのの存在をすら知らない人であったかも知れない。しかし私は涙を知ってゐる。神の試錬の鞭を、愛の鞭を受けてゐる。それは感謝すべき事である。(引用者注「シサム」とはアイヌからみた和人の呼び名)

「アイヌであったことを喜ぶ」との言葉を知里が書きつけたのは全水創立の年の七月一二日であった。おそらく全水創立の情報にも宣言の内容にも接することはなかったと思われるが、知里もまた変動の足音を聞いていたのではなかったか。同じころ沖縄の伊波普猷は古謡「おもろさうし」研究に本格的に取り組みはじめており、沖縄の歴史と文化を明らかにした多くの著作を世に送り出そうとしていた。植民地支配をうけていた朝鮮では、白丁とよばれる被差別民が衡平社を結成して全水との交流を深めていくが、そのようすは近年の研究の進展によって明らかにされている[20]。

もう一つ全水創立の年の事例を海の彼方からあげておこう。一一月二五日、黒人差別の撤廃に取り組んでいたジャマイカ生まれのマーカス・ガーヴィーが次のように演説した。[21]

五年以上前に、ユニヴァーサル・ニグロ向上協会(UNIA)は、進歩を目指す新しい黒人が、自分の感情を表現する運動として産声を上げた。この組織は、他の人種や世界の民族と敵対するのではなく、自尊心を養い、人間としての権利を世界の四億の黒人を代表して主張するものである。

われわれは平和・調和・愛・人間的共感・人権・人間の正義を代表する。

他者と「敵対」はせず、「自尊心を養い、人間としての権利」を主張するとの訴えもまた、みることのできない地下水脈で全水創立宣言とつながっているといえないだろうか。

小論では、水平社運動をになった人びととして西光万吉、阪本清一郎、駒井喜作、山本平信、岡島松三郎、伊藤繁太郎、愛村生、木村京太郎、松本長八、浅川実蔵、船津翠峰の名を、また大和同志会につらなる人びととして松井庄五郎、小川幸三郎、岸田生の名をあげた。これらの人々は、もちろん一部にすぎず、さらに多くの人びとが部落差別撤廃をめざす隊列に加わっていた。その目的を達成することはできず、戦争協力という、心ならずもの結果も生み出したが、世界の被差別者とつながりつつ励ましの言葉を送り続けたのではないだろうか。そして、その言葉は、憎悪や分断を深めつつある現代社会にも一閃の光芒となって届いているのである。

《注》

1．奈良県編『奈良県同和事業史』（奈良県、一九七〇年）

2．奈良県水平運動史研究会編『奈良県水平運動史』（部落問題研究所、一九七二年）

3．水平社博物館編『新版　水平社の源流』（解放出版社、二〇〇二年）をはじめとする刊行物のほかに、毎年発行されている『水平社博物館研究紀要』などに研究成果が発表されている。また、全国水平社創立一〇〇年を期して展示がリニューアルされ、その内容は、同編『水平社博物館展示総合図録』（二〇二三年）に詳しく説明されている。

4．大福吉備資料館には中和水平社にかかわる史料が保管されており、おおくぼまちづくり館では大正から昭和期の部落改善運動や融和運動を中心とした史料の展示をおこなっている。

5．小論で述べる事実関係については、すでに拙稿「一九二〇年代前期の町村会選挙と奈良県水平社」（秋定嘉和・朝治武編著『近代日本と水平社』〈解放出版社、二〇〇二年〉所収）、同「地域の政治状況と水平社運動―一九二〇年代後半の奈良県を中心に―」（『部落解放史ふくおか』一一〇号、二〇〇三年）において明らかにしており、これらと重なる部分が多い。小論では右の実証を踏まえて、その歴史的意義についての考察を深めてみたい。

6．朝治武『全国水平社　一九二二～四二―差別と解放の苦悩』（ちくま新書、二〇二二年）一七頁

7．発表された宣言の「エタ」の箇所には傍点があるが略した。

8．地方の議員選挙における有権者の増大については、早くに林宥一「大正デモクラシー期の農村社会運動と地方行政」（『部落問題研究』一四七号、一九九九年）、同『「無産階級」の時代　近代日本の社会運動』（青木書店、二〇〇〇年）が分析しており、小論においても学ぶところが多かった。

9．金澤史男「行財政の再編と財政構造の変化」（大石嘉一郎・西田美昭編著『近代日本の

行政村　長野県埴科郡五加村の研究』〈日本経済評論社、一九九一年〉所収）三〇七頁、水本忠武『戸数割税の成立と展開』（御茶の水書房、一九九八年）一八頁

10．表A・Bとも、県全体の数値は各年の『奈良県統計書』に、被差別部落の数値のうち、大正七年は奈良県による部落調査の結果によっている。同一二年の数値は奈良県立図書情報館所蔵奈良県庁文書（以下、県庁文書）の大正一一年「水平一件」にもとづいている。改正後の数値について、一方は大正一一年、他方が同一二年を用いることは比較の正確さという点で問題はあるが、おおよその傾向は把握できると考え、このように整理した。史料の性格についての詳細は注5前掲拙稿「一九二〇年代前期の町村会選挙と奈良県水平社」を参照されたい。

11．県庁文書大正一四年「主務省往復一件」

12．県庁文書大正一五年「選奨一件」

13．注11前掲県庁文書大正一四年「主務省往復一件」

14．「大正十四年施行　町村会議員選挙ニ関スル状勢調」と題した報告書で、県庁文書大正一四年「主務省往復一件（Ⅰ）」に「秘」の印を捺して綴り込まれている。これと同じ内容の報告書が法政大学大原社会問題研究所所蔵「奈良県高等警察参考資料」のなかに綴られている。なお、この報告書については、農民運動を究明する視点から、竹永三男「日露戦後―一九二〇年代の農民運動と地域社会」（竹永『近代日本の地域社会と部落問題』〈部落問題研究所、一九九八年〉）が分析している。

15．これをもって普通選挙の成立とよびならわしているが、女性が除かれているのでけっして「普通」ではない。また、貧困により公私の救恤を受けている男性も除外された。日本領に編入されていた朝鮮・台湾の住民は「日本国臣民」とされながらも、そこは大日本帝国憲法が適用されない地であったため、やはり衆議院議員選挙には関与できなかった。こうした歪みをもつ普選であったことを忘れてはならない。

16．牧原憲夫『客分と国民のあいだ　近代民衆の政治意識』（吉川弘文館、一九九八年）二二六頁より引用した。

17．「旧協調会資料」のなかの「第三回全国水平社大会ノ件」。部落問題研究所編『水平運動史の研究』第二巻資料篇上（部落問題研究所、一九七一年）二〇三頁所収の史料によった。
18．有馬学「「大正デモクラシー」論の現在」（『日本歴史』第七〇〇号、二〇〇六年）
19．知里幸恵『銀のしずく―知里幸恵遺稿』（草風館、一九九六年）一七七頁
20．最新の研究成果として水野直樹編『植民地朝鮮と衡平運動　朝鮮被差別民のたたかい』（解放出版社、二〇二三年）がある。
21．マーカス・ガーヴィー「ユニヴァーサル・ニグロ向上協会の原則」（荒このみ編訳『アメリカの黒人演説集』岩波文庫、二〇〇八年）二四三頁

# 松井庄五郎

## ――自治と平等を求めた部落差別解消運動のリーダー

奥本　武裕

松井庄五郎翁頌徳碑
（奈良市西之阪町）

## 1

奈良市西之阪町に「松井庄五郎翁頌徳碑」と刻まれた石碑がある。その台座には次のように刻まれたプレートが嵌め込まれている。

松井庄五郎氏　顕彰碑
大和同志会創立者の一人。

一八八九年十二月、西之阪町に生まれる。

東京帝国大学（現東京大学）卒業後、家業の経営にあたっていたが、当時の周辺住民の差別と同和地区住民の生活苦を解決しようと県内の指導者とともに様々な活動をかさね、一九一二（大正元）年八月に大和同志会を結成し、初代会長となる。

住民自身による自主的な生活改善を進めるとともに部落差別撤廃に向け県内のみならず全国各地での啓発や奨学事業など多様な活動を展開した。後の水平社の結成に参加する多くの人材も生み出している。


この碑は、元古市町にあったものであるが、氏の生誕の地である当町に移転したものである。何故古市町内に建てられたかは、その記録がないので定かでないが当時、古市町の同志会活動は活発で、しかも人力俥夫として働く人も多く俥夫の待遇改善等にも氏が尽力したことなどによりその遺徳を称えたものと考えられる。

松井庄五郎 氏を中心とする大和同志会の歩みはときを超えて人権の確立された差別のない社会を想像せよと今も、私たちに語りかけている。

一九九八年三月

西之阪町自治会

松井庄五郎という人物の概要として簡にして要を得たものだろう。松井が活躍した明治後半期から大正期にかけては、部落差別の解消が社会的に大きな課題となっていった時期であり、そこで展開された運動は「部落改善運動」と呼ばれ、種々の潮流はあったものの、いずれも全国水平社の創立によって否定される存在としてみなされてきた。そうしたなかで、松井が会長となった大和同志会についても、「水平社運動の歴史的前提をなす」ものとして評価されてきたが[1]、それも水平社運動の正当性を強調するための評価であったといわざるを得ないだろう。

しかし、こうした評価のあり方は、水平社運動の立ち上げにいたる潮流のなかで、先行する運動に対する優位性を主張するものとして発せられた言説をそのまま引き継ぐものであった。例えば、水平社創立の約半年前、奈良県磯城郡の被差別部落(以下、部落)の部落改善運動団体三協社の機関誌『警鐘』に次のような論説が掲載された[2]。

三協社は何故に部落改善ではなくて解放を主張せぬ、（中略）総てが自由〳〵と進んで、それが解放を要求してゐる!!高唱せよ、叱咤せよ、正義を、自由を、解放を!!（下略）、

また、全国水平社の機関誌『水平』の第二号には、創立メンバーのひとり阪本清一郎による次のような主張が掲載されている。(3)

（上略）貴方（松井庄五郎――引用者）は部落改善の先覚者の一人として可成り一部の人達にも名を知られ、私等も或る程度までは尊敬もし期待もして居つたこともありました。

所が遺憾ながら貴方は肝心の力瘤の入れ所を誤つておられます、部落改善は差別観念の撤廃即ち部落民の解放にはなりません、改善と解放は根本に於て異つておることを気附きませぬか。（下略）

「改善」と「解放」を対比して後者の優越性を主張するという手法は、水平社運動をいわば〈所与の価値〉と位置づけたうえで、それとの距離で様々な運動を評価するものであろう。こうした研究動向に対して、大和同志会をオルタナティブな存在として評価していこうという研究が近年進展した。

それは、奈良県教育委員会が平成元年（一九八九）から進めた「部落史の見直し」の一環としての大和同志会の再評価であり、(4)筆者もそのような動向を前提に、大和

松井庄五郎 肖像写真
（奈良県立同和問題関係史料センター提供）

同志会について、その理念や背景となった人脈について検討したことがある。[5]

本稿では、「部落史の見直し」が提起した歴史像を前提に、松井の活動と思索について いくつかの主題を設定して検討することとしたい。その際、松井とともに大和同志会のリーダーとして松井とともに活躍した人びとについても略述することで、彼等が部落差別をどのような問題であると考え、その解消をどのように構想したのかということについても考察していきたい。それは、現在もなお解決されていない人権課題である部落差別の解消について、一定の展望を見出すことにつながり得る作業だと考えている。

## 2

松井庄五郎（号は奔泉・道博）の履歴については、おおむね次のように理解されてきた。[6]
明治二年（一八六九）十二月二十三日に奈良西之阪町に生まれ、奈良英和学校で三年間修学後、東京に出て哲学館に学び明治二三年（一八九〇）に卒業、その後、帝国大学農科大学で修学し明治三五年（一九〇二）に卒業した。

帝大卒業後、帰郷し獣医と精肉店を営むかたわら、西之阪町の総代となり、一九〇四年には部落改善を志し、同町に青年会を設立。大正元年（一九一二）、最初の全国的部落改善運動団体と評される大和同志会を創立し会長となり、雑誌『明治之光』を創刊した。この間、旧郡山藩士の士族株を購入し亀井姓を松井と改めている。

大正二年（一九一三）には財政難に陥った大和同志会から雑誌の発行を分離し、明治之光社の社長となり、神国生命保険会社に勤めその俸給をすべて資金に充当するなどして、独力で『明治之光』を発行し続けた。大正三年（一九一四）に創立された帝国公道会の評議員となり、大正七年（一九一八）の『明治之光』廃刊後は、各地で部落改善の宣伝活動にあたった。

大正八年（一九一九）には上京し、帝国公道会とともに同情融和会を開催、さらに同志とともに貴衆両院に請願、改善補助費一〇〇万円下付等の建議を行った。翌年、大和同志会の再建を主導し、大正一一年（一九二二）に再建大和同志会の組織が整備されると、他の創立メンバーとともに相談役に就いている。

松井は昭和六年（一九三一）十一月二十九日に七十三歳で没し、翌年添上郡東市村古市の岩井川畔に前述の頌徳碑が建立された。

ここでは、松井の修学歴について多少の検討を加えておこう。

松井の生地、西之阪町には明治五年（一八七二）七月に小学校が開校しており、これを報じた『日新記聞』の記事によれば、西之阪町では、最寄りの漢国町念仏寺に開校された小学校への入学ではなく、独自の小学校を創立したことを「大ニ感賛スベキモノ」だとしている(7)。

松井もこの西之阪町で学んだのち、奈良英和学校に入学したのであろう。英和学校は米田庄太郎の才を見出し、アメリカへの留学を奨めたアイザック・ドーマンが校長をつとめており(8)、松井もドーマンのもとで学んだ可能性が高い。ドーマンの死去を受けて編まれた回顧録に寄せられた卒業生の文章に、卒業生として「獣医としても社会的にも先覚者として知らる、松井庄五郎氏あり」とその名が挙げられている。[9]

哲学館卒業については不明だが、帝国大学については、昭和三年（一九二八）に作成された履歴書に「帝国大学農科大学別科卒業」とあり、[10]本科の卒業ではなかったようである。

いずれにしても、高学歴であることに違いないが、大和同志会の指導者には同様に高い学識を有していたと思われる人物が多い。例えば、副会長の坂本清俊（葛上郡柏原村、一八六四〜一九四九）は、同村誓願寺の住職三浦覚証らに漢学を学んだ後、掖上村の収入役を経て明治法律学校を卒業している。[11]理事長の小川幸三郎（式下郡但馬村、一八八〇〜一九一八）は、県立畝傍中学校を中途退学した後、同郡梅戸村西光寺の中村諦梁のもとで学び、三宅村立伴堂尋常小学校の准訓導・訓導を務めていた。[12]常任幹事兼編纂長の増谷平市（高市郡飛騨村、？〜一九二〇）は、明治二一年（一八八八）の町村合併の際には飛騨村物代を務めており、詳細は不明だが、和歌山県の被差別部落出身の漢学者中尾靖軒と親交を結び、『明治之光』には種々の論説とともに、漢詩も多く掲載されている。[13]

後にみるような松井をはじめとした大和同志会のリーダーたちの多彩な言論活動は、こうした学識に支えられていた。

## 3

大和同志会の機関紙『明治之光』は、大正元年(一九一二)十月の創刊号から大正七年(一九一八)七月まで、途中休刊期をはさみながら四六号が刊行された。部落問題に関する機関誌としては全国ではじめてのもので、例えば第三号一五〇〇部の発送先は、県内と県外がほぼ半数ずつで、購読者は全国に及んでおり、その歴史的な意義は極めて大きいといわなければならないだろう。

『明治之光』には、運動論に関する論説や講演筆記、小説・詩作などの創作、各地の実践を紹介した通信など多様な記事が掲載されたが、大和同志会の理念を体現しているのは言うまでもなく松井によるものであった。松井は後掲の表に示したように多くの論考を発表している。まずは、松井が部落差別の解消に関わってどのような展望を持っていたのか、確認していこう。[14]

『明治之光』創刊号の「会告」において、自分たちが奮励努力し、「一般社会と同等の位置に進み」、そのうえで「兄弟の如く融和握手の実を挙げ」ることを希望すると主張している。これを実現するために構想された事業は、同号所載の「改訂大和同志会会則」によれば、殖産興業、教育の発展、宗教の刷新、同胞の融和握手、法律思想の周知、大和同志会通報(明治之光)の発行の六つであった。このうち殖産興業については、耕作地購入・耕地整理・工場開業・海外貿易のための低利融資、教育発展については、義務教育卒業のための困窮者への学資支給、学力優秀者に中等以上の教育修学のための学資貸与であり、松井の言う「平等の地位」がどのような内実を想定したものであったかが明らかとなる。

同じく創刊号掲載の「大和同志会の主義目的の一端に就て」は、創立総会における松井の演説の筆記だと考えられるが、そのなかで部落寺院の僧侶が本願寺の役員となっていないことなどを批判し、その採用を求めているのも同じ文脈からのものであろう。

そのうえで、松井は同誌第二巻第三号に掲載された会説「我徒の蹶起を望む」において次のように主張する。

(上略)
我徒の志士蹶起せよ、自覚せよ、自治を鞏固にせよ、我徒の富豪は生きたる財産を作れ、我徒の改善事業に投資するを名誉とせよ、教育と実業を奨め、当局者は人材登庸を為し適材を適所に挙げよ、千万遍の講演よりも我徒の発展に金を投せられよ、県にも内務省にも吾人を救済すべき予算あり共に纏めて先づ官公吏に採用するの費に充てられよ、此の如きは世に大国民たる態度を示すべきものである

一九世紀末に奈良県が部落問題に注目したのが、小学校就学率の問題への注目であったように、それまでの部落改善のための取り組みは、部落住民のうち困窮層への対策を中心としたものであったのに対して、松井は、困窮者の救済は当然として

も、さらに部落上層の奮起によって自治を強固にすること、教育と実業を奨励すること、官公吏への人材登用を求めていくことなどを通して平等の立場を獲得し、その先に「融和握手」を構想しているところにその独自性を認めなければならないだろう。

## 4

『明治之光』に掲載された多くの記事のうちで注目されることのひとつは、歴史に関する論考の多さであろう。

まず、第二号（大正元年〔一九一二〕十一月）・第三号（大正二年〔一九一三〕一月）には「我部落と守戸の起源」が掲載されているが、第二号は「碧泉」、第三号は「碧水」と「奔泉」という名義で発表されている。「碧水」は京都蓮台野村の医師益井信[15]、「奔泉」は松井庄五郎の号で、「碧泉」はそれをあわせたものであろう。

その後益井信は、「所謂ゑたの根源に就て」（大正二年〔一九一三〕の第四号から大正三年〔一九一四〕の第四巻十一月号まで七回）を、松井は「部落討源史」（第四号から大正五年〔一九一六〕の第五巻二月号まで一三回）の連載を開始する。

松井は「部落討源史」の連載の最初に、「本書は或る富豪の蔵せる原稿にして奔泉特に之を乞ひ受け掲載すること丶したり」とし、自身の作ではないと断っている。この記述の真偽は不明だが、松井の著作ではないとしても彼の部落の起源に対する関心に沿う内容のものであったことは間違いないだろう。

この論考は、「えた」の語源を「餌取」であるとする説を前提に、和漢の諸書を渉猟し、「穢多」表記の不当性を論証しようと試みるものであった。江戸時代の考証学的な手法を踏襲したもので、近代歴史学や民俗学の水準から評価し得るようなものではないかもしれないが、歴史に対する執着ともいえる関心の高さは、「平等」を求める強い意志に基づくものなのであろう。

起源への執着は他の幹部たちも同様で、小川幸三郎も「？（旧部落名）」と題する連載で、県内の各部落に残された伝承を蒐集し、部落が本来蔑まれるような集落ではなかったことを証明しようとしている。

## 5

いまひとつ注目しておきたいのは、浄土真宗本願寺派教団に対する強い「愛憎」ともいえる感情である。このことについては別稿で触れたことがあるが[16]、その内容を略述しておこう。

先に触れた設立総会における松井の演説である講演「大和同志会の主義目的の一端について」の冒頭で松井は次のように述べる。

諸君、聞く所に依れば我徒の人にして同志会の主義目的とを遂行せんとする事業中宗教の刷新に就て、誤解して居らるゝ様で誠に遺憾なる事であります。故に私は只今宗教の刷新は何を意味するのかを諸君に告げんと欲するのである。

大和同志会の目的のうちの「宗教の刷新」について誤解が生じているとしており、松井の説明の大半がこの事に費やされている。では、どのような誤解が生じていたのか。この事について松井は次のように述べる。

我が同志会が宗教の刷新と呼号したのは、決して宗義の改革を意味するものでなく、吾人の希望は本願寺の議決機関たる総代会衆の組織を改正し、進んで本山内局の醜類たる売僧を放逐して内局の覚醒をなし、以て吾が社会の僧侶が従来蒙りつゝありし本山内局の圧制を打破して、以て一般僧侶と対等の権利を獲得せんと欲するのである。

松井が直面した誤解とは、大和同志会が「宗義の改革」、すなわち教義面での改革をめざすものではなく、教団の体質を改革し、「我が社会の僧侶」が「一般ノ僧侶」と対等の立場に立つことを目的とするものだというのである。

『大和同志会回顧録』[17]によれば、設立総会に先立つ七月十五日、松井宅で創立発起人会が開催されており、そこで大和同志会の目的や活動方針が討議されたが、こうした際に会の方針への疑義が生じたのであろうと考えられる。

松井を始めとする大和同志会の創設メンバーの中にそのような意図がなかったとしても、彼らが「宗教の刷新」といえばそれは教義の問題なのだとみなされるような状況があり、その誤解は、設立大会の冒頭の基調提案にあたる演説の大半を費やして説明しなければならないほど強いものだったとみなければならないのである。「宗教の刷新」が「宗義の改革」をめざすものとみなされたのは、一八世紀末から一九世紀前半に西本願寺教団を二分するような騒動となった「三業惑乱」と呼ばれる教義に関わる相論の影響がこの時期にまで残存していたためだと考えている。

穢多村寺院の僧侶や門徒たちの多くは、この相論で敗れ異端とされた「三業派」に与していたが、文化四年（一八〇七）に江戸幕府寺社奉行の裁定によって相論が決着した後も大和の穢多村寺院の僧俗は本山への抵抗を長期間にわたって継続し、西本願寺当局を悩ませることとなった。[18] 明治後期から大正前期かけては、三業派の復権をめざして中村諦梁が活動した時期でもあり、[19] これらのことが奈良県の部落の指導者たちによく知られていたことが疑義の背景に存在したのだろう。

また、大和同志会結成当時、本願寺派教団は深刻な財政危機に直面しており、そのことが教団改革の主張の契機となっていたことは間違いない。『明治之光』第二号に会説として松井が発表した「西本願寺改革論」は、そのような教団を批判し、改革論を提示するものであり、その改革論の一環として教団の議会にあたる総代会衆に僧侶以外の門徒の参加と、教団役員への部落寺院僧侶の登用を主張するものであった。

そして、松井の論考を引き継いで、「灘石」なる筆名の人物による「西本願寺改善論」が、第二巻第二号から第七号まで連載されている。中村諦梁の父諦信が『明治之光』文芸欄の常連寄稿者であること、前述したように中村諦梁は小川幸三郎の師でもあることから、この「灘石」は中村諦梁その人である可能性が高い。

## 6

『明治之光』に掲載された松井の論考を中心に、その主張について瞥見してきたが、先に触れた本願寺派教団批判の背後に中村諦梁の存在が想定されるように、それは決して松井の独創だけによるものだけではなかった。

例えば、明治二二年（一八八九）に式上郡金沢村で結成された真理会が「自主自由の元則」を旨としていたこと、明治二四年（一八九一）に展開された部落学校分離反対運動が坂本清俊の主導により県内の部落の広範な連携が企てられていてこと、明治三二年（一八九九）に起きた部落寺院僧侶に対する差別事件を契機に結成された大和同心会の会長が中村諦梁であった可能性が高いこと、[20]明治三五年（一九〇二）に南葛城郡柏原村北方で殖産興業を目的に機織伝習場が開業されたこと、同年に南葛城郡で結成された進取同盟会結成が「自省自改自修」「交通平等」を理念としていたことなどが、大和同志会創立の歴史的前提となっていたと考えられる。

また、坂本清俊や増谷蘭汀が和歌山県の部落出身の中尾靖軒と親交を持ち、中村諦梁も靖軒に指示していたことなど、部落に形成されていた知のネットワークの存在も、大和同志会の運動を準備した歴史的条件となっていたと考えている。[21]

## 『明治之光』掲載の松井庄五郎の論考

| 題名　※［　］内は名義 | 巻号 | 年月 |
|---|---|---|
| 会説［奔泉］ | 1 | 一九一二年一〇月 |
| 講演　大和同志会の主義目的の一端について［奔泉］ | 2 | 一九一二年一〇月 |
| 会説　西本願寺改革論［奔泉］ | 2 | 一九一二年一一月 |
| 論説　米麦官営論［松井奔泉］ | 2 | 一九一二年一一月 |
| 会説　彼我通婚論［奔泉］ | 3 | 一九一三年一月 |
| 論説　近郊雑居論［奔泉］ | 3 | 一九一三年一月 |
| 部落歴史　我部落と守戸淵源［奔泉］ | 3 | 一九一三年一月 |
| 会説　現内閣に望む［奔泉］ | 4 | 一九一三年二月 |
| 部落歴史　部落討源史［執筆者名なし］ | 4 | 一九一三年二月 |
| 会説　我徒の蹶起を望む［奔泉］ | 5 | 一九一三年三月 |
| 部落歴史　部落討源史（承前）［奔泉］ | 5 | 一九一三年三月 |
| 会説　本会の希望［奔泉］ | 2―4 | 一九一三年四月 |
| 部落歴史　部落討源史（承前）［奔泉］ | 2―4 | 一九一三年四月 |
| 会説　排日案を以て彼我の一致的融和を論す［奔泉］ | 2―5 | 一九一三年五月 |
| 講演　閉会の辞［松井会長］ | 2―5 | 一九一三年五月 |

| | | |
|---|---|---|
| 社説 再び本願寺を論ず〔奔泉〕 | 2-6 | 一九一三年六月 |
| 部落歴史 部落討源史（承前）〔奔泉〕 | 2-6 | 一九一三年六月 |
| 送 若林前知事 迎折原新知事〔奔泉〕 | 2-7 | 一九一三年七月 |
| 部落討源史（承前）〔奔泉〕 | 2-7 | 一九一三年七月 |
| 社説 教育に発展と人材登庸〔奔泉〕 | 2-8 | 一九一三年八月 |
| 社説 帝国公道会の趣意を賛し檄を同胞の志士に飛ばす〔奔泉〕 | 2-9 | 一九一三年九月 |
| 部落討源史（承前）〔松井庄五郎〕 | 2-9 | 一九一三年九月 |
| 社説 一周年を叙して全国青年の諸士に蹶起を望む〔松井庄五郎〕 | 2-11 | 一九一三年一一月 |
| 部落歴史 部落討源史〔松井庄五郎〕 | 3-1 | 一九一四年一月 |
| 再刊ノ辞〔社長松井道博〕 | 4-11 | 一九一五年一一月 |
| 社説 謝れる概念と二大思潮の変化〔明治之光社長奔泉〕 | 4-11 | 一九一五年一一月 |
| 部落歴史 部落討源史（承前）〔奔泉〕 | 4-11 | 一九一五年一一月 |
| 社説 敢て当局に望む〔奔泉〕 | 4-12 | 一九一五年一二月 |
| 部落歴史 部落討源史〔奔泉〕 | 4-12 | 一九一五年一二月 |
| 部落歴史 部落討源史〔奔泉〕 | 5-1 | 一九一六年一月 |
| 社説 府県に二大勢力を樹立すべし 同志会と青年団〔奔泉〕 | 5-2 | 一九一六年二月 |
| 部落歴史 部落討源史〔奔泉〕 | 5-2 | 一九一六年二月 |

| | | |
|---|---|---|
| 社説　第一、大隈伯に一層の援助を望む〔奔泉〕 | 5—4 | 一九一六年四月 |
| 社説　弾家を華族に列せよ〔奔泉〕 | 5—5 | 一九一六年五月 |
| 社説　再び同志の団結を奨む〔奔泉〕 | 5—6 | 一九一六年六月 |
| 社説　誌金供給と吾党の就職〔奔泉〕 | 5—7 | 一九一六年七月 |
| 社説　明光縮小の理由〔奔泉〕 | 5—8 | 一九一六年八月 |
| 社説　総代会衆の全廃と改造〔奔泉〕 | 5—9 | 一九一六年九月 |
| 社説　政府は部落の建築に補助を与へ法律を以て販売所を一定すべし（上）〔奔泉〕 | 5—10 | 一九一六年一〇月 |
| 社説　政府は部落の建築に補助を与へ法律を以て販売所を一定すべし（下）〔奔泉〕 | 5—12 | 一九一六年一二月 |
| 社説　第一　何故新年号を休刊せしか〔奔泉〕 | 6—2 | 一九一七年二月 |
| 社説　吾人の意を得しものと意を得ざるものとの二つあり〔奔泉〕 | 6—3 | 一九一七年三月 |
| 社説　法人財団の設立〔奔泉〕 | 6—4 | 一九一七年四月 |
| 社説　政治建議案〔奔泉〕 | 6—5 | 一九一七年五月 |
| 社説　生年は須らく艱苦困窮に堪ゆべし〔奔泉〕 | 6—6 | 一九一七年六月 |
| 社説　大に生産を勃興せしめよ〔奔泉〕 | 6—7 | 一九一七年七月 |
| 社説　虎眼病治療協議会に就て〔奔泉〕 | 6—8 | 一九一七年八月 |
| 社説　部落改善団体表彰に就て〔奔泉〕 | 6—9 | 一九一七年九月 |
| 社説　救貧事業に就て〔奔泉〕 | 6—10 | 一九一七年一〇月 |

| | | |
|---|---|---|
| 社説　真宗の衰頽［奔泉］ | 6―11 | 一九一七年一一月 |
| 社説　我社の主義主張［奔泉］ | 7―5 | 一九一八年五月 |
| 社説　我社に精神的改善案を建築し部落改善費の支出に及ぶ［奔泉］ | 7―7 | 一九一八年七月 |

《注》

1. 鈴木良「雑誌『明治之光』とその時代」（『復刻・明治之光』下、兵庫部落問題研究所、一九七七年）、竹永三男「『明治之光』と部落改善運動」（『部落問題研究』第五七輯、一九七八年、後に「第一次世界大戦期における部落改善運動の二つの潮流―『明治之光』と部落改善運動」と増補改題の上、同『近代日本の地域社会と部落問題』部落問題研究所、一九九八年に所収）、藤本信隆「大正時代の宗教的位相と本願寺教団の動向―大谷尊由と松井庄五郎を中心に」（二葉憲香編『国家と仏教　近世・近代編』日本仏教史研究3、永田文昌堂、一九八〇年）、白石正明「部落改善運動から水平社の創立へ」（小山仁示編『大正期の権力と民衆』法律文化社、一九八〇年）、桐村彰郎「大和同志会の結成と活動―水平社創立時を中心に」（奈良産業大学『産業研究所報』第二号、一九九九年）、手島一雄「『明治之光』の群像―大和同志会と三好伊平次（岩間一雄編『三好伊平次の思想史的研究』三好伊平次研究会、二〇〇四年）など。引用部分は鈴木論文による。
2. 田中信隆「筆の滴り（二）」（一九二一年（大正十）八月『警鐘』第二巻第八号、復刻版は『水平運動・部落史研究資料2』不二出版、一九八八年）。
3. 阪本清一郎「公開状　部落改善家松井庄五郎君へ」（一九二二年（大正十一）八月『水平』第二号。復刻版は『部落問題資料文献叢書』第三巻、世界文庫、一九六九年）。
4. 奈良県立同和問題関係史料センター編『平成九年度テーマ展　時を越えて―発信する

大和同志会』（奈良県教育委員会、一九九七年）、同編『奈良の被差別民衆史』（奈良県教育院会、二〇〇一年、以下、奈良県域の部落史に関わって特に注記を付さないものは本書による）。個別研究としては、井岡康時「『明治之光』の復原と基礎的研究」（県立同和問題関係史料センター『研究紀要』第一五号、二〇〇九年）、深澤吉隆「大和同志会中川義雄の活動をめぐって」（県立同和問題関係史料センター『研究紀要』第二七号、二〇二三年）などがある。

5．拙稿「部落改善運動の水脈―十五日講・中村諦梁・中尾靖軒、そして大和同志会」（同和問題関係史料センター『研究紀要』第一三号、二〇〇七年）。

6．鈴木良「雑誌『明治之光』とその時代（前掲注1）、奈良県同和事業史編纂委員会編『奈良県同和事業史』（奈良県、一九七〇年）などによった。

7．一八七二年（明治五）七月『日新記聞』第五号。

8．アイザック・ドーマンと奈良英和学校については、片山周二「奈良英和学校におけるアイザック＝ドーマン―『THE SPIRIT OF MISSIONS』の史料紹介を中心に」（県立同和問題関係史料センター『研究紀要』第一八号、二〇一五年）がある。

9．下河辺三郎「ドーマン先生を想ふ」（松島篤編『アイザック・ドーマン師追憶録』教会時報社、一九三三年）。

10．「松井庄五郎履歴書」（一九二八年『地方改善一件』奈良県立図書情報館所蔵奈良県行政文書）。

11．『融和事業功労者事蹟』中央融和事業協会、一九三二年。

12．一九〇六年『小学校教員履歴綴　学務課五二』県立図書情報館所蔵県行政文書）。

13．拙稿「明治期被差別部落知識人の交流圏―中尾靖軒の人脈をめぐって」（県立同和問題関係史料センター『研究紀要』第一四号、二〇〇八年）。

14．以下、『明治之光』からの引用は、『復刻　明治之光』（前掲注1）によった。

15．益井信については、小林丈広「小法師役の由緒と益井家の人々」（大阪人権博物館編刊『阿倍晴明の虚像と実像―語られ歴史・由緒と補佐別民』二〇〇三年）がある。

16. 拙稿「部落改善運動の水脈―十五日講・中村諦梁・中尾靖軒、そして大和同志会」(前掲注5)。
17. 大和同志会編刊『大和同志会回顧録』一九四二年。
18. 拙稿「「近世西本願寺教団における『部落寺院』観の変容―三業惑乱期の大和の「部落寺院」の動向をめぐって」(県立同和問題関係史料センター『研究紀要』第七号、二〇〇〇年)。
19. 拙稿「部落改善運動の水脈―十五日講・中村諦梁・中尾靖軒、そして大和同志会」(前掲注5)。
20. 同右。
21. 拙稿「明治期被差別部落知識人の交流圏―中尾靖軒の人脈をめぐって」(県立同和問題関係史料センター『研究紀要』第一四号、二〇〇八年)。

# 北畠治房の生涯

吉田　栄治郎

晩年の北畠治房
（安堵町歴史民俗資料館所蔵）

# はじめに

「北畠家譜」（県立図書情報館所蔵）によれば、平岡富之助は法隆寺村本町の煙管《きせる》屋久兵衛の四男として天保四年（一八三三）一月一日に生れ、男爵北畠治房として大正十年（一九二一）五月四日に八八歳で亡くなっている。

富之助が八八年の生涯をどのように生き、何をなそうとし、何をなしたのか、世に語られることは多い。たとえば平岡鳩兵衛と名乗って尊王攘夷運動に身を投じ、北畠四郎と改名して諸国の志士と交遊し、天誅組の乱・天狗党の変・禁門の変などの事変に加わり、たとえば北畠治房と改名して明治時代の初めに司法省に出仕して大審院判事、大阪控訴院院長にまで登り詰め、明治二十九年（一八九六）には男爵位を授けられ、たとえば明治三十一年（一八九八）に郷里の法隆寺村に帰って地域に対立・紛争を引き起こし、法隆寺若草伽藍の塔心礎を勝手に持ち出して売り払うなど傍若無人に振る舞い、亡くなるまで奈良県政界に君臨した、などなどである。

司法省出仕以後亡くなるまでの事績・経歴はほとんどが公的なものであり、疑う余地はない。しかし、生死をかけて身を投じたはずの尊王攘夷運動は天誅組の乱を除けば治房自身の言によるだけで真偽は不明である。特段の検証が行われていないためだが、それは治房の存在が尊王攘夷運動に何の影響も与えていないとの認識のもと、幕末政治史の研究者が検証作業に必要性を見い出さなかったことによるのだろう。しかし、治房の幕末における言動は少なくとも大和国にとっては何らかの意味を持つはずであり、その検証は大和国の幕末史構築に必要な作業であって、治房

笠目村森田茂右衛門宛煙管屋通
（安堵町歴史民俗資料館所蔵）

が大和国のリーダーたり得たか否かを判断する材料の一つにもなると考えている。

右の認識のもと小論では、治房の生家煙管屋の由緒・来歴、誕生から幼少年期のこと、尊王攘夷運動への関与について、主に「北畠家譜」と、明治二十一年（一八八八）四月に有栖川宮熾仁《たるひと》親王の命を受けて治房が取りまとめて提出したという「北畠四位奉答書」（『維新史料』所収）、治房自筆の「北畠治房回顧記」（天理大学附属天理図書館所蔵）に依拠してその真偽を検証する。なお煩雑を避けるため以下治房ないしは北畠治房に統一して表記する。

## 一、煙管屋のこと

北畠治房の生家煙管屋は開業当初は煙管・煙草類を販売していたため煙管屋という屋号を名乗ったのだろうが、治房が生まれた頃には米・綿・油・小間物など多彩な商品を扱う万屋であった。煙管屋の経営資料は見当たらないが、周辺地域に残された商取り引きに関する資料（たとえば嘉永三年（一八五〇）正月笠目村森田茂右衛門宛煙管屋久兵衛「現銀万之通」、安堵町歴史民俗資料館所蔵）などから、煙管屋は中宮寺・法隆寺に御用商人として出入りし、今の斑鳩町を中心に安堵町・大和郡山市一帯に広範な商圏を持つ地域随一の商家だったことが明らかになる。

「北畠家譜」によれば煙管屋の姓は平岡といい、伊勢国国司北畠家の末裔だという。北畠国司家は中興晴具の孫具房（後に信雅と称した）の代になると織田信長の侵攻を受け、永禄十二年（一五六九）には信長の次男茶筅丸（元服して具豊と称した、後の織田信雄のこと)を養子として押しつけられ、具豊は天正三年(一五七五)に北畠家督を相続している。翌四年には具房先代の隠居具教とその子具藤・親成および二人の幼児が信長に暗殺されたため、顕能以来の伊勢国司北畠家は実質的に滅亡した。

しかし、「北畠家譜」では具房の二男具定が具教暗殺の際に母の実家の河内国枚岡神社神官下鳥居清国のもとに逃れ、成人後平岡源大夫と名乗って枚岡神社の神官になったという。また、「北畠治房回顧記」では具定は天正九年(一五八一)六月に河内国出雲井村で生まれたともいう。流布している北畠家系譜類では父具房は天正八年(一五八〇)に京都で没したというので、具定を具房の子とすることに問題はなく、出雲井村は枚岡神社の所在地である。つまり、戦国時代の末期の枚岡神社に平岡姓を名乗る神官家があり、その神官家は北畠国司家の末裔を自称していたということになるが、むろん真偽は確かめようがない。

「北畠家譜」では慶長二年(一五九七)二月に具定が道明寺に参詣する途中一人の老人に出会って誰の子かと尋ねられ、具定は父の名を知りたいと思っているがなぜそんなことを聞くのかと尋ねたところ、老人は具定の右耳下の痣が故大腹御所によく似ているためだと答えたという。大腹御所とは具定の父北畠具房のことだが、太りすぎて馬に乗れないことから付けられた渾名である。さらに具定が父のことを知っている人がいるのかと尋ねたところ、老人は中宮寺宮がよく知っていると答えたという。

しばらくして大和国龍田神社社人正司甚之丞が枚岡神社を訪ねてきたので老人の

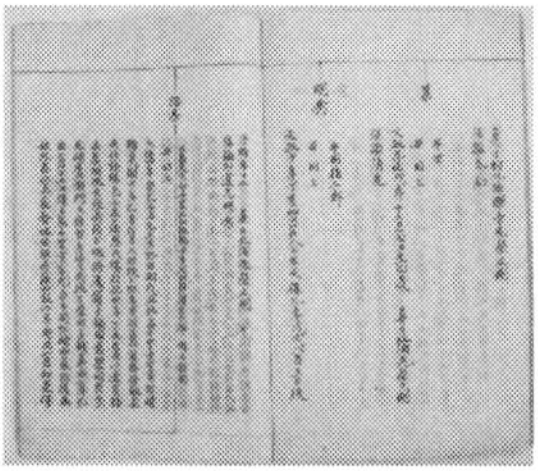

「北畠家譜」部分
（奈良県立図書情報館所蔵）

ことを話したところ、甚之丞は実は自分は安保左門といい、北畠家の再興を図っている者だと答えたという。具定は老人の話の真偽を確かめるため慶長二年十月に大和国を訪れて中宮寺宮に拝謁し、宮からは父具房のことを聞き出せなかったが、具定はそのまま法隆寺村に住み着いて甚之丞の娘を娶り、慶長七年（一六〇二）には中宮寺宮家司になって元和五年（一六一九）に三十九歳で亡くなったという。

「北畠家譜」によれば法隆寺村平岡家は右の源大夫具定を初代とし、以来主殿助惟雅―彦太郎具重―多仲雄具―彦兵衛善心―彦兵衛惟直―富八郎惟房―久兵衛常富―久兵衛末重と続いている。彦太郎具重までは中宮寺宮に仕え、多仲雄具は医師になったというが、「北畠家譜」には以後の当主の職業は記載されないので平岡家が煙管屋を開業したのがいつかはわからない。

治房の父煙管屋久兵衛末重は「北畠家譜」によれば寛政四年（一七九二）五月十三日に生まれ、享和三年（一八〇三）二月に煙管屋の家督を継ぎ、嘉永二年（一八四九）二月に隠居し、安政六年（一八五九）九月十五日に六十八歳で亡くなっている。この久兵衛末重の代に煙管屋はその商売を大きく広げ、「辰巳家重代記録二」（法隆寺西里辰巳家所蔵）の嘉永六年（一八五三）二月十六日条に煙管屋が並松の松屋杢兵衛から高四〇石余りの田地を一括して購入し、法隆寺村第五位の高持になったと記されている。

久兵衛末重は嘉永二年二月に隠居して治房が煙管屋を継いでいるが、当時治房はまだ十六歳であり、「北畠家譜」によれば堺の中宮寺御用所に出仕して法隆寺村にはいなかったし、伴林光平の影響を受けて尊王攘夷運動に関心を示すようになった時期でもあるので、高四〇石余りの田地の一括購入は隠居した久兵衛末重の差配によるものだろう。

「北畠家譜」「北畠治房回顧記」によって煙管屋平岡家の由緒・来歴を右のように取りまとめたが、治房の名誉のために付け加えておきたいことがある。それは治房への嘲笑の材料の一つになった明治初年に北畠姓を名乗ったということである。いつ、だれが言い出したかはわからないが、治房ならさもありなんとして検証もないまま流布した説である。

しかし、法隆寺裏山の極楽寺墓地の平岡家墓所の安政六年に亡くなった久兵衛久重の墓石には「本姓北畠氏」と刻されているし、「北畠家譜」によれば、嘉永二年に治房が煙管屋の家督を継いで中宮寺宮に仕えるにあたり、平岡・松崎両家を合わせて平岡姓を北畠姓に戻したと記される。松崎家とは彦兵衛善心の次男惟譲の子政成が松崎姓を名乗って中宮寺家司になった家である。

北畠姓への復姓は以前から平岡家で語り継がれてきた北畠国司家末裔説が、治房によって自覚的・意図的に唱えられるようになったということなのだろう。また、元治元年（一八六四）に治房が土方久元に送った書状に北畠四郎と署名しているので（「回天実記」、『幕末維新史料叢書』所収、新人物往来社、一九六九）、治房がある時期からは北畠姓を名乗って活動していたことは明らかであり、明治初年に治房が何の根拠もなく突如北畠姓を僭称したのではないことだけは確認しておかなければならない。

## 二、誕生から幼少年期のこと

「北畠家譜」によれば治房は法隆寺村本町で天保四年一月一日に生れ、父は煙管屋久兵衛末重、母は筒井村八幡宮神主宮井義澄の三女木野である。末重の四男で、幼名は富之助、のち四郎と改め、諱は崇福、布穀園と号したという。生年月日は「北畠家譜」「北畠治房回顧記」に共通し、父母のことは「北畠家譜」にそのように記される。なお右の二点の記録以外に一月一日誕生説はない。

後に述べるように治房には生来のものか、自己を飾る必要があってのことかはわからないが虚言癖があり、それをふまえれば一月一日はいかにも怪しい誕生日になるが、当該期の法隆寺村の宗門改帳や他の出生月日に関する記録が残らないため何ともいえない。また、先に述べたように、平岡家墓所に安政六年九月十五日に亡くなった久兵衛末重の墓石があり、これは治房が建立したものであるため父については疑えないし、母についてもことさら疑わしい点はなく、父母は「北畠家譜」のとおりと見ておきたい。

「北畠家譜」「北畠治房回顧記」ともに治房は天保十年（一八三九）正月、六歳の時法隆寺村寺子屋に入校して学び始めたが、まもなく兄弟子と喧嘩をして退校し、叔母福貴が嫁いでいた東安堵村の寺子屋に転学したという。しかし、東安堵村でも自村の生徒を優遇する校主と衝突してまたもや退校し、法隆寺村に帰って福井小路の待野半次郎の塾に入り直し、ここでは無事五年間学んだという。なお、「北畠家譜」では久兵衛末重の妹福貴が文政三年（一八二〇）二月に東安堵村植村太重郎に嫁いだといい、東安堵村の明治初年の戸籍（安堵町歴史民俗資料館所蔵）には太重郎の妻は「法隆寺村百姓平岡久平亡長女ふき」とある。

六歳から十歳まで待野塾で学んだ治房はその後小泉藩（片桐氏）の練武場に通って槍・剣・柔術を学んだという。「北畠治房回顧記」では九歳の正月から「月ノ一六、三八ノ夕」に柔術を、「二七、五十ノ夕」は剣術を四年間学んだという。ただ、小泉藩には天保五年（一八三四）に開設された武術総稽古場はあるが練武場と呼ばれた教育機関はなく、これは治房の記憶違いか虚偽かもしれない。総稽古場は藩士以外の入校も認めたので、母が小泉藩領筒井村八幡宮神主の娘であるため、治房がそのつてで総稽古場で学んだとしても不思議ではなく、練武場は治房の記憶違いと見るべきだろう。

「北畠治房回顧記」では弘化二年（一八四五）、「北畠家譜」では弘化四年（一八四七）というが、中宮寺家司上嶋掃部の仲介で堺出張所に出仕したという。今のところ中宮寺堺出張所の存在は確かめられないが、「辰巳家重代記録二」によれば日用品の調達などを行う中宮寺の「泉州堺表御用所」「堺方御用所」があるので、とりあえずはそのことと考えておきたい。

堺では具足屋尾崎庄右衛門に国学・和歌を、柴田多輔に長沼流・山鹿流軍学や高島秋帆の洋式操兵を九年間学んだという。柴田多輔のことはわからないが、尾崎庄右衛門は国学者加納諸平の弟子で、柿園派歌人として知られた人であり、尾崎家は堺町の惣年寄の一軒でもある。治房のその後の人生に多大の影響を与えた生涯の師伴林光平との出会いもこの尾崎庄右衛門宅だったという。

なお、「北畠治房君伝」（脇田季吉編『大日本改進党員実伝』所収、法木徳兵衛、一八八二）には十二歳の頃宇佐八幡宮に行き、祠官から漢学・和歌を学び、有志と交遊したと記されているが、これは治房が脇田に語ったことらしい。しかし、他にこれを裏付ける史料はなく、治房の虚言と見るべきだが、宇佐八幡宮で学んだと主張することに何らかの意味があったのかもしれない。

## 三、尊王攘夷運動のこと

この項では「北畠家譜」「北畠治房回顧記」「北畠四位奉答書」から治房の尊王攘夷運動へのかかわりを取りまとめる。なお、煩雑さを避けるため、以下では「北畠家譜」は「家譜」、「北畠治房回顧記」は「回顧記」、「北畠四位奉答書」は「奉答書」と略記する。

①梅田雲浜宅を訪問して川路聖謨らからロシア艦隊との交渉方針を聞き出すことおよび十津川郷士を尊王派に導く工作の指示をされた。

「奉答書」では嘉永六年十一月初旬、治房二十歳の時伴林光平とともに梅田雲浜宅を訪問し、雲浜からロシア艦隊との交渉を命じられて長崎に向かう川路聖謨・筒井伊賀守と出会い、幕府の指示の内容を聞き出すよう勧められたという。また、十津川郷士を尊王派に導くための工作活動を指示されたともいうが、「梅田雲濱年譜」（『梅田雲濱遺稿並傳』所収、有明堂書店、一九二九）に治房訪問のことは記されず、当該期とおぼしき雲浜の書翰にも治房の名は記されない。

なお、雲浜は安政二年（一八五五）に高田町の綿商人村島家の聟になっているので光平と雲浜の間に面識があった可能性は否定できず、雲浜から治房が受けたという二つの指示は光平との間のやりとりのなかで出た話かもしれないが、「梅田雲濱年譜」には光平の名も記されない。雲浜宅訪問は治房の虚構と見てよいだろう。

②雲浜の指示で長崎に向かう途中の川路聖謨の旅宿を訪問し、條約締結は幕府の専決事項ではないと詰問した。また、翌年長崎から戻る川路を旅宿に訪問した。

「奉答書」では嘉永六年十一月十六日、梅田雲浜の勧めで長崎に向かう途中の川路聖謨を伴林光平・法隆寺普門院妙海とともに兵庫の旅宿に訪れたという。治房らは外国との條約締結は幕府の専決事項ではないと川路を詰問したが、奈良奉行をつとめた川路と光平・妙海は旧知の間柄であったためか、長崎からの帰路での再会を約束したのでその場は収まり、二人は退去したという。

しかし、この訪問のことは聖謨の『長崎日記』(平凡社、一九六八)には見えず、翌安政元年(一八五四)に前年の約束どおり長崎から江戸に戻る途中の川路の旅宿を訪ねたというが、『長崎日記』安政元年二月十一日条には法隆寺普門院妙海が来訪したとは記しているが、光平・治房の名はない。また、妙海は條約締結問題を論じたのではなく、「悪魔降伏の御札并よみうた」などを川路聖謨に差し出したということである。

治房の川路訪問のことは『長崎日記』に治房の名がないため疑わしい。後日妙海から川路訪問を聞き、自身のことに置き換えて「奉答書」に記載したと見てよいだろう。

③雲浜の指示で十津川郷士を尊王派に導くため工作した。

「奉答書」によれば、安政元年二月十五日〜二十三日に雲浜の指示によって十津川郷士を尊王派に導くため遊説をし、以前から雲浜と交遊のあった丸田幸左衛門・野崎主計・深瀬繁理・沖垣鏡之進らを説得したという。それは雲浜の弟子長沼良蔵、後に天誅組の頭取になる藤本鉄石・松本謙三郎らが十津川郷に工作に入るきっかけになったともいう。

治房の十津川郷工作は今のところ裏付ける史料が見つからないため真偽の判断はできない。ただ、「奉答書」には「是レ治房ノ国事ニ奔走スルノ始メ」と記しているのであるいは事実なのかもしれない。しかし、尊王攘夷運動に何の実績も持たない二十一歳の若者治房に、雲浜の後押しがあったとしても十津川郷士がまともに対応したとは思えず、天誅組の乱の際に十津川郷士と接触を持った治房の捏造と見るべきだろう。

④久我大納言邸で池内大学・梅田雲浜・春日讃州と條約問題への対応を相談した。

「奉答書」では安政元年七月中旬に久我大納言邸で池内大学・梅田雲浜・春日潜庵と條約締結問題への対応を相談したという。この件は具体的な行動に進まなかったため真否の判断ができる史料はないが、この時池内大学は四十歳、梅田雲浜は三十九歳、春日潜庵は四十三歳で尊王攘夷運動の実績もあったが、治房は二十一歳の若者で三人との年齢差が大きく、運動経験もないため、対等に議論できたとは思えない。條約締結問題への対応について池内大学ら三人による相談があったことを知った治房の捏造と見るべきだろう。

⑤林大学頭の開国奏聞を阻止しようとした。
「奉答書」によれば、安政四年（一八五七）十二月に林大学頭（復斎）が上京して朝廷に勅許を求めようとしたが、朝廷が林の奏聞を拒否したので中止になったという。治房の反対運動で奏聞中止になったわけではないし、阻止活動をしたことを裏付ける史料はない。

⑥老中堀田正睦・川路聖謨・岩瀬忠震らが條約調印の勅許を奏上しようとしたが、治房らの阻止運動で中止になった。
安政五年（一八五八）正月中旬〜四月二日にかけて、老中堀田正睦・川路聖謨・岩瀬忠震が條約調印の勅許を得ようとするが、「奉答書」では治房らの阻止運動で中止になったという。しかし、この件もまた他に裏付ける史料はなく、幕府老中が治房らの反対で條約調印の勅許を断念するはずもなく、治房の捏造と断じてよいだろう。

⑦老中間部詮勝の暗殺を計画した。
安政六年二月に老中間部詮勝が上京して梅田雲浜・池内大学・頼三樹三郎らを捕縛したが、「奉答書」によればその報復のため間部暗殺を計画したという。しかし、間部暗殺は実際には吉田松陰が計画したもので、松陰の処刑はこの計画を自白したことによるとされる。後日松陰の計画を知った治房が自身の企てとして「奉答書」に書き加えたのだろう。

⑧伴林光平とともに天誅組の乱に加わった。
文久三年（一八六三）八月十七日に尊王攘夷派の浪士が五條代官所を襲い、代

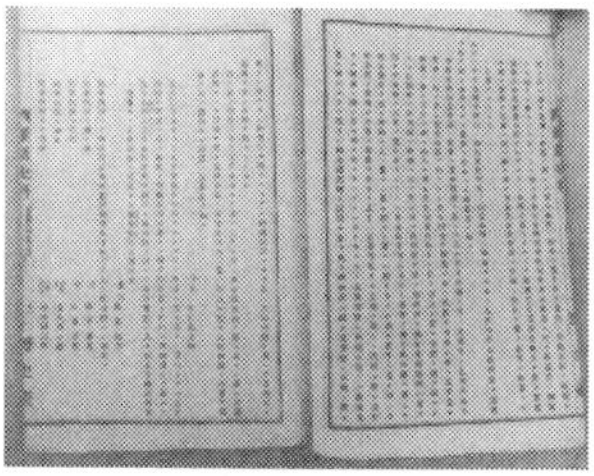

「北畠四位奉答書」部分
（奈良県立図書情報館所蔵）

官鈴木源内他四人を殺害し、代官所を占拠した。天誅組の乱だが、天誅組は桜井寺に本陣を置き、近在の五條・須恵・新町村の役人を本陣に集め、兵糧の用意、代官所の書類・荷物の運び出しを命じた上で代官所を焼き払った。

天誅組蜂起の翌日朝廷内の長州藩士や長州系公家が京都から追放される八月十八日の政変が起こったため天誅組は孤立することになり、八月二十一日に本陣を天ノ川辻に移し、十津川郷士を募兵して体勢の立て直しを図った。八月二十六日には高取城を攻めたが反撃にあって敗れ、八月二十八日からは本陣を十津川郷内各所に移し、北上して郡山・彦根・津藩などの追討軍と戦ったが九月九日の白銀山の戦いに敗れた。九月十五日には十津川郷士の離反が起こったため、翌九月十六日には十津川から北山郷に出て紀州を目指した。しかし、紀州には向わず、東熊野街道を北上して九月二十四日には吉野郡鷲家口村（今の吉野郡東吉野村）に出たが、鷲家口村にはすでに諸藩の追討兵が待ち構えていたため激しい戦いになり、多くの隊士が討ち取られた。九月二十七日には残った隊士のほとんどが鷲家村で敗死して天誅組は壊滅した。

伴林光平と北畠治房は遅れて天誅組本隊に加わり、光平は記録方、治房は会計方をつとめ、十津川郷までは本隊と同行したが、九月十六日に風屋村付近で紀州への道筋を探すという名目で本隊から離れて北山郷に出ている。しかし、紀州には向かわず、隊士半田門吉の『大和日記』（クレス出版、二〇〇八）によれば白川村で北山郷の献米を売り払った金子を持って光平・西田稲夫（仁平）とともに東熊野街道を北上したという。『大和日記』はこの行動を「逃げ去った」と断じてい

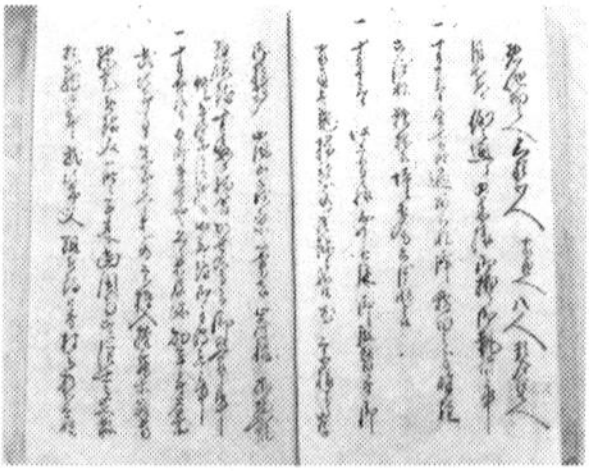

北畠治房の消息の消息を伝える記録
（法隆寺西里辰巳家所蔵）

るが、「奉答書」では献米のことはいわず、また「鷲家口ノ囲ヲ抜ケ」などと行きもしていない鷲家口村での追討軍との戦いに加わったように語るなど、逃走したことを隠蔽しようとする姑息な姿勢をあらわにしている。しかし、間違いなく献米を換金した天誅組公金を拐帯した上での逃走だったのである。こうした卑劣な行為はおそらく世事にうとい光平にできるはずはなく、治房が主導したことと見るべきだろう。

三人は鷲家村で天誅組本隊が壊滅する以前の九月二十二日には無事に平群郡額田部村の額安寺にたどり着いている。額安寺で光平と今後の相談をし、治房は脱出路を探すという名目で一足先に額安寺を離れ、なぜかそのまま一人で京都に向かい、知恩院や有栖川宮家に匿われて幕府による探索を逃れ切った。「奉答書」によれば、治房は十月に起こった生野の変に加わろうとしたが早くに壊滅したため果たせずに京都に戻り、その後尾張・三河・遠江付近の尊王の志士の間を遊説したという。

一方、額安寺に取り残された光平は遅れて平群郡東福寺村駒塚の自宅に帰り京都を目指したが、九月二十五日に添下郡北田原村（今の生駒市北田原町）で奈良奉行所に捕らえられている。光平はしばらく奈良奉行所に拘留されたが、その間に天誅組の戦いを回顧した記録『南山踏雲録』を書き上げている。光平はまもなく京都の六角獄舎に送られ、元治元年（一八六四）二月二十六日に処刑された。

天誅組の乱で目に付くのは、治房の機を見るに敏、素早い身の処し方である。十津川での天誅組本隊からの離脱のこと、北山郷白川からの北上のこと、光平を額安寺に置き去りにして一人京都に逃れたことなどだが、それらは治房に対する世間の酷評を生んでいる。額安寺に光平を置き去りにしたことは『南山踏雲録』で光平の強い批難を受けているが、「古蹟弁妄」（県立図書情報館所蔵）のなかで治房は『南山踏雲録』を「常識ヲ失ヒテ後獄中ニ書狂トナリシ踏雲録」といい、光平を「狂者ト言フベカラン」と切り捨てる。また、決して置き去りにしたわけではない、迎えに戻るつもりだったと弁解をするが、この一件は天誅組の数少ない幸運な生き残りとして明治時代を迎え、司法官になり、栄達して男爵を叙爵されたことなどをあわせ、治房への世間の強い批判を生む原因になった。

⑨水戸藩邸で藤田小四郎と武装蜂起（天狗党の乱）の相談をした。

「奉答書」によれば、元治元年一月〜二月にかけて水戸藩の江戸屋敷で藤田小四郎と武装蜂起の相談をし、資金不足に悩む藤田のため長州藩から三〇〇〇両を借り出したという。同年三月に起こった天狗党の乱に同行したとされるが、天狗党に加わった形跡はない。

⑩禁門の変の際天王山山頂で真木和泉が率いる忠勇隊と行動をともにした。

元治元年七月十九日、前年に起こった八月十八日の政変により京都を追われた長州藩が巻き返しを図り、京都守護職の会津藩および桑名藩・薩摩藩らと市街戦を繰り広げたが敗れた。京都御所周辺の戦闘だったため禁門の変と呼ばれるが、長州藩とともに戦った久留米の真木和泉は天王山に逃れて敗残兵との合流を図ったが果たせず、わずかの兵で天王山に立て籠もって追討軍と戦い、敗れて自害している。

「奉答書」によれば治房は禁門の変の際に長州藩の陣営に姿を見せ、来島又兵衛と接触したといい、敗戦後天王山の真木のもとに駆けつけたという。しかし、真木とともに自害せずに能勢山に逃れ、能勢山から丹波路に出、嵯峨から大坂中ノ島の水戸藩邸に入ったという。「奉答書」では禁門の変における自身の行動を克明に記しているがそれは傍観者としての立ち位置からのものにすぎず、後に変の推移を知った上で書き加えた記事と見るべきだろう。

⑪有栖川熾仁親王の東征軍に加わり稲田・鴨方藩士の監察をつとめた。

「奉答書」によれば、慶応四年＝明治元年（一八六八）一月から始まる有栖川宮熾仁親王を大総督とする新政府の東征軍に加わったという。以来有栖川宮の帷幕にあって赤心報国隊や稲田・鴨方藩士などの監察をつとめ、同年十月に東征軍が解散すると東征軍大総督を免ぜられた有栖川宮とともに江戸を離れ、十二月五日に法隆寺村に帰ったという。

⑫①〜⑪以外にも「奉答書」には、

a　文久二年三月中旬

坂下門外で老中安藤信正を襲撃した水戸藩士岡見留次郎を宇智郡五條村の植村定七の家に匿ったという。岡見・植村は翌年の天誅組の乱に加わり、岡見は捕らえられて六角獄舎で処刑され、植村は鷲家口村で戦死している。

b　文久二年七月中旬

本間精一郎・藤井良節らと謀り、四姦（岩倉具視・千種・富小路・久我）・両嬪（今城氏・堀川氏）の排斥を関白近衛忠熙に上申し、岩倉・千種・富小路が辞官・蟄居、今城・堀川は辞職した。

c　元治元年一月下旬
　甲斐国都留郡に遊説した。
d　元治二年十一月中旬
　対馬藩を遊説した。
e　元治元年十二月十五日〜年末
　佐賀藩・鹿島藩・大村藩を遊説した。
f　慶応元年二月上旬
　馬関で村田蔵六と対馬藩の情勢を話し合った。
g　慶応元年二月下旬
　博多で西郷隆盛と福岡藩の藩内情勢について話し合った。
h　慶応元年三月二十日
　清末・長府藩を遊説した。
i　慶応元年三月二十日
　回天隊を率いて府中港に上陸した。
等の活動歴が記される。
⑬①〜⑪までと同様にａ〜ｉの真偽も確認できない。
　つまり、治房自身がいう尊王攘夷運動へのかかわりは天誅組の乱を除くすべてのことに確かな裏付けが取れないのである。筆者の力不足だとしても、小論作成時点で得られる資料による限り①〜⑪および⑫ａ〜ｉは治房が何らかの目的を実現するため虚偽を申し立て、捏造したものと断じてよいのではないかと考えている。

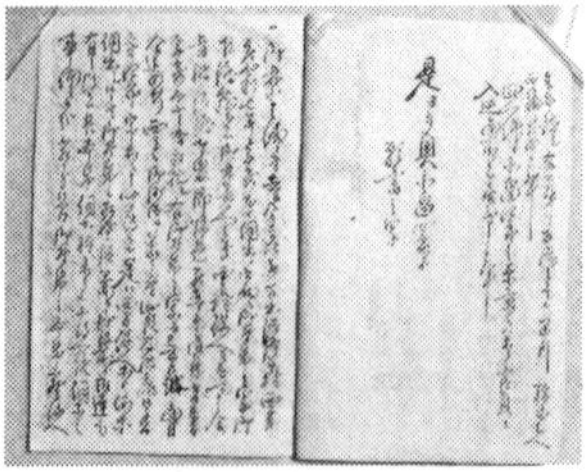

「宇野山・弥勒山開発一件」部分
（法隆寺西里辰巳家所蔵）

## 四、帰郷から司法省出仕まで

明治元年十二月に江戸から法隆寺村に戻った治房は翌明治二年（一八六九）一月から再び中宮寺宮に仕えたが、明治七年（一八七四）の「旧奈良県貫禄人名簿」（県立図書情報館所蔵）に現米九石四斗とあり、これは中宮寺から給された禄高だろう。中宮寺家司としての業務内容は伝わらない。

帰郷後の治房の動向を伝える史料は少ない。わずかに明治二年八月に法隆寺境内の諸神社を法隆寺村氏神天満神社に合祀する際村と法隆寺の調停に当たったこと（明治二年八月「為取替一札」、『斑鳩町史』続史料編所収）、明治三年（一八七〇）四月に法隆寺の裏山の宇野山・弥勒山を治房が勝手に開発しているとして、法隆寺村から奈良県司農掛に箱訴があったことなどが知られる程度である。

後者の箱訴は法隆寺村の敗訴になり、庄屋が五日、年寄二人が三日の徒刑に処せられているが（「（宇野山・弥勒山開発一件）」、法隆寺西里辰巳家所蔵）、この事件では治房が担当役人の早川某・橋本某の二人に多額の賄賂を送って裁判を有利に運んだと法隆寺村から奈良県に訴えがあり、早川・橋本の二人が免職処分を受けているが、司法役人への賄賂など近代司法制度のなかであまり見聞きしない不祥事である。

なお、この一件文書のなかに、明治三年に治房は東京に行って官員になっているので村には住んでいないと法隆寺村役人が述べている箇所がある。後述するように治房が上京するのは明治四年（一八七一）十一月であり、司法省に出仕するのは翌

大阪商工会議所に建つ五代友厚銅像

明治五年六月なので、明治三年中の上京とすでに官職に就いているとの法隆寺村の申し立てとは矛盾する。

これまで明らかになっている治房の上京、司法省への出仕は明治四年八月二十三日付の五代友厚の大隈重信宛書状（『大隈重信関係文書』五、みすず書房、二〇〇九）から始まる。五代はこの書状のなかで、

古くからの友人の有名な北畠四郎（治房のこと）は古攘夷家だが、近年は開化にめざめ、大変愉快な人物である、最近才能ある人物を探しておられるが役に立つ人である、鷲尾（高睦）一行が上京するらしいが、その折り面会していただきたい、五条県大参事が欠員なのでその職に宛てるのはどうか、北畠は交友が広いので必ず役に立つだろう。

と述べているが、五代の推挙を受けた大隈が治房の上京をうながす返事を送ったのだろう。治房はこの年十一月に上京して大隈に面会して信頼を得、翌明治五年三月に左院中議生に任じられて経済課員になっている。その後五月三十一日に初代の司法卿に就任した江藤新平の誘いで六月十四日には司法省七等に任じられ、八月二十五日には権少判事として東京裁判所に出仕することになっている（「回顧記」）。

五代と治房の関係については『五代友厚秘史』（五代友厚七十五周年追悼記念刊行会、一九六〇）の口絵写真（大川原重蔵さらし首絵）のキャプションに、

北畠治房（元男爵）の一名平岡武夫は天誅組に組して後、薩摩に亡命した。大川原重蔵は北畠の同志。後、北畠は五代によって開国論者となり親友となった。

と記されている。亡命と書いているので、天誅組の乱後に幕府の探索を逃れるため各地を転々としていた時期の薩摩潜入だろう。五代と治房の交友は奈良県再設置に尽力した今村勤三を引き込みながら明治十八年（一八八五）に五代が亡くなるまで続いている。

先に引いたように、「（宇野山・弥勒山開発一件）」中の法隆寺村の主張では治房は明治三年中に上京して官職を得ているという。この法隆寺村役人の言が正しいなら、治房は明治元年十二月の帰郷後直ちに新政府に対して猟官運動を行い、明治三年までに何らかの感触を得ていたことになる。小論では治房の猟官運動は明治四年八月二十三日の五代の大隈への推挙状から始まると考えているが、その前年にすでに誰かはわからないが、新政府の要路に接触を持ち、官職についてしかるべき約束があったか、実際に何らかの官職を得ていた可能性も否定できない。機を見るに敏な治房ならではの行動だが、今後法隆寺周辺地域の調査で明治三年中の治房の言動を明らかにできる史料を探し出す必要がある。

## まとめ

ここまで「家譜」「奉答書」「回顧記」によって北畠治房の前半生を取りまとめてき

た。尊王攘夷運動への関与が「奉答書」どおりなら、明治四年八月の五代友厚による大隈重信への推挙を待つまでもなく、治房は明治元年十二月の東征軍廃止後に帰郷せず、東京に止まって新政府に要職を得ていたはずである。しかし、治房は尊王攘夷運動で生死をともにしたはずの新政府の要職に就いているかつての同志から無視され、帰郷後二年半も郷里法隆寺村に放置されたままになったのである。

それはなぜかだが、要するに「奉答書」が治房の虚偽・虚構・捏造であって、新政府の要人、かつての尊王攘夷運動の志士たちは治房のことを知らなかったということに尽きるのだろう。これについて「奉答書」を整理しているなかで気づいたことがある。三の①から⑫までの治房がかかわったという幕末の尊王攘夷運動に登場する志士たちはそのすべてが明治十一年（一八七八）までに亡くなっているという事実である。「死人に口なし」とは言い得て妙だが、明治二十一年の「奉答書」作成時期まで生きていた志士は一人もいないという事実は、治房が自身の経歴を虚偽・虚構・捏造し、どのように飾り立ててもとがめるものがいなかったということである。先に治房は虚言癖の持ち主だといったが、実はそうではなく、治房は虚言癖を装いながら虚偽・虚構・捏造を巧みに重ね合わせ、自覚的に自身を飾り立てた人だったと断じざるをえないのである。

最後に治房がなぜそのように自身を飾り立てたのかという問題が残るが、有栖川宮熾仁親王の命という「奉答書」が明治二十一年に作成されていることから、明治十七年（一八八四）に伊藤博文の尽力で制定された「華族令」がかかわっているのではないかと推測している。治房は新たな権威として爵位が欲しいと思い、自身の功績を飾り立てたのではないかということだが、実際に明治二十九年の治房への男爵位叙爵は天誅組に加わって王政復古に勲功をたて、誠忠の誉れがあったためとの明治天皇の特旨によるものであり、「奉答書」に懸けた治房の野望は見事に実現したことになる。

こうした治房が幕末大和国のリーダーたり得たか否かは小論の読者諸氏の判断に委ねるが、大和人の筆者としてはせめて文久三年九月に北山郷から逃走せず、鷲家村で華々しく討ち死にしていてくれればそうした生き方に学べるものをとの感は否めない。

# 「地域」のリーダーとしての中山平八郎

幡鎌　一弘

## はじめに

明治維新、廃藩置県を経て、明治四年（一八七一）一一月、大和国一国を領域とする奈良県が誕生した。しかし、奈良県は明治九年（一八七六）には堺県に併合されて消滅し、その堺県も明治一四年（一八八一）二月に大阪府に編入された。以後、旧奈良県（大和国）の人々にとってもっとも大きな政治課題となったのが、地租軽減（地価修正）と奈良県再設置である。大阪府に編入された明治一四年の一二月には、奈良県再設置の請願運動が本格的に始まる。大和国の代表は上京を繰り返し、六年の歳月をかけ、明治二〇年（一八八七）一〇月の元老院会議で奈良県の再設置が決定された。(1)

奈良県の政治・行政・教育・農事などに功労のあった個人・団体を書き上げた『大和美事善行録』は、その最初に再設置運動に熱心に取り組んだ「分置県功労者」として、一二名を掲げている。(2) 同書は奈良県再設置のための努力を最も重要な「美事善行」と位置付けたわけだが、一二名のうちの一人が本稿で取り上げる中山平八郎である。

同書は、奈良県再設置に大きな役割を果たした中山平八郎にかかわる以下のような逸話を記している。明治二〇年一〇月、奈良の代表一行が地価修正と奈良県再設置のため松方正義大蔵大臣に面会し懇願した時、松方の機嫌を損ね、巻煙草入れを投げつけられた。このとき、平八郎はひるむことなく自らの立場を述べた。

言粗野なりと雖も吾々は大和一国の代表者也。心の思ふ所述べざるべからず。其事を為し遂んとする熱心は偶々閣下あるを忘れしめたり。夫れ閣下は維新の功労者として今即ち廟堂に立つ、而かも其維新の際幕府を倒さるゝや閣下の眼中只だ国家ありて幕府あるを覚えざりしならん。事は小なりと雖も吾々が大和一国に尽すも其理や等し、然るに今閣下の怒りに触れ、為に其事成らざらんか、吾々は生きて大和に帰るべからず、希くば其功を収めしめずとも生きて故郷に帰るを得せしめられよ[3]

平八郎のこの言葉に松方は怒りをおさめ、奈良県再設置への道が開かれることになる。かかる劇的な話をどの程度信用してよいかわからないが、政治家中山平八郎の胆力のなにがしかが表現されているだろう。平八郎は間違いなく「「地域」のリーダー」であった。

本稿は、明治期の奈良県を代表する政治家である中山平八郎の姿を追い[4]、「「地域」のリーダー」とは何かを考える素材としたい。

## 一　中山平八郎の履歴と功績

中山平八郎の人となりをまとめたものに、『大和美事善行録』のほか、『丹波市町概観：お地場郷土史』[5]や『改訂天理市史上巻』[6]などがある。前二点には、彼の功績をたたえた「中山九恕頌徳碑」の碑文が全文引用されている[7]。「九恕」とは平八郎の雅号である。これらを参照しながら、まずは、中山平八郎の履歴と業績を簡単にまとめておこう。

中山平八郎は弘化二年（一八四五）一一月一五日、山辺郡長柄村飯田家に生まれた。少年期には、谷三山門弟の上田伯棐（淇亭）のもとで学んだ。「中山九恕頌徳碑」の碑文を撰した北畠治房が平八郎を知ったのは、伯棐を訪ねたときだったという。[8]伯棐は平八郎の言動が他とは並外れて優れていることを見抜いていた。ややもすればひ弱になりがちな秀才とは異なり、書生の相撲では、平八郎は弱い者をまとめていく。彼は学業を修め、やがて「仁勇」の人になるだろうと予言したというのである。平八郎はまさにそのような活躍をするが、どちらかといえば武闘派の側面も垣間見られる。

平八郎は檜垣村植田氏へ養子に行き、一男一女を育てるが同家を離れ、明治六年（一八七三）五月に同郡田村中山家の養嗣子となり跡を継いだ。中山家は資産家であり、彼の政治活動がその経済力に支えられていたことは間違いない。安政六年（一八五九）「所持高増減帳」によれば中山家の所持高は約一五一石五斗、文久四年（一八六四）「名寄帳」でも約一五一石七斗である。[9]また、明治二一年（一八八八）の平八郎の所得は八八〇円で山辺郡第二位であった。[10]政治家として取り組んできた地価修正は、地域の利益といいながら、自らの家計に直結する課題だった。

中山家に入った平八郎は、明治七年（一八七四）に小学区世話掛・第四大区八小区副戸長、明治一〇年（一八七七）には第一大区三小区出納役となった。[11]明治一四年、大阪府議会議員に当選[12]、さらに奈良県再設置のため、岡本友三郎とともに添上・添下・山辺各郡の代表になり[13]、再設置運動を牽引した。

奈良県が再設置されると、明治二〇年一一月、平八郎は最初の県会議員選挙に当選し、常置委員を務め、新発足の奈良県政においても中心的な役割を果たした[14]。明治二四年(一八九一)五月から県会議長に就任するが、議会の役員人事を巡って平八郎派(鷺派)と磯田和蔵派(烏派)とが対立し、議会運営が停止してしまう(烏鷺の戦い)。明治二五年(一八九二)になっても両派の抗争は収まらず、ついには内務大臣の命令によって議会が解散されるという県政上の大きな不祥事となった[15]。

平八郎の衆議院議員選挙への立候補は、明治二三年(一八九〇)の第一回選挙の頃からうわさされていた[16]。もともと野心家であって、明治二二年(一八八九)、山辺村での集会の際、自分は一村・一郡ではなく、国会議員や県令レベルの地位に推薦されるべき人物であると村民を揶揄しつつ熱弁した。

ソレ己も真に拙者を以て推尊すべき人物なりと思はゞ、ならば、切めては国会議員に推撰するか、若しくは一国を統轄すべき顕位高職に推撰するの手段を講じ之が工夫を談ぜらるべし、拙者豈に一村一郡の事に区々たる者ならんや[17]

中山平八郎は、明治二六年(一八九三)末、県会議員を辞して活躍の場を国政へ移した。明治二七年(一八九四)三月の第三回衆議院選挙に立候補、立憲改進党の議員として当選した。以後明治三一年(一八九八)第六回選挙まで連続当選を果たし、明治三五年(一九〇二)の第七回選挙には立候補せず国会から身を引いた[18]。

国会・県会議員のほか、明治二二年、町村制が施行され山辺村が発足すると村会議員となり、明治二六年に丹波市町となっても引き続き議員を続け、明治四〇年（一九〇七）に引退した[19]。また、明治三〇年（一八九七）九月から明治四〇年まで郡会議員を兼ねて[20]、地方政治を推進した。

明治四〇年頃、おおよそ公職から身を引いたが[21]、長年の功労に報いるように、明治四二年（一九〇九）四月二一日には憲政本党の犬養毅・青地桂次郎が中山平八郎の自宅を訪問し（「中山平八郎日記」（中山家文書）同日条、以下「中山平八郎日記」からの引用は、文中に年月日のみ記す）、明治四五年に「中山九恕頌徳碑」が建てられた。昭和五年一〇月二日没、八七歳。

平八郎の子はいずれも夭折し、一度養子に入っていた植田家で生まれた実子の梅治郎を明治一六年に養子として迎えた[22]。梅治郎もまた、第一一から一三回衆議院議員総選挙に当選して国会議員となった[23]。梅治郎は、平八郎の盟友である今村勤三の末子・愷男を養子に迎えた。愷男は丹波市町長を務めた[24]。

平八郎の業績をたたえた碑文は、「丈夫生為一郷所推服既栄矣、況為一郡所倚頼乎、為一郡所倚頼既栄矣、況為一国所敬重乎、如吾九恕豈非其人歟」から始まる。郷（村）で尊敬され、それが郡（郡や県）からの尊敬、さらには国からの尊敬へとつながっているのが中山平八郎だというのである。自分は一村・一郡にとどまる政治家ではないとはいいながら、平八郎は一村・一郡を軽んじなかった。世の中には、一足飛びに国家や世界を論じるタイプの政治家もいるが、地域に足場を置き続けながら国政に関わった人物として中山平八郎は評価されたのである。碑文という性格上、彼の業績を美化しているに違いないが、その政治姿勢は言いあてているだろう。

『丹波市町概観』などで簡潔に示されているところによれば、中山平八郎について、立憲改進党から革新倶楽部の系譜の政党に一貫して所属したことに示される政治良心、置県運動での活躍、山辺郡役所の設置、鉄道敷設などを通して産業振興に力を尽くし、特に丹波市銀行の設立や同行の危機を回避したことが特筆されるという。美術に対する造詣が深く、自ら絵画や彫刻にいそしんだこともよく知られている。[25]文化財に対する関心は、どちらかといえば個人的な趣味の問題として扱われていたが、彼の関わった政策にもなにがしか反映をしているではないだろうか。明治一九年（一八八六）に作成された再設置の建白書には、「神武創業以来一千四百四十余間歴朝ノ帝京ニシテ工芸美術ノ模範国タルコト」と記されているからである。[26]

明治以後、地域の目指す利益は殖産興業の進展と結びついた「国利」と表現され、鉄道敷設・銀行設立など産業の育成が重視された。[27]平八郎のかかわった政策とはまさにそのようなものであり、ここに文化財保存も視野に入れておかなければならない。

以下、彼の活動を、①山辺郡の独立、②政党人として、③文化財をめぐって、の三点に絞って振り返ってみよう。

## 二　山辺郡の独立

### （一）郡設置の確執

明治二三年五月に郡制が制定され、府県と町村の中間に位置する郡が地方自治の単位となった。明治二三年一一月開会の奈良県議会では、添上・山辺・宇陀・宇智・吉野の各郡は従来通り、添下・平群、式上・式下・十市、広瀬・葛下・忍海、高市・葛上のそれぞれを合併し、全体で九郡とする案が議論された。一方奈良県では県会の議論とは別に八郡案を国へ上申した。奈良県案では、山辺郡は添上郡と合併することになっていた。この八郡案を取り入れた法案は明治二三年の第一帝国議会で否決された[28]。

郡の区分けについては、それぞれの思惑が重なって、県内各地で争論が起こった。山辺郡では添上郡との合併で賛否が分かれた。山間部と平坦部でも対立し山間部では独立した一郡を立てようとした勢力もあった[29]。翌明治二四年にも山辺郡内の平坦部と山中の対立が続き、添上郡との合併を望む一派は「山東倶楽部」を結成した[30]。

中山平八郎は、さきの郡制を議論した県会において、原則的に各郡の独立を支持し、その重要性を「人民ニシテ独立独歩ノ気象ヲ有セズンバ此日本国ノ維持ヲ如何センヤ」と説いた[31]。この考え通り、平八郎は、明治二四年九月一四日、山辺郡の二八一六人を集めて奈良県知事宛に「郡独立ノ義ニ就上伸書」[32]を提出するのである。その中で、郡制を「中央集権ノ弊ヲ去リ、地方分権ノ実ヲ挙グルト同時ニ、富実ノ一地方ニ偏局スルヲ憂ヒ、之カ分配ヲ平等ナラシメ、旁ラ人情風俗ノ衝突ヲ免レシムルノ目的」だとしたうえで、住人の権利、経済、人情風俗、国政の方針、愛郷精神のいずれの点からも山辺郡を独立させるべきだと主張した。

谷山正道氏は、明治以後、広域訴願の母体が所領単位から郡に変化したのは、大阪府会議員の選挙が郡単位で行われたことに対応すると指摘している[33]。逆にいえば、郡としての政治的なまとまりの歴史は浅く、山辺郡の上申書の言葉に反して経済や社会関係、人情風俗などによるまとまりがあるとは言いがたいだけに異論も多かったのだろう。

その後の山辺郡の独立をめぐる動向ははっきりしないが、平八郎の運動が功を奏したのか、明治二九年(一八九六)三月、一〇郡からなる郡制が決定され、山辺郡・添上郡はそれぞれ単独の郡となった(明治三〇年八月施行)。(34)

平八郎の日記を見ると、郡制決定後も山辺郡山間部に添上郡との合併を模索する動きがあり、平八郎はそのような運動を牽制していたことがわかる。(35) また、中山家文書に残る添上郡からの「請願書」(近衛篤麿貴族院議長宛)(36)では、添上・山辺両郡の合併を進める人々を「本郡ノ利害ヲ料ラス郡民ノ意向ヲ顧ミス、或ル一種ノ野心」より起こった軽挙だと批判している。この「請願書」は添上郡内の批判かつ署名者で平八郎と直接関係はない。「請願書」が中山家に残っていたのは、国会議員だった平八郎に託されたものかもしれないが、添上郡側の合併反対派と連携していた可能性を示すだろう。

## (二) 郡設置後の活動

山辺郡の独立が決定すると、平八郎は、郡役所の整備にかかる。その資金を調達するために、当時すでに大きな勢力になっていた天理教と交渉し、郡役所建設費三〇〇〇円の寄付を受けた(明治二九年一〇月二一・一〇日)。郡役所は明治三〇年七月、丹波市町大字丹波市に新築された。(37)

郡制が始まると、郡の費用で道路を整備しようとする動きが出る。おそらくこれも平八郎が主導したと思われる。郡会の議事は不明だが、奈良県議会では、早くから産業発展に不可欠な道路に関して議論が重ねられており[38]、平八郎も県会議員として道路整備を推進していたからである。

たとえば、明治二一年三月県会で、平八郎は穴虫街道や神武陵道への地方税支出に賛成していた。神武陵へ至る道は馬車道にしたいとさえいう[39]。また、明治二三年度三月通常県会でも、名張街道（添上郡高畠村から鉢伏村・杣川村、山辺郡小倉村・上笠間村に至る）にかかわって岩石谷（鉢伏峠の北側）の開鑿に賛成している。その発言の中で、大阪府会時代に芦原街道（高市郡観覚寺村から吉野郡桧垣本村）の整備を建議したが摂河泉方の不同意によって実現しなかったことを例に、独立した県会として積極的に道路を整備するよう主張していた[40]。そもそも「芦原ヲ改修シテ我国ノ物産運搬ヲ便ニスルトキハ随テ一国ノ独立独歩ヲ来」[41]す、つまり大和国の南北を結ぶ道路を整備して産業を豊かにすることで奈良県として独立した地位を得ることができるという。地域の産業振興と「分権の実」、すなわち地域の自立は相即不離の関係にあるというのが平八郎の考え方であった。「大和国内ノ道路ハ何レモ必用ニシテ一ツモ棄ツベキモノナシ」[42]とまで言い切っている。

新発足した山辺郡で郡として道路整備を計画しているのは、平八郎の上記のような考えの延長線上にあることは間違いない。明治三一年四月には福住村への道路（長滝街道）、三二年（一八九九）には豊原村・波多野村への貫通道路が竣工した[43]。さらに明治三三年（一九〇〇）四月の郡会でも、道路の整備補助が検討されていた。

この時は布留街道・長瀧街道・波多野街道の三案が出されたが、布留街道・長瀧街道が採用され、平八郎はこの決定に関わっている(明治三三年四月二〇・二一日)。道路の整備は単に経済政策というだけではなく山間部と平坦部の政治・社会・経済的なつながりを深め、郡内の亀裂を埋める意味もあった[44]。

平八郎が山間部とのつながりを深めていた案件に、神野山保勝会があった。「神野山保勝会趣意書」によれば、廃仏によって荒廃した神野寺の再興やサツキやツツジの保護、山頂への道路修築などが計画されていた[45]。

平八郎は、明治三三年一月に郡長とともに神野寺へ参詣し、宝物を見物するとともに、神野寺保存費に寄付している(同年一月五・六日)。四月には北畠治房を訪ねて保勝会の件を相談した(同年四月九日)。治房には奈良帝室博物館員からも事前に話があり、さらに五月一四日には県参事官も神野寺を訪れた。平八郎の紹介があったのかもしれないが、かなり大掛かりな話になった。五月一四日には郡長村井勝治・郡書記官および北畠治房が神野山を訪問している。しかし、明治三五年になると、村側の進め方に対し、平八郎や郡長が不信感を示すようになり、その後神野山保勝会の動きはなくなってしまった(明治三五年五月二七日)。

奈良県では、明治二〇年代に奈良公園の整備が進み[46]、明治二三年に月瀬保勝会が発足(明治二三年県認可)している。また、平八郎は明治三四年(一九〇一)四月に宇智郡阿田桃園保勝会の招きに応じて出かけている(明治三四年四月一三日)など、文化的景観の保全が進められてきていた。このことについては、文化財に関わる問題として後述することにする。

このほか、平八郎は郡長の依頼により、辞任の意向だった郡会議員の慰留に努め（明治三三年一一月八日）、逆に郡長に対して郡会議員の増員を働きかけている（明治三六年七月六日）。丹波市警察署新築の寄付を天理教に打診するということもあった（明治三六年三月二五日）。明治三三年三月二五日には、県知事を招いて山辺郡重要物産協進会が開催されているが、平八郎の肝煎だったのではないだろうか（明治三三年三月二五日）。

限定的ながら平八郎の郡会での活動を垣間見てきた。彼の主張の中核には、地域の独立があり、そのためには、地域の経済を豊かにする必要があった。大阪から独立して奈良県を再設置し、地域（大和国）の産業を振興していこうという同じ考えのもとで、郡においても地域振興を図るために、道路・鉄道・銀行といった地域振興に積極的に推し進めていったのである。

## 三　政党人として

### （一）支部活動

中山平八郎がどういう経緯で立憲改進党に入党したのかはよくわからない。明治二三年の第一回衆議院議員選挙に盟友の今村勤三が立憲改進党から出馬、当選しており、平八郎もおそらく今村との関係で立憲改進党員として活動したのだろう。[47]郡をめぐる平八郎の発言と立憲改進党の政治綱領である「中央干渉ノ政略ヲ省キ地方自治ノ基礎ヲ建ツル事」[48]とは符合しており、前述した平八郎の考え、行動と響き合うものがあったのかもしれない。

明治二九年、立憲改進党は他の政党と合同して進歩党となった。明治三一年六月、進歩党・自由党が合同して憲政党が発足し、憲政党を母体とした第一次大隈内閣(隈板内閣)が誕生する。しかし、同年一一月に再び分裂し、旧進歩党系は憲政本党となった。このような中央政治の激動により地方も少なからず動揺した。

明治三二年七月には、憲政本党所属代議士の本間直・中山平八郎が帝国党に入るという風説が流れている[49]。この時、本間はそれを打ち消しているが、翌明治三三年八月、立憲政友会が綱領を発表すると、脱党を考えた本間は憲政本党奈良支部を解散しようと提案した。同年九月二日、奈良支部はそれに対して、相談役の今村勤三・中山平八郎、幹事の弘末義路・松本強二・青木新二郎などや大和新聞吉田雄熊が会合し、議論の結果、本間の提案する支部解散評議員会あるいは党の方向性を示すという評議員会の開催をそれぞれ否決していく。本間に対しては、これまでの好意により、委員を選び脱党の説得にあたることにした(明治三三年九月二日)。解散・継続どちらの趣旨にせよ評議員会を開けばかえって動揺が広がり、分裂の動きが加速してしまう。おそらくそのような判断のもと、評議員会を不開催にしてうやむやにし、結果として憲政本党奈良支部は事なきをえた。去っていく本間に対しても礼儀を尽くす姿勢を示した。

翌年一〇月、憲政本党奈良支部の平八郎ほか今村勤三・吉田雄熊・弘末義路は、奈良に来た犬養毅・野間五造と菊水楼で面談をすることになる(明治三四年一〇月二九日)。

## （二）増税反対

平八郎は憲政本党の政策決定に異を唱えたことがないわけではない。明治三三年末から始まった第一五議会では、義和団の乱（北清事変）に伴う増税案を憲政本党が提案するが、党内部で賛成派・反対派に分かれ紛糾した。

明治三四年二月三日、関直彦が平八郎を訪れ、増税案について意向を打診した。平八郎の答えは「素ヨリ反対也」であった（明治三四年二月三日）。彼の政治の出発点には大和国の地価修正があり、奈良県再設置後も地価修正運動は継続していたし、県会議長だった平八郎は請願委員の一人だった。[50] 平八郎の政治活動からも増税に賛成することはできなかったのだろう。

翌日、憲政本党代議士総会があり、八十八名が出席。うち、増税賛成が四九、反対三九だった。平八郎は「我反対派ハ負タリ」と日記に書き記している（明治三四年二月四日）。増税反対派は脱党して三四倶楽部を結成するが、平八郎はこれに同調せず、病気と称し国会を欠席することが多くなり、二月一六日に二〇日の公休を請願して帰国した。[51] 反対派の脱党に巻き込まれないようにしたのではないかと推測される。このような場合でも平八郎は憲政本党員であることを選んだ。再び上京した平八郎は、「憲政本党大和支部」を代表して大隈重信の火事見舞いに出かけるのである（明治三四年三月一七日）。

## （三）国民同盟会への支持

増税問題が起こる前、明治三三年九月、近衛篤麿などが中心となって義和団の乱やロシアの南下政策に対して「支那保全論」を展開する国民同盟会が結成され全国遊説を展開した[52]。この運動に憲政本党が関わり、平八郎もこれに協力することになった。

明治三三年一一月には安部井磐根・寺崎宗徳の大阪での演説会に参加して奈良来訪を確認し（同年一一月二七日）、一二月には両名を奈良に迎え、あわせて憲政本党大和支部総会を開催している（同一二月一日）。明治三四年になると、国民同盟会と憲政本党の亀裂がはっきりしてしまい、平八郎も参加を見送るようになる（明治三四年二月六日）。増税案反対の立場だったことも、国民同盟会と距離を置くことになった理由かもしれない。

国民同盟会と平八郎とは対外的な姿勢が近かったかもしれないが、戦争に対する率直な気持ちが基底にあったのではないかと思われる。日記の中に政治的な考えが示されることは少ないが、義和団の乱に日本軍が出兵していることに対する思いが書き留められている。

当日、石橋氏ノ文墨会ニハ不出席、予曽テ云、今也北清戦争最中也、戦毎ニ数百ノ同朋ヲ殺シ尚熱帯国ニ有テ喰ニ清鮮ナク呑ニ清水ナシ、其心苦想思ノ外ニ有り、此時ニ当リ依然文墨ヲ弄フノ如キ志士ノ取ラサル所ナレハ也、（明治三三年八月一八日）

文墨会は、おそらく平八郎の関心の高い好事家の集まりだろう。これに平八郎は出席しないという。世界・国家もさることながら、まずは戦場で生死をかけている軍人に思いをはせていた。

## (四) 選挙

政党人としてもっとも重要な活動は選挙である。平八郎が自分の当選のために何をしたのかがわかる史料は見出していないが、他の党員のための選挙活動については、若干の事例がある。

まず、明治二五年第二回衆議院選挙に際し、自由党系の玉田金三郎を推す奈良郡長と、今村勤三を推薦する中山平八郎の両者とも、候補者の応援を天理教に依頼していたことがあげられる。[53]

さらに日記には、明治三六年(一九〇三)三月の第八回総選挙に関する記述が残っている。この年二月終り頃、平八郎は選挙事務所に出入りしていた(明治三六年二月二七日)。この選挙で、憲政本党は奈良県下で北畠具雄と松本長平を公認していた。

当日ハ衆議院議員選挙会ニ付午前九時会場迎乗寺ニ至り北畠具雄氏を選挙す、我丹波市運動事務所ハ山辺郡ヲ挙て松本長平氏を選挙する筈の処、北畠候補の得票少く模様ニ付生駒事務所よりの懇談に応し山辺郡より百票を送る事ト取極候に付て、田村・勾田・杣の内・守目堂・丹波市ハ悉く北畠氏へ廻す(明治三六年三月一日)

選挙対策として、苦戦が伝えられた北畠に対し、松本へ投票を予定していた田以下の票を松本に回すように画策した。この結果、北畠・松本両名とも当選した[54]。この時の選挙では、郡長による選挙干渉があった[55]。取り締まるべき警察署長が郡長と憲政本党側の平八郎との仲裁をしようとするものの、署長の話は納得できるものではなく（明治三六年三月六日）、平八郎は郡長と直接に話すことになる。

本日午后一時ヨリ中西小七郎与同伴、郡長尾崎裕氏杣の内隅《（寓）》居ニ至る、是ハ過日来尾崎氏より会見致度旨申越タルニ付而也、談ハ此度衆議院総選挙の際郡長の所為自由党（*幡鎌注、当時は立憲政友会）のため干渉したる事在り、我等有志之総体大不満にて郡長を攻撃スル事となりたるに付、予・中西両人へ平和の斗ひを頼ミ度と云ふにあり、両人の答へたるハ党員として聞置事ハ致兼るも、一己として聞置精々の平和を斗る旨答置帰宅す（明治三六年三月八日）

党員としては許しがたいが、個人としては解決するように動くと、平八郎は返事をしている。このあと、再度警察署長が郡長への攻撃を中止するように依頼すると、「其始あり終りなかるへからす、郡長与有志与会見の上其心なを吐露して打解るにあらされば其終りを得す」とのべ、郡長と党員が直接話して打ち解け、解決するように促した（同年三月一四日）。数日後、両者は会談、宴会を催し手打ちをした（同年三月二〇日）。

平八郎が、立憲改進党系の政治家の中心人物として活躍したことは間違いないが、増税反対に見られるような地域の不利益になるような主張には一線を画しつつも、政党からは離れなかった。あるいは、政党間でやり合うが、最後には妥協点を見出そうとする姿勢もあった。そのためには、直接話をして「其心なを吐露して打解る」ように努めていた。逆に、義理を欠き、筋を違えた行為にはかなり手厳しい感情を吐露している。[56]そういう点では、平八郎は政治理念よりも義理・人情といった素朴な感情を重んじていた政治家といっていいかもしれない。

## 四 文化財をめぐって

### (一) 県会時代の発言

「中山九恕頌徳碑」の「愛古画古器」、『丹波市町概観』で「つとに美術鑑賞眼を有し」とされていたように、中山平八郎は、古物に対して造詣が深かった。彼の日記を見ると、頻繁に古物商あるいは古物の所蔵者を直接訪ね、評価を加え、売買する様子が記されている。コレクターとしての側面は政治と切り分けがちであるが、[57]平八郎の県会での主張には文化財に対する意識が強く反映している。前述した神野山保勝会への関与も、明治初年の廃仏毀釈・神仏分離の影響で荒廃した寺院を復興し、道路を整備して参詣の便を図って世に知られていない勝地を広く認知させようという運動への協賛に他ならず、根元で文化財への関心につながっているといってよいだろう。

県会議員時代の発言の一つは、明治二三年二月から始まった通常県会において、警察費のうち法隆寺・唐招提寺・薬師寺・極楽院・新薬師寺に対する寺院警備費が削減された際のものである。[58] 前年の十津川郷水害復興が優先されたこともあるが、寺院の私有物を公費で保護することに対して批判が多かった。この時平八郎は、削減に反対の意見、つまり文化財を保護する立場から意見を述べている。

我大和ニハ古物程ノ財産アルコトナク、畢竟此ノ古物アルガタメ其利スル所亦タ大ナルコトナリ、蓋シ外国人等ノ大和ニ来ルハ……只美術的ノ古物ヲ見ンガ為メナレバ、今其古物ヲ保護スルハ実ニ一国ノ利益上等閑ニ附ス可ラズ、……希クハ僅々タル出費ニノミ着目セズ、漸次各寺院ノ保存ヲ計リ我大和ノ財産ヲ亡失セシメザランコトヲ[59]

大和の寺社に保管されている古物は奈良県(大和国)の財産であり、これを保存することの大切さを説いた。しかしこの時、文化財保護の意見は通らなかった。平八郎にとって最後の県会だった明治二六年一一月通常県会で、橋井善二郎(添上郡選出、奈良町長などを歴任)が帝国議会に対する国宝保存に関する建議を提案する。この時平八郎は橋井に賛成して以下のように述べる。

日本ノ古器物即チ国宝ニ付テハ維新ノ際大ニ其方針ヲ誤マリ、寺院ニ対シテハ其食フモノヲ取上ケタルヲ以テ、僧侶ハ已ムヲ得ス品物ヲ売却シテ衣食ニ充テタリ、今日寺院ニ蔵スルモノハ即チ其残物ニシテ、之ニ対シテハ幾分ノ監督ナキニ非サルモ、或ハ品玉ヲ使フテ真物ヲ売却スル等ノコトアリ、若シ此際適当ノ保護ヲ与ヘスンハ、遂ニ全ク散佚スルニ至ルヘシ、本員等ハ親シク其事ニ当ルヲ以テ、能ク其実況ヲ知悉スルノミナラス、沢山是等ノ器物ヲ購得セリ、之ヲ要スルニ、今日ノ寺院ニ向ヒ保護ヲ為サスシテ国宝ノ保存ヲ責ムルハ、恰モ秣ヲ与ヘスニ鞭撻ヲ加フルト一般ナリ……我奈良県ノ如キハ宝物ニ富ムモ実ニ日本第一ニ位スルコトユヘ政府ニ於テ充分之ヲ保護スルハ蓋シ至当ノ処置ナラン[60]

明治維新に際して寺領を取り上げられたために僧侶は什物を売却して糊口をしのがざるを得なかった。平八郎はそうした寺院の困難をよく知っていたのである。「本員等ハ親シク其事ニ当ルヲ以テ、能ク其実況ヲ知悉スル」とは、おそらく内山永久寺の廃寺、堂塔の処分に何らかのかかわりを持っていたことを指しているだろう[61]。

橋井の建言に対して、県会では明治二三年寺院警備費削減と同じように、個人の所有物を保護することに対する疑義が出ている。これに対し、絵画の修理、建造物の修復など補助金で賄う必要性などが説かれ、「国宝保存ニ関スル内務大臣宛建議」[62]は採択された。

この建言は、翌年新たに衆議院議員に当選した平八郎によって国会に諮られることになるが[63]、審議されることなく終わってしまった。

## (二) 東大寺大仏殿改修

県会での社寺警備費に関する議論をまつまでもなく、多くの歴史的建造物を有する奈良県内の寺社では修理が必要だった。明治一五年（一八八二）から古社寺保存費の補助を受けたものの、文化財の保存のためさらなる施策が求められていた[64]。

政府は、明治三〇年六月に古社寺保存法を制定し、これにより、文化財行政は大きく進むことになった。同年末、興福寺北円堂・五重塔・東金堂や東大寺南大門・法華堂、あるいは唐招提寺・薬師寺・法隆寺などの堂塔が特別保護建造物に指定された[65]。

東大寺大仏殿も修理を必要としており、明治一五年に保存費の下付を受け、さらに有志の寄付を募って明治一九年に一部を修理した。その後も手を入れるが追いつかず、全面的な工事が必要になっていた。明治三〇年一二月、東大寺は保存費の下付願を提出したが音沙汰がなかった。明治三一年一二月、大仏殿・中門・回廊が特別保護建造物指定となったことをきっかけに、修理総額を約四七万円と見積り、明治三三年二月に修繕費補助願を提出した。明治三四年三月、約三三万五千円が下付されることになった[66]。

表向きの動きは右の通りだが、明治三三年二月の願書提出後、話は進んでおらず、明治三四年一月になって、国会議員を含めて政府への働きかけを強めた。ここに平八郎がかかわっていく。

明治三四年一月三〇日、東大寺大仏殿修覆請願の相談のため、東大寺執事清水公賢と奈良市の有力者である鍵田忠次郎・木本源吉の三名が平八郎を訪ね、県選出代議士と奈良県・奈良市一行と会議を持つことになった。東大寺・県・市・国会議員に加え、県内名士の土倉庄三郎・平井由太郎・桜井徳太郎が相談し（同年一月三一日）、東大寺・奈良県関係者と国会議員磯田和蔵・瀧口帰一・平八郎が末松謙澄内務大臣に直接修理費用の補助を願い出、引き続き社寺局長に面会した（同年二月一日）。最初東大寺は四七万円のうち一二万円の負担を申し出たが、社寺局長は一五万円を負担するように指示した。この話を持ち帰って相談し、寺原長輝奈良県知事や土倉庄三郎は工事費への協力を約束した（同年二月五日）。おそらく、東大寺が負担することになった一三万五千円は、県や資産家の土倉の支援を前提にして一五万と一二万の妥協した金額で落ち着いたのだろう。

このような文化財をめぐる国・県・寺社の交渉過程のなかに平八郎は身を置いていたのである。東大寺大仏殿の修理は日露戦争や工事費の増加などがあって難航したが、大正四年（一九一五）五月、落慶供養を行うことになる。

## （三）神武陵周辺整備など

幕末に神武陵が治定され、明治二三年四月に官幣大社橿原神宮が創建されたことで、畝傍山の麓は歴史的に意義ある重要な場所になった。再設置の建白書のなかにも「神武創業以来」という文言が入れられていた。

明治二一年、平八郎は県会で神武陵道を整備するよう発言していたが、平八郎がかかわった京都・奈良・桜井の間を結ぶ奈良鉄道の敷設にも同じ意図があった。奈良鉄道に関する『日出新聞』の記事では、京都府の三名と平八郎を含めた奈良県人五名の計八名が奈良鉄道を計画し、「奈良より神武天皇御陵地まで鉄道を布設するため奈良鉄道会社を創立」と報じられている(67)。奈良県における産業振興に参詣文化は不可欠な要素だったのである。

平八郎は神武陵や橿原神宮を顕彰する宗教活動に対しても支援し、新海梅麿の設立した神道本局所属畝火教会、奥野陣七の大成教所属畝傍橿原教会に寄付したほか、奥野が企画した「橿原神宮十六景」にも賛同している(68)。

奥野陣七は橿原神宮神苑整備を推進しており、明治三三年末開会の第一五議会で畝傍神苑の請願を働きかけていたが実現しなかった。閉会後の明治三四年三月、奥野陣七は平八郎に次の第一六議会に建言を実現させたいと署名を集めに来ている(明治三四年三月二四日)。

第一六議会では、奈良県選出の衆議院議員瀧口帰一・貴族院議員岡田太平治などと相談し(明治三五年二月二七日・二八日・三月一日)、平八郎は「皇祖神武天皇御陵並橿原神宮御大前及御陵道改修費補助に関する建議案」の賛同者を集めるために奔走した。平八郎はこの建議を審議する特別委員会の委員となった。委員長には瀧口帰一が就任して審議し(69)、本会議での建議案の説明は瀧口が行った(70)。建議案は、政府に対し、道路拡張・周辺人家移転の費用など十分調査加えて次の議会で具体的な計画を出すことを希望するというものであった。

この建言を受けて貴族院議員松浦詮や古社寺保存会委員前田顕二郎などが橿原神宮を参拝し、洞村を含めて周辺を調査している。この時平八郎は岡田太平治・松本長平・中村雅真・西内成郷などと現地で一行を迎えていた(明治三五年五月六日)(71)。

平八郎は、県会議員の時から一貫して寺社の保護や神武陵周辺の整備に力を尽くしていた。地域の振興は、銀行や鉄道といった殖産興業に直結する要素だけではなく、寺社やそこに保存される美術品などもまた、地域に欠くべからざる重要な財産として認識し、保存を図りながら、地域振興を進めようとしていたといえるだろう。

## おわりに

奈良県再設置の立役者、県会議長・国会議員と華々しいキャリアを誇る中山平八郎の活動のいくつかの側面を切り取ってみた。再設置後の県下の政治課題が、近代産業の育成であるならば、平八郎はそれを一つ一つ実現させていったリーダーだった。なにより、地方分権と地域振興は相即不離の関係にあることを強く意識していた。文化財の保護、参詣文化をも地域基盤の底上げに組み込んでいく姿勢を強く持っていたことも特筆できよう。

碑文や追悼文では包み隠されているが、中山平八郎という人はかなり激しい性格だったようだ。「烏鷺の戦い」の一方の旗頭となって県会を二分しただけではなく、県会では感情を逆撫でするような発言も垣間見られる。再設置運動のさなかに刃傷事件に巻き込まれ[72]、国会議員時代にも、酒宴で暴れて新聞紙上をにぎわしたこともある[73]。月並みな言葉だが、「親分肌」という言葉が一番しっくりする。

平八郎の国会での発言の記録は、第一二回帝国議会（明治三一年六月四日）の一度だけである。しかも、聞いていた議員から「何を言っているかわからない」とヤジが飛んでいるような歯切れの悪いものだった[74]。平八郎にとって国会は、天下国家を議論する場ではなく、紹介した事例に端的に現れるように、地元からの陳情を受け、人脈を生かして根回しし、政党・政府に働きかけて地域利益を実現するというものだったと思われる。いわゆる利益誘導型の政治家である。

中山平八郎がこうした性格を持つに至ったのは、近世後期以来広域訴願である国訴の地域惣代が地域利益の実現に尽力したことの延長線上に奈良県再設置・地価修正運動があり、平八郎はその活動の中核にいたからだろう。自らの経験に即した発言をみるにつけ、「中山九恕頌徳碑」の冒頭の「丈夫生為一郷所推服既栄矣、況為一郡所倚頼乎」の言葉通り、地域に根差した活動に邁進した政治家で、逆にいえば、国家観・世界観には弱さを残すことになったのではなかろうか。本稿を「「地域」のリーダー」と題したのは、そのようなことを示したかったからである。[75]

《注》

1．奈良県再設置の動きの概要は奈良県編『奈良県政七十年史』（奈良県、一九六二年）、奈良県編『青山四方にめぐれる国―奈良県誕生物語―』（奈良県、一九八七年）、奈良県議会史執筆委員会編『奈良県議会史第一巻』（奈良県議会、一九九一年）、谷山正道「奈良県再設置運動研究序説」（『民衆運動からみる幕末維新』清文堂出版、二〇一七年、初出は『日本文化史研究』二五号、一九九六年）を参照。

2．松尾孤城編『大和美事善行録』（大和新聞社、一九一六年）一～三九頁。

3．『大和美事善行録』二〇頁。

4．本稿には幡鎌一弘「中山平八郎の活動を通してみた明治の奈良・天理」（天理大学文学部編『山辺の歴史と文化』奈良新聞社、二〇〇六年）と重なる部分があることを了承されたい。

5．丹波市町観光係編『丹波市町概観：お地場郷土史』（丹波市町観光係、一九三六年）六二〜六五頁。本書に示された中山平八郎の履歴は、『大阪朝日新聞　奈良版』一九三〇年一〇月四日「中山翁を想ぶ」の引用である。

6．天理市史編さん委員会編『改訂天理市史上巻』（天理市、一九七六年）八九二〜八九三頁。

7．「中山九恕頌徳碑」は、丹波市町会の決議により、明治四五年（一九一二）五月二日に建立された。平群郡法隆寺村出身で東京裁判所長などを歴任し男爵に叙爵されていた北畠治房が文を撰し、軍人で書家としても知られた大村屯が文字を書いた。『中山平八郎日記』（中山家文書）には以下のように書き留められている。

本日ハ丹波市町会ノ決議ヲ以テ予か為ニ頌徳碑ヲ布留ノ恵美須神社地ニ建設セラレ、午前十時除幕式ニ列席ス、式終テ后石上神宮ノ社務所ニ於テ宴会、本日ハ郡長代理寺澤町長中島及町会議会議員其他有志凡五十人、来賓として今村氏、大和新聞の吉田等也

8．「中山九恕頌徳碑」による。上田伯棐（淇亭）は平八郎の生まれた長柄村の西隣の備前村出身。慶応元年（一八六五）高取藩藩校教授、明治九年没、六三歳（『改訂天理市史上巻』八七九〜八八一頁）。

9．安政六年「所持高増減帳」・文久四年「名寄帳」（中山家文書）。

10．「山辺郡明治廿年廿一年所得税納者比較表」（中山家文書）。

11．「人員帳」（中山家文書）。

12．明治一四年三月〜七月、明治一六年五月〜明治二〇年一一月在任（『奈良県議会史第一巻』資料編二一七頁）。

13．『奈良県議会史第一巻』五八頁。

14．なお、明治二三年（一八九〇）には自宅が皇后行啓の御小休所となっている『朝日新聞』明治二三年四月一八日、『日出新聞』明治二三年四月二・二三日（『奈良県同和問題関係史料第十九集『日出新聞』奈良県関係記事Ⅳ』奈良県立同和問題関係史料センター、二〇一九年、四七・五八頁）。

15．『奈良県議会史第一巻』一六六〜一八四頁。

16.『日出新聞』明治二三年四月九日（『日出新聞』奈良県関係記事Ⅳ』五〇頁）。
17.『日出新聞』明治二一年六月六日（『奈良県同和問題関係史料第十八集『日出新聞』奈良県関係記事Ⅲ』、奈良県同和問題関係史料センター、二〇一七年、六四頁）。
18. 日本国政調査会編『衆議院名鑑』（国政出版室、一九七七年）第一章索引編、一九六頁。
19. 奈良県山辺郡教育会編『奈良県山辺郡誌中巻』（奈良県山辺郡教育会、一九一四年）二〇八～二〇九頁。
20. 奈良県山辺郡教育会編『奈良県山辺郡誌上巻』（奈良県山辺郡教育会、一九一三年）五五六～五五七頁。
21.「中山九恕頌徳碑」には「数年以來病聾」とあり、耳が不自由になったことが引退の原因の一つだったと推測される。
22.「人員帳」。
23. 日本国政調査会編『衆議院名鑑』第一章索引編、一九六頁。
24. 昭和六年（一九三一）五月から昭和二〇年（一九四五）九月在職（天理市史編纂委員会編『天理市史』天理市、一九五八年、三四〇頁）。
25.『丹波市町概観』六三頁。
26. 谷山正道「奈良県再設置運動研究序説」三八八頁。
27. 谷山正道「奈良県再設置運動研究序説」四〇四頁。
28.『奈良県政七十年史』三三〇～三四四頁。『奈良県議会史第一巻』一六〇～一六一頁。
29.『日出新聞』明治二三年六月二六日、同八月一六日（『日出新聞』奈良県関係記事Ⅳ』八一・一〇一・一〇二頁）。
30.『奈良県議会史第一巻』一六七頁。
31.『明治廿三年十一月　明治廿四年度通常奈良県議会議事録第壱』四九頁。
32. 奈良県行政文書『郡独立ノ義ニツキ上申書　山辺郡』（M24-21、奈良県立図書情報館所蔵）。
33. 谷山正道「奈良県再設置運動研究序説」四〇三頁。

34.『奈良県政七十年史』三四四頁。
35. 具体的には以下のような記述である。「又山辺郡秦野村中森甚二郎氏来ル、是ハ郡独立ノ件、添上郡ト合併論ノ件ニ付而也、故ニ将来添上ト合併スルハ甚敷不利益ナルコトヲ説明シ、且如是ノ運動ハ中止スヘキ理由ヲ示ス」(明治二九年一二月一八日)。
36. 年不詳「請願書」(中山家文書)。近衛篤麿の名前は修正されている。篤麿の貴族院議長就任は、郡制決定以後の明治二九年一〇月である。
37.『奈良県山辺郡誌上巻』二二九・二七四頁。
38. 明治二一年一月奈良県議会による「土木制度制定ノ建議」(『奈良県議会史』建議編一三八〜一三九頁)。
39.『明治廿一年度通常奈良県会議事録第七号』ト二、二三〜二四頁。
40.『自明治廿三年三月十九日至同三月廿七日明治廿三年度通常奈良県会議事録第参』九九九〜一〇〇一頁。
41.『明治廿一年度通常奈良県会議事録第拾三号』一一一〜一一二頁。
42.『明治廿一年度通常奈良県会議事録第拾五号』一八三頁。
43.『奈良県山辺郡誌上巻』二七六頁。
44.『奈良県山辺郡誌上巻』は「東西両部ノ情意投合ヲ企図スル」と記している(二七六頁)。
45. 豊原村史編纂委員会編『豊原村史』(豊原村史編纂委員会、一九六〇年)二一〇〜二一一頁)。なお、同書は保勝会の活動を大正頃と推定しているが、少なくとも明治三三年には趣旨に基づいて活動していたことは確実である。
46. 奈良公園史編集委員会編『奈良公園史』(奈良県、一九八二年)一二七〜一九四頁。
47. 奈良県で改進党への勧誘の中心になっていたのが北畠治房である(『日出新聞』明治二二年六月九日(『日出新聞』奈良県関係記事Ⅲ』六五頁))。北畠治房は改進党結党の時から大隈重信の羽翼だった(脇田季吉編『大日本改進党員実伝第一巻』法木徳兵衛、一八八二年、北ノ一〇頁)
48.「立憲改進党趣意書」(『東京輿論新誌』第七五号、一八八二年)七〜八頁。

49．『読売新聞』明治三一年七月二九日。
50．谷山正道「近世近代移行期の「国益」と民衆運動」（『民衆運動からみる幕末維新』所収、初出は『ヒストリア』一五八号、一九九八年）四二九～四三一・四三六頁。
51．『官報号外　明治三四年二月一七日第一五回帝国議会衆議院議事速記録第八号』七〇頁、日記同年二月一六日。
52．国民同盟会については山本茂樹『近衛篤麿―その明治国家観とアジア観―』（ミネルヴァ書房、二〇〇一年、一二五～一四八頁）参照。
53．天理教教会本部編『おさしづ縮刷版第二』（天理教教会本部、一九七七年、一三三二～一三三四頁）明治三五年二月一〇日夜、衆議院選挙に付県会議長中山平八郎よりは今村勤三を、奈良平田郡長よりは玉田金三郎を運動依頼され、一方断る訳に行かざるに付願。
54．この時の他の当選者は奈良が木本源吉（中正倶楽部）、郡部で久保伊一郎（政友倶楽部）と平井由太郎（立憲政友会）で、平井と落選した宇陀又二郎は僅差だった（日本国政調査会編『衆議院名鑑』第二章総選挙編四二頁）。
55．全国的にも各地で選挙干渉があったことが報じられている（『朝日新聞』明治三六年二月二八日・三月一日など）。
56．平八郎が神野山保勝会をめぐる村側の対応に不機嫌さを隠さなかったこともその一例である（明治三五年五月二日）。
57．「中山平八郎の活動を通してみた明治の奈良・天理」二九五～二九七頁。
58．『奈良県議会史』一三六～一三七頁。
59．『自明治廿三年二月廿六日至同三月七日明治廿三年度通常奈良県会議事録第壱』一一八～一二〇頁。
60．『自明治廿六年十二月十一日至同年十二月十九日明治廿七年度通常奈良県会議事録地』五三九～五四〇頁。
61．正木直彦は、永久寺の仏像・仏画・仏具などを中山平八郎に預けたとしている（正木直彦『回顧七十年』学校美術協会出版部、一九三七年、二二〇～二二一頁、など）。ただし、正木の話は伝聞で不正確な点が多くそのまま事実とは認められないが（幡鎌一弘「内山永久寺はなぜなくなったのか」『史文』二二号、二〇二〇年、三八～四〇頁）、平八郎が永久寺の仏具等の処分に何らかのかかわりを持ったことは間違いないだろう。平八郎は、大正一一年（一九二二）、地域が主導して発足した内山永久寺古跡保存会に誘われ会員となっている（幡鎌「内山永久寺はなぜなくなったのか」四五頁）。

62．建言の全文は『奈良県議会史第一巻』建議編一六二～一六四頁。

63．『読売新聞』明治二七年四月一〇日。

64．『奈良県政七十年史』八八四～八八八頁。

65．『奈良県政七十年史』八九一～八九四頁。

66．東大寺大仏殿修理の経緯については、鷲尾隆慶・平岡明海編『大仏及大仏殿史』（一九一五年、八五～一〇一頁）、奈良市史編集審議会編『奈良市史通史四』（奈良市、一九九五年、二二四～二三二頁）参照。

67．『日出新聞』明治二二年三月三〇日（『『日出新聞』奈良県関係記事Ⅲ』三九～四〇頁）。

68．幡鎌一弘「神武陵と橿原神宮の周辺―国家神道・教派神道再考」（高木博志編『近代天皇制と社会』思文閣出版、二〇一八年）六〇～六三・六七頁。

69．『第十六回帝国議会衆議院皇祖神武天皇御陵並橿原神宮御大前及御陵道改修費補助ニ関スル建議案委員会議事録（筆記）第一回』

70．『官報号外　第十六回帝国議会衆議院議事録速記録第二七号』一五頁。

71．長尾薫監修『橿原神宮史巻二』（橿原神宮司廳、一九八一年）三六九頁。

72．『朝日新聞』明治一八年一一月五日など。

73．『朝日新聞』明治三二年四月一六日。

74．『官報号外　明治三一年六月五日第一二帝国議会衆議院議事速記録第一三号』六頁。

75．谷山正道「近世近代移行期の「国益」と民衆運動」。渡辺尚志は、幕末維新期の豪農を、①村を飛び出し政局に身を投じ尊王攘夷運動に奔走する「草莽の志士」型、②小前・貧農層の経営の維持・安定、村の再編を自己の経営発展の不可欠の前提として重視する（他利のなかで自利を追求する）在村型豪農Ⅰ、③小前・貧農層の経営安定など全体の問題には関心を払わない在村型豪農Ⅱ、の三つに分けた（『近世村落の特質と展開』校倉書房、一九九八年、一五四〜一五七頁。初出は「幕末維新期村落論への視覚―佐々木潤之介氏の世直し状況論をめぐって―」『論集きんせい』一四号、一九九二年）。この類型に準じ、活動スタイルに限ってみれば、中山平八郎は典型的な②になるだろう。

# 奈良県再設置をめざして

## ―今村勤三の活動をめぐる展開―

橋本　紀美

今村勤三（一八五二〜一九二四）
（安堵町歴史民俗資料館蔵）

## 一　はじめに

明治二〇年（一八八七）十一月四日、これまで大阪府管内に含まれた大和国が独立し、現在の奈良県が誕生した日である。令和六年（二〇二四）から一三七年をさかのぼる年のできごとである。

この分離独立は苦節六年もの間、挫折を繰り返しながらも展開された運動により実現し、参加した有志の一人として、中心的な役割を果たした事で知られるのが今村勤三である。彼は新生奈良県の県政から国政へと政治や産業振興にもかかわり、地域のリーダーとして活躍した人物であった。

ここでは今村勤三の足跡のうち、注目すべき奈良県再設置を求める運動の姿を追ってみたい。奈良県再設置運動については、先行研究により彼の動向について多くの成果が出されている。(1)それらをもとに彼の足取りを追うとともに、彼が運動を実現させるに至った状況や、彼の周辺の存在についても目を向けてみたい。

## 二　今村勤三の生い立ち

今村勤三は字を敏平、号を松屋と称し、(2)大和国平群郡東安堵村（現奈良県生駒郡安堵町）の専治郎、智加子の次男として嘉永五年（一八五二）二月二九日に生まれている。父・専治郎（一八一四〜七一）は、地域の医師として活躍するとともに私塾

今村勤三の生家（現安堵町歴史民俗資料館）

「晩翠堂《ばんすいどう》」を主宰した事で知られる今村文吾（一八〇八〜六四）の弟にあたる。

　文吾は春日若宮神社（現奈良市春日野町）で毎年おこなわれる「春日若宮おん祭り」の願主人に加わり役を担うだけでなく、天誅組《てんちゅうぐみ》の変に加わった国学者で歌人の伴林光平（一八一三〜六四）を講師として私塾へ招き、和歌の社中を作るなど多彩な分野で活動したことが知られる人物である。父専治郎も「宗愷《むねやす》」の名で文吾の社中に参加している（欠年「三十五番題結」他和歌集　安堵町歴史民俗資料館蔵）。兄文吾に対し弟の専治郎は、五〇石の所有高を持つ高持百姓であり、東安堵村の庄屋役を務めていた（文久二年（一八六二）「大念仏宗切死丹宗門制禁寺請帳」飽波神社文書）。今村家は、村内でトップの高持百姓ではなかったが、それに次ぐ百姓であった。勤三は今村家の豊かな経済力の下、文化面・教育面にも恵まれた環境の中で青年期を過ごしている。

　兄や従兄、門弟の浄尚《じょうしょう》（一八四〇〜六八、椎木《しぎ》村浄蓮寺僧、変名：祥麿《よしまろ》・青木精一郎・三枝蓊《しげる》）等とともに晩翠堂に入り経史を修め、撃剣を学び、伴林光平により和学を修めたという。浄尚とは国事に勉める志を抱いて交流したという（『大和美事善行録』一九一六）。

## 庄屋から行政官へ

　しかし文久三年（一八六三）に起こった天誅組の変の翌年に伯父が病死し、文吾の息子・棄吉《すてきち》（〜一八六七）、父専治郎（〜一八七一）と短期間に継がれた今村家の家督を明治四年（一八七一）に勤三が相続することになる。

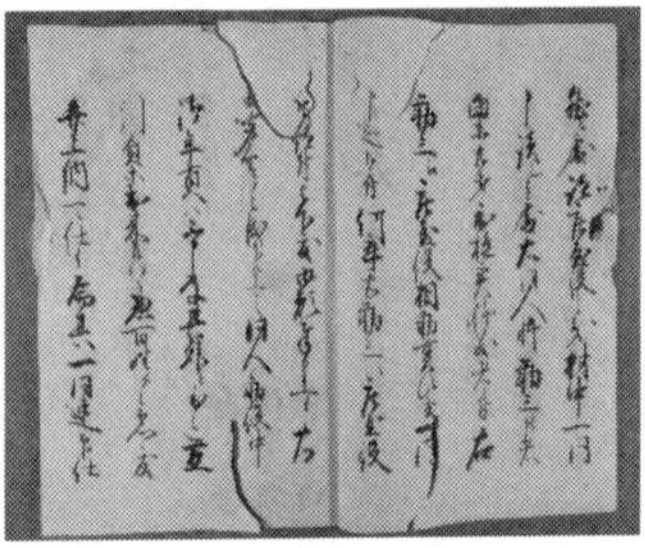

勤三の庄屋役就任を求める願書部分（明治四年　飽波神社蔵）

同年、弱冠二〇歳で父の後継として「至極実躰成《じっていなる》者ニ付、右勤三江へ庄屋役相勤貰《もら》ひ度」と推薦を受け、庄屋となり村政に携わった（明治四年一一月「乍恐以書付御願奉申上候」飽波神社文書）。翌五年には明治政府による新しい秩序や行政区画制度の創設により、東安堵村の戸長を務めた。明治六年（一八七三）には戸籍世話掛り兼務・第三大区二小区副戸長を務め土地丈量他の事務にあたり、同八年（一八七五）には第一大区の副区長等を歴任し、若き勤三は多忙な日々を送っている（前掲『大和美事善行録』）。

## 三　堺県から大阪府への合併

明治九年（一八七六）四月になると、河内、和泉、大和の国を合わせて堺県に編入された。政府の府県統廃合の方針にもとづいて行われたもので、奈良県が廃止されることになったのである。これは各府県の財政難解消を目指した措置であったが、堺県庁は現在の西本願寺堺別院（現堺市神明町）に置かれ、大和国内から行政組織が移転するなど、大きな変化をもたらした。当時の県令は薩摩出身の税所篤《さいしょあつし》（一八二七～一九一〇）であったが、大和の現状に理解を示したとされ、奈良県再設置運動に助言し、後に奈良県知事となる人物である。

今村勤三は引き続き地域で副区長、徴兵事務官や勧業博覧会事務官を務め、同十三年（一八八〇）には添上郡他四郡の郡書記、堺県八等属と堺県下で行政の用務にかかわっている。また同年二月には安堵村村会議員に当選し政治家としても歩み始めた（前掲『大和美事善行録』）。

## 大阪府会議員に当選

ところが明治一四年（一八八一）二月七日、堺県が大阪府へ統合され、大和国はその管下となった[3]。合併によって大阪の市街地と摂津七郷に限られていた大阪府は、河内・和泉、大和の国を含めて大きく範囲を広げることになったのである。

府への合併にともなう四月の大阪府会議員選挙で今村勤三は当選し、平群郡選出議員として明治一七年（一八八四）秋まで務めている（明治一四年「人員帳」久保家文書）。大阪府会議員は市街四区と摂津国七郷に総計三〇、和泉国九、河内国一六、大和国一七の総計七二人で構成されていた。当時の知事は豊前国小倉出身の建野郷《たてのごう》三《ぞう》（一八四二〜一九〇八）。当時は西南戦争の影響による物価高騰や、松方正義大蔵卿によるいわゆる「松方デフレ」の影響を受け、不換紙幣の整理（明治初期に出された明治政府や国立銀行発行の紙幣を全廃し、新たに立上げた日本銀行の兌換紙幣への変換）や緊縮財政と増税政策による不況に見舞われた厳しい船出であった。

府会では市部と郡部の対立構造が表面化し、次第に摂津・河内・和泉との利害対立も見え隠れするようになった。大和選出議員の奮闘にもかかわらず、堺県時代には見られなかった孤立する場面が目立ってきたのである[4]。次第に大阪府下に属することによる負担や不利益が明らかとなり、大和国選出議員らは奈良県再設置運動を開始する決意を固めていくのである。

## 四　再設置実現にむけて

このころ全国で政府に国会開設を求める自由民権運動の動きが活発となっていった。前年、大阪で愛国者第四回大会の開会や、国会期成同盟の結成がされるなど人びとの関心を呼んだ(『図説大阪府の歴史』一九九〇)

その余波を受け、大和においては明治一四年(一八八一)に吉野郡で自由党結成を目的とした有志による五條自由懇親会が開催された。七月には高田・専立寺(現大和高田市内本町)で恒岡直史《つねおかなおふみ》(桜井芝出身・一八四〇〜九五)らが中心となり、今村勤三ら府会議員八名をはじめ三〇〇名余りが参加する大和全国自由懇親会の開催を果たした(『大和日報』七月二七日付)。これは大和の人びとを巻き込み、政治や自由、権利についての関心を高めるきっかけとなった。

また全国各地で復県運動が展開され、徳島県(明治一三年)や福井県・鳥取県(明治一四年)、富山県や佐賀・宮崎県(明治一六年)が次々と統廃合による置県を実現していた。この波に乗じて大和国選出の大阪府会議員らが中心となり、ようやく奈良県の復県を目指そうとする同志が集うまでにこぎつけたのである。

### 有志会の船出

大和全国自由懇親会の成功を受けて、その年の十二月二五日、初めて有志協議会が田原本村(現磯城郡田原本町)の土橋亭《どばしてい》で開催され、運動組織を決定している。大和国内を五区に分け〝請願手続き委員〟を選定した。(表1) 出席者を「主唱者」とし、全

表1．明治一四年（一八八一）一二月二五日　土橋亭
第一回有志協議会　大和一五郡請願手続調査委員

| 地域（大和一五郡） | 代表者名（○は現職大阪府議会議員） |
|---|---|
| 添上・添下・山辺郡 | ○岡本友三郎　中山平八郎 |
| 式上・十市・宇陀郡 | ○恒岡直史　梅島鼎 |
| 平群・広瀬・式下郡 | ○今村勤三　服部蓊 |
| 葛上・葛下・忍海郡 | ○山田新吾　○芳村芳太郎 |
| 吉野・高市・宇智郡 | ○大北作治郎　○磯田清平 |

国大会の出席、盟約と運動費用を当面負担することとした。また翌年からの各郡や町村に幹事や惣代を立て、有志会を通じ有志者を募り運動の展開方法を定めた（「開会決議録」中山家文書）。

次いで明治一五年（一八八二）十一月三日に代表四一名が土橋亭で第二回会合を開催、分置県請願の具体的な予定を設定している。同一〇日に郡総代らが集まり請願委員と会計を選出、請願委員の出張費や日当、旅費等の決定と、請願費用の負担を主唱者と有志者の拠出で賄う事を定めた。

明治一五年一一月「分置県請願書草案」部分（中山家文書）

## 内務卿への請願書提出

請願委員に恒岡直史、服部蓊《はっとりしげる》とともに今村勤三も選定され、会計に堀内清三郎、奥野四郎平が選ばれた。のち恒岡は大阪府議会議長の用務のため長期の上京ができないとの理由で、代りに中村雅真《なかむらがしん》が担当し、在阪して府庁との連絡や運動の指揮にあたった。

請願委員として上京した今村ら三人は同月二〇日に大和を出発、三日後の二三日に東京へ到着、長期滞在も想定し旅宿を定めた。大和出身で大審院の判事を務めていた北畠治房《きたばたけはるふさ》の意見を取り入れて訂正を加え、在京中の大阪府知事・建野郷三の添書を受取り二九日に内務卿・山田顕義《やまだあきよし》（一八四四〜九二）に「分置県請願書」及び別冊の「分置県理由書」「大和国一覧表」（中山家文書）を添えて提出した。

奈良県の復県を願い出る理由として、①大阪府内の摂津・河内・和泉と大和では

距離や利便性、経済でつながりの深さが異なる点、②他地域とは地勢が違っており、摂河泉が必要とする水害対策に対し大和は運搬・流通の手段が乏しく道路整備が必要である点、③地方税の使途や負担の度合いに地域差が生じている事、④大和地方の産業・医療・教育・文化などの振興を遂げる事ができる体制が必要とした。なお請願書には添上郡二〇四町一二六ケ村人民惣代、各郡町村人民惣代の、大和国内の約六割を網羅する人びとの連署が添えられた。

提出後何の音沙汰もなかったが、一二月七日になって、府庁を通じて下付するため帰国して待つよう伝えられた。その後も在京委員らは山田内務卿宛へ上申書の提出や内務省への訪問など熱心に陳情を続けたが、その間に建野郷三知事の下へ一二月一一日付けの請願却下の指令が届けられている。

今村勤三ら請願委員は、大阪で知事から結果を聞いた恒岡直史の連絡によって初めて却下された事実を知ったのである。恒岡は、東京で協力を得た北畠治房から助言を得た上で至急帰国するよう促した。請願委員らの帰国は翌年一月二〇日であった。

### 太政官への建白

内務省への請願は失敗となったが、在京中に今村勤三が面会した元堺県知事で、当時元老院の議官であった税所篤が再設置運動へ理解を示し、太政官への請願が認められたタイミングでもあり⑤、太政官に再議するか、内務卿へ伺いを立てるか次の手を考えるよう忠告してくれたのである。

翌一六年（一八八三）一月五日、有志一一名が土橋亭に集い、却下の報告と新たな運動の準備を進める事とした。さらに太政官への請願のために同志の獲得や署名を集め、請願書の起草が行われた。八月一五日に請願委員の今村勤三と自費で上京した片山太次郎が太政官に出頭し、大臣三条実美《さんじょうさねとみ》（一八三七～九一）に宛てた「大和一国ヲ大阪府ノ管下ヨリ分テ別ニ一県ヲ立ルヲ請フ願書」を提出した。

提出後一七日にはともに上京した片山太次郎が先に帰国してしまい、今村勤三は一人で山県有朋《やまがたありとも》参議、土方久元《ひじかたひさもと》内務大輔、山田顕義内務卿、伊藤博文参議など要人への面会や陳情を続けていた。税所篤や、大和出身の北畠治房や春木義彰《はるきよしあき》、森山茂元老院大書記官にも面会し協力を得たのであるが、片山の帰国は、上京中に見た運動支援者による運動への影響を懸念したためで、帰国後その件を「一大緊要ト見認ル義」と集会を要請している。(6)

当時「明治一四年の政変」により大隈重信の側近として、政治の場からともに下野し、改進党系の訴訟鑑定所として活動した修進社に加わっていた北畠治房の存在があった。片山の懸念は、彼の協力を得ることで運動と改進党が深くかかわっていると政府に理解されてしまえば、奈良県再設置にとって不利益となる恐れがあるということであった（前掲津熊氏論文）。

表2　明治一五年～二〇年　請願と建白の状況
生駒古文書を読む会「特集　奈良県再設置運動関連文書」
（『会報「いこま」第十七号』二〇二二年）四二頁をもとに作成

| No. | 形式 | 年月日 | 提出先 | 上京者 |
|---|---|---|---|---|
| 1 | 請願一 | 明治一五年（一八八二）一〇月二九日 | 内務卿 山田顕義 | 今村・服部・中村 |
| 2 | 請願二 | 明治一六年（一八八三）八月一五日 | 太政大臣 三条実美 | 今村・（片山） |
| 3 | 建白一 | 明治一六年（一八八三）一〇月一六日 | 元老院議長 佐野常民 | 今村 |
| 4 | 建白二 | 明治一七年（一八八四）五月一三日 | 元老院議長 佐野常民 | 郵送か |
| 5 | 不明 | 明治一九年（一八八六）六月 出立予定 | 不明 | 恒岡・他1名 |
| 6 | 請願嘆願 | 明治二〇年（一八八七）一〇月五日 | 内務省・大蔵大臣 松方正義 | 恒岡・中山・片山・堀内・磯田 |

九月一〇日にこの請願は規則第一三条により建白に属するものである、として却下された。山県有朋参議、土方久元内務大輔、山田顕義内務卿、伊藤博文参議など再三にわたり面会や陳情を続けたにもかかわらずむなしい結果となった。

## 却下　斜陽をむかえる運動

そこで今村勤三は国元で準備された「大和国置県ノ建白書」を携え、一〇月一六日元老院に出頭し、議長佐野《さの》常民《つねたみ》に提出、建白課書記松岡正監に陳述したが、この建白書も放置されたまま明治一六年が暮れた。

その後同一七年になると、恒岡直史が運動の先頭に立つようになり、五月一三日元老院議長佐野常民に「大和国置県再建白書」を提出した。しかし、この建白も成功しなった。

数ヶ年にわたる請願のために要した多額の費用は、いずれも有志の負担であったため、運動の長期化とともに手を引く者も増えた。また「奈良県は若木の柿にさも似たり、なるなる言ふていつかなるやら」と皮肉られる始末であったという（『青山四方にめぐれる国』）。今村勤三は再設置運動に専念することを理由に、一七年一〇月に大阪府会議員（当時は副議長）を辞任している。

明けて明治一八年（一八八五）七月一日、近畿地方を襲った台風による大きな被害のため、風水害へ拠出された巨額の復旧費のほとんどが大和地域へ充当されなかった。これを契機として再設置運動が再燃するが、翌一九年（一八八六）四月一日におこなわれた有志の会合により、新聞広告による同志参加を呼び掛け（『朝日

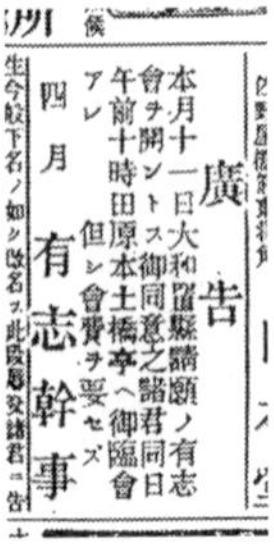


『朝日新聞』明治一九年四月六日付
有志会参加広告
（奈良県立図書情報館蔵）

新聞』四月六日付)、建白書を提出する委員二名の選出を決定している。

この時の請願では恒岡・中村・服部と今村の四名のみが署名したものであったといい、支援者も得られず明らかに運動が沈下していったのである。

## 一縷《る》の望みにかけて

明治二〇年(一八八七)全国的な土地測量の実施に伴う地価修正がおこなわれた際、大阪府内の摂河泉の地域で一〇〇円につき五円を減額されたのに対し、大和地域だけがその対象から除外されてしまった。しかし府会を動かすには至らなかった。

この不均衡を是正する地租減税を求めるとともに、奈良県再設置を含めて明治政府に実現を迫るため、九月二九日に府会の議長であった恒岡と、同じく大和選出の府会議員であった中山平八郎ほか、表2の五名が代表となって上京し、山県有朋や松方正義に請願と陳情をおこなっている。一〇月五日に大蔵大臣の松方正義に面会する機会を得て、中山平八郎が後に『大和美事善行録』のなかでその模様を記している。

まず分置県の事は触れず、地租軽減について大臣を糺すと、「前任の大隈大臣の調査時に大和地域を漏らしたが致し方ない」との返答で、代表者らが「漏らしたとは配慮に欠けた措置である。これを閣下がご存じになったからには、今からでも追加していただきたい」と食い下がった。これに激昂した松方大臣は「余はいやしくも大蔵大臣なるぞ」と傍らの巻煙草入れを投げつけたという。

場が凍り付いたが、中山平八郎が慌てず言葉を発して「私たちは粗野な田舎者ではありますが、それでも大和一国の代表として参りました。」「閣下に比べて本件は小さな事とは言え、我々にとっては大和一国に尽くそうとする訴えです。それがために閣下を怒らせることになり、地価修正や地租減税が認められないならば、我々は生きて大和へ帰れません。」と訴えたという。

大臣も怒りが和らぎ「地価修正や地租減税の措置は取れないが、何か大和へ帰る土産をこしらえよう」と置県実現をほのめかす発言が飛び出したのである。

翌六日松方大臣の指示で一行が伊藤博文総理大臣のもとへ出頭し、山県有朋内務大臣が同席する中で直接奈良県設置の内諾を告げられた。前夜のうちに松方大臣からの要請が届いていたとみられる。

苦節六年の再設置運動を経て、明治二〇年一一月四日の勅令第五九号によりここに「奈良県ヲ置ク」との公布がなされ、奈良県が誕生したのである。

昭和二年（一九二七）七月一七日付（「県政物語二」『大阪朝日新聞　大和版』）にその様子について、当時を回想した中村雅真が「高麗橋の上で北畠男（治房）から『裁可成った』、布告の電報を受取り、吾事成れりと喜んだ一七議員は意気揚々大和へ引き挙げた」と述べている。当時大阪で開期中の一一月通常府会は中止となり、一三日大和地域の議員らは退場したという（前掲『奈良県議会史　第一巻』）。

## 五　四国へ　今村に迫られた方向転換

### 愛媛県庁の傭員《ようい ん》に

再設置運動が進む中、今村勤三は一七年（一八八四）一〇月運動に専念するとの

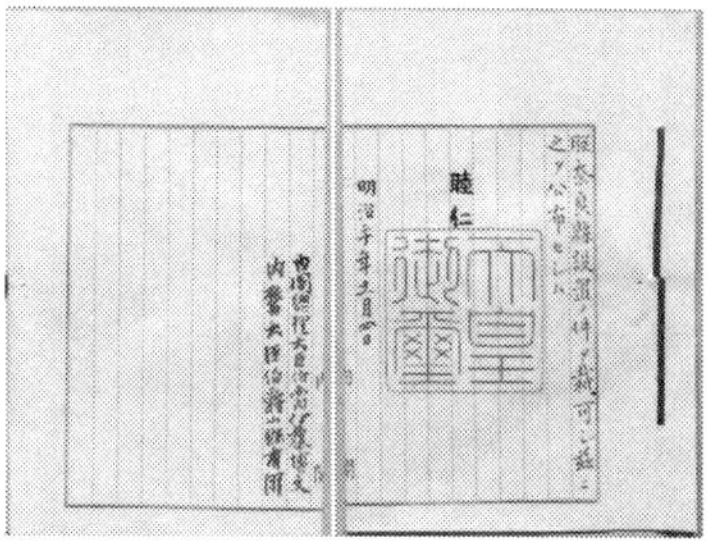

二月四日付の「奈良県設置ノ件・御署名原本・明治二十年・勅令第五十九号」（国立公文書館デジタルアーカイブによる）

理由で大阪府会議員を辞任した。その後の運動が沈滞していく一方、彼は自身の方向転換を余儀なくされていたのである。それは長引く運動によって私財を投じ「今村家の家産も傾く有様で」、「親族会議が開かれ」「再置運動の中止を勧告」されたためである。(7) 実際同年五月、所有地二町余りを抵当にして地元の有力者からの支援を受けて一，八四五円を借用している。(8) その額は一円を現在の二万円と見れば、三千七百万円に相当する大金であり、彼の所有高の大部分を担保にして捻出した資金であった。親族会議も承知せず「無視し一盃酒を飲んで床の間を枕に高鼾《たかいびき》」で夫人を心配させたものの（前掲『松風』）、家産回復のため翌明治一八年（一八八五）暮れになって四国の地で手立てを講じ、再設置運動とは一線を引く事を決めている。

その深刻さは、同年一二月一三日付けの書翰に表れている。今村から再設置運動の同志・中山平八郎に宛てたもので、人知れず四国へ向かう間際に認めたと考えられ、「近来家計ノ目的を失ヒ負債は山ノ如ク迚《とて》モ此侭ニテハ維持ナシ難ク」「是非ニ返却セサルベカラザル分ハ親戚或ハ朋友ヨリノ助力ヲ請ケ之《これ》ヲ以テ返債《へんさい》ノ運ニ致《いたし》度《たく》」（中山家文書）と記す。

同封されたもう一通の同人宛て書翰は、松山の寄留地から発送したもので、「爰《ここ》十年間ノ迷夢《めいむ》ヲ覚《さ》マシ、爾来《じらい》死ヲ以《もっ》テ職務ニ勉強、再ヒ人間社会ニ立テ喙《くちばし》ヲ容《い》レラル、様致精神《精進いたし》」と、これまでの再設置運動に没頭したことで招いた借財と周囲の期待を裏切る結果となった悔恨と、再出発を目指す決意を吐露している。

明けて明治一九年、今村は松山では愛媛県庁へ出仕し、関新平《せきしんぺい》知事を頼って職務に就いている。(9) 今村が彼の下で四国新道や鉄道敷設の用務に就けたのは、運動支援

明治二二年二月一一日の大日本帝国憲法発布式のため上京した議長・今村勤三
（安堵町歴史民俗資料館蔵）

者・北畠治房の引合せがあったとみられる。関知事の配慮から職員とは別の待遇で傭員（臨時職員）として三〇円の支給を受け、知事の念願であった四国新道の工事現場での交渉や対応、伊予鉄道の敷設許可申請についての業務等に携わっている（前掲　中山平八郎宛今村勤三書状・前掲注1『知の系譜』）。しかし頼みとした関知事が急死し、今村の処遇にも不安要素が生じることとなった。

## 二足のわらじ

一方故郷の大和では、同二〇年一一月に奈良県設置が正式に認められ、新生奈良県として始動している。今村は年内の奈良県議会議員の選挙に当選して議長、さらに常置委員に選出されるのであるが、本人は四国に居ながら奈良との間を行き来する議員活動であった。

関知事の後ろ盾を失ってから翌二一年（一八八八）、今村は開業を目指していた讃岐鉄道敷設に顧問として参画し、四月には家族とともに松山から丸亀（現香川県丸亀市）へ転居している。(10)

普段は讃岐鉄道の開業に向けて予断を許さない状況のなかで、今村は二足のわらじを履き続けていた。同年一一月に開かれた奈良県議会の場では今村の議長や常置委員としての重なる欠勤が問題視され、散々紛糾した結果、議長は留任となったが、常置委員は辞任に至っている。実に綱渡りの危うい身の置き方が続いた。家産立て直しを果たし、帰郷の目途を立てつつあった今村にとって、この事件は大きなダメージであったし、奈良県政から国政へ転じる契機となった。

翌二二年（一八八九）五月二三日に丸亀―琴平間の一五．四キロメートルを結び、金刀比羅宮の参宮鉄道として讃岐鉄道が無事開通している。それを見届けた後、今村は六月頃を目途に会社を退出したとみられ[11]、三年半振りの帰郷を果たしている。

## 六　奈良県置県後の今村勤三　国政参加・実業家

### 国政への転換

明治二二年に四国から戻った今村は、来る国政参加に向けて動き出している。選挙に当選し、翌二三年（一八九〇）七月第一回衆議院議員となって、第二回選挙（同二五年［一八九二］）には落選となる。その後晩年にも一期衆議院議員を務める。犬養毅《いぬかいつよし》の要請に応じた就任で（大正六年［一九一七］）、本人は矢面に立たず、おもに立憲改進党系の政党を支援する活動に終始した。

また新生奈良県に迫られた近代産業の振興を踏まえ、実業家としての手腕を振るうようになる。やがて各業界の会社の発起人や株主として関わり、出資を続けた。

### 実業家として

通信や情報関連では、奈良県最初の日刊新聞である『養徳新聞』を明治二一年四月に四国在住中に発刊させ、社長に就任している。同紙の発行直前に、奈良県の通知や規則などを掲示する公報紙（公文式）に定められたが、翌二二年（一八八九）四月に『大和新聞』と改題し、立憲改進党奈良支部の機関紙となっている。

流通・交通の分野では明治二八年（一八九五）から順次延伸し、京都―奈良間を運行した奈良鉄道株式会社（現ＪＲ奈良線の前身）の社長を務めた（明治二六年（一八九三）～）。同時に開業を目指した初瀬鉄道株式会社も社長に就任、（明治二七年〔一八九四〕）から発起人）をのち奈良鉄道と合併させ、奈良―桜井間（現ＪＲ桜井線）として開通させた。以後大阪とつながる関西鉄道に譲渡された（のち国有化）。

　四国から帰郷後間もなく、六月下旬には鉄道の敷設免許申請を奈良県知事に願い出て[12]発起人として六〇〇株（一万五千円）の出資者となり、翌月には上京し（中山家文書）、開業に向け精力的に動いている。

『養徳新聞』一〇七号　明治二一年八月七日付（安堵町歴史民俗資料館蔵）

　讃岐鉄道で知己となった技師の小川東吾に奈良鉄道の調査・設計を依頼しており（『鉄道史人物事典』二〇一三）、四国で培った人脈が功を奏したのである。また二二年三月から翌年六月まで、今村自身が開業に関わった讃岐鉄道株式会社の株式を取得、一時とはいえ役員に次ぐ大株主（一三〇株）となって順当に配当を得るなど、鉄道事業に対する将来性を見込んだ投資をおこなっている。[13]後年には（現奈良県五條市二見―同市大塔町坂本等間）大和索道株式会社の発起人や監査役（大正九年（一九二〇）～）を務めた。[14]

　紡績関係では経営不振に陥った郡山紡績株式会社の運営を引受けて社長となり（明治三六年～同四〇年（一九〇三～〇七）まで）在職中に摂津紡績株式会社へ合併

させている（北井直樹「郡山紡績の設立と経営動向」二〇一一）。また金融界においては奈良県農工銀行の取締役・監査役（明治三一年（一八九八）〜）として運営に参画、六十八銀行（現南都銀行）は株主として出資し運営にも関心を寄せた。[15]

## 七　今村勤三を支えた存在

### 見えない影

今村は奈良県再設置運動に傾倒し、運動資金の枯渇による離脱と挫折を味わい、四国移住で苦汁を舐めつつも家産を回復させ、奈良県設置後県政に返り咲いている。また奈良県会の初代議長に選出され、その後国政への転身、実業家としての活躍など、めざましい大躍進を遂げている。

しかし再設置成功の裏で今村は運動途中で四国へ移り、運動から頓挫して恒岡や中山らに任せ、本人不在の状態で再設置が達成されているのである。本人不在という今村にとって不名誉な事実は、家族の文集で明かされる以外に表向きに語られることはなかった（前掲『松風』）。

そもそも一地域出身で叩き上げの二九歳の存在で、初めて府会議員となった今村が、国への要望を目指す高い意識をどのようにして持ったのかという謎がある。また請願手続調査委員に選出されて上京し、時にはたった一人で名立たる高官に面会を試み、どうして何度も陳情ができたのだろう。

今村が再起を期して向かった四国で、愛媛県知事の関新平の存在があったとして

五代友厚像（大阪商工会議所）

も、不案内な土地でこれほど順当に仕事をこなし、成功裏に収められるだろうか。それを支えた存在として挙げておきたいのが五代友厚とその盟友・北畠治房である。直接ではなくても北畠らを介して、五代友厚《ごだいともあつ》の存在と進言や支援があったと見るのが自然だろう。今村とは多くの接点がみられるためである。

## 五代友厚

五代友厚（一八三六～八五）は、明治期の実業家で大阪財界の指導者として知られる。薩摩藩士で儒者の五代直左衛門秀堯《ひでたか》の次男で幼名を徳助、才助といい、松陰と号した。長崎で航海、砲術、測量などの技術を習得、薩英戦争（一九六三）に参加し捕虜となるが脱出した。慶応元年（一八六五）藩命により留学生を引率しヨーロッパを視察し、武器、船舶、紡績機械などの輸入をおこなって薩摩藩の産業振興に大きく寄与した。明治維新後外国官権判事、大阪府判事を経て実業界に転じ、大阪を本拠として活躍。金銀分析所の設立によって巨富を得て、一八七三年に弘成館（買取鉱山の統括機関）、一八七六年に朝陽館（製藍工場）を設立し大阪の産業の近代化に貢献した。また大阪商法会議所、大阪株式取引所、大阪堂島米商会所、商業講習所（大阪市立大学の前身）の設立、指導に尽力し、大阪財界の組織化にも貢献した。明治前期の大阪を多岐にわたりけん引した人物である。(16)

## 北畠治房

この五代と今村をつなぐ存在が北畠治房である。二人の出会いは北畠が天誅組の

晩年の北畠治房（安堵町歴史民俗資料館蔵）

変に参加し敗走後、元治元年（一八六四）以後薩摩に亡命していた折に「五代と会って説服され」開国論者にかわって」いる（『五代友厚秘史』一九六五）。のち戊辰戦争（一八六八～六九）後京都から故郷に戻っていたが、明治四年（一八七一）に五代友厚が大隈重信へ推挙の書状を送っている（明治四年八月二三日付「五代友厚書状」『大隈重信関係文書』五）。これ以後、大隈の引き立てにより司法界で活躍、明治九年（一八七六）四月には大審院判事となったが、「明治一四年の政変」（一八八一）で大隈が下野すると司法省を退職し、立憲改進党の結党に参加している。その後は常に大隈と行動をともにし、明治二一年（一八八九）に大隈が伊藤内閣の外務大臣に返り咲くと再び司法官に戻り、大阪控訴院長に就任（明治二四年（一八九一））、同二九年（一八九七）六月五日には男爵を受爵している。明治三一年（一八九九）に司法省を退き故郷に戻り、大正一〇年（一九二一）に八八歳で死去している。

北畠が手掛けたことで知られる小野組転籍事件は、京都の糸割符商人で、両替商を営む豪商であった小野組に関する訴訟である[17]。

裁判官としてかかわった北畠との接点以外に、小野組の第一国立銀行設立につながる出願は、五代の周旋によるものである（宮本又次「五代友厚年譜」『五代友厚伝』有斐閣一九八一）[18]。のちに今村の三女淑子が小野助次郎長男の善太郎に嫁ぐのも（明治二七年）彼らの縁によるものであろう。

北畠とは先代・文吾のつながりから司法省に出仕する頃今村は親しく交わっている。北畠は奈良県の再設置を求める東京での活動に便宜を図るほか、奈良県誕生に向けた情報を発信して力を尽くしている。のち今村が大隈重信との知遇を得て、奈良県内で立憲改進系の中心として活動したのも北畠の斡旋によるところが大きいといえよう。四男の今村荒男が『松風』のなかで「四国落ち」のとき「其頃に北畠男爵が百金を餞別せられたと云ふ事であるが、父が存命中は北畠男爵家の為に何かと力を盡されたのも、当時の恩義を忘れられなかったからである」と記している。関新平と今村をつないだのも北畠の仲介であろう。五代が明治一八年（一八八五）九月に病で亡くなっているが、そのわずか三ケ月後に今村が四国へ出発したのも関連しているのか。

ところで、五代が慶応四年（一八六八）に外国事務局判事として大阪在勤となった際、外国人を藩士らが襲撃したパークス事件の対外交渉にあたっている。同事件の首謀者の一人が今村勤三の伯父文吾が開いた晩翠堂の門下生であった三枝蓊であり、北畠治房と共に天誅組の変に参加している。賠償問題等について、五代が小松《こまつ》帯刀《たてわき》と交渉にあたり謝罪文を認め、円満解決を図っている（「英公使パークス襲撃事件謝罪文草稿」慶応四年一月「五代友厚関係文書」大阪商工会議所蔵、「松陰五代友厚年譜」『五代友厚秘史』一九六〇）。

三枝蓊は今村にとって学友であり、北畠を通じて五代も知りえた共通項だろう。

**森山　茂**

また五代は明治三年（一八七〇）正月に友人である森山茂の実妹の豊子と再婚して大阪に仮寓している（前掲「五代友厚年譜」）。

森山茂（一八四二～一九一九）は大和国式下郡八尾村（現奈良県磯城郡田原本町八

尾）出身で、儒学者・萱野恒次《かやのつねじ》の長男。妹が三女萱野豊子である。文久三年（一八六三）菅沼一平と変名して天誅組の変に加担して追われる身となり、大阪の国学者森山藤次郎にかくまわれ、後に同家の養子となった（「五代友厚の義兄森山茂」『奈良新聞』平成三一年（二〇一九）一月六日付）。明治以後は兵庫裁判所、外国官書記、外務大丞となり、日朝関係の交渉に関わり外交官として活躍した。退官後は元老院議員や富山県知事を歴任し、明治二七年から死去するまで貴族院議員を務めている。森山が兵庫時代に五代と当時の知事伊藤博文とのつながりから妹を五代に嫁がせたのだという。

翌四年一〇月に天和《てんな》銅山（現奈良県吉野郡天川村）の開坑にこぎつけているが、五代が手掛けた最初の鉱山も大和とのつながりができたことが関係するのだろう。森山茂と今村は、再設置運動中、東京で陳情の相談に乗り、税所篤からの伝言を仲介するなど懇意の間柄である。この筋からも五代との接点が考えられる。

## 八　最後に

以上のとおり接点を考えれば、四国行きは今村にとって、五代が近代化事業実現のために導いたレールであったということになろうか。北畠治房を通して見える影が、五代友厚という存在であったと考えられる。

現在直接両者の交流を確認できる資料は見つかっていないが、両者にかかわっていろいろな接点が認められ、それらを積み重ねていくことで奈良県再設置運動や奈良県の近代産業の振興に新たな視点が加えられる。見いだされた新たな資料がこれを補完するものとなるだろう。

《注》

1.『青山四方にめぐれる国』(奈良県　一九八七)、『奈良県政七十年史』(奈良県　一九六二)、山上豊「明治政府下の府県管地政策と人民の対応―大阪府管下大和国における分置県請願運動を中心に―」(『近代史研究』一八　一九七七)、谷山正道「奈良県再設置運動研究序説」(『日本文化史研究』二五　一九九六)、谷山正道「近世近代移行期の「国益」と民衆運動」『ヒストリア』一五八号一九九七、山上豊「近代奈良の地域社会形成と名望家の動向―大和国平群郡安堵村今村勤三の場合―」(二〇〇七)、津熊友輔「明治前期府県分合に関する基礎研究―奈良県再設置運動を事例に―」(二〇一七)、『知の系譜―今村三代 文吾・勤三・荒男―』(谷山正道・吉田栄治郎　安堵町 二〇一九)、生駒古文書を読む会「「特集奈良県再設置運動関連文書」(『会報「いこま」第十七号』二〇二二)

2.『大和美事善行録』松尾虎吉編(大和新聞社　一九一六)

3.合併の目的は、大阪府に河川が多く橋梁や堤防費は東京府より多い反面人口は三分の一に過ぎないなど、大阪府の財政難による財源不足解消と財源拡大のためであった「元老院筆記録」(『奈良県議会史　第一巻』一九九一)

4.たとえば明治一四年六月の通常府会では、堺師範学校の大和に所在する四分校中、三分校の費用が原案から削除された。他国選出議員から不要との意見が出され、大和国内の立地状況や事情が配慮されないまま奈良を除く三校は廃校、吉野分校を設立と決している(前掲『奈良県議会史　第一巻』)。

翌一五年(一八八二)四月の通常府会で、区部選出の議員から再び経費節減のため廃案動議が出て、吉野郡の本善寺(現吉野町飯貝所在)に開校したばかりの師範学校分校の費用全廃の危機が起こり、何とか大和国選出議員が結束して否決に持ち込んだ。

5. 「請願規則」明治一五年一二月一二日付（太政官布告第五八号）

6. 前掲注1　津熊氏論文　明治一六年八月二八日「服部蓊書翰」による

7. 今村荒男「父のプロフィール」『松風』一八八三年

8. 明治一七年五月一日「地所抵当金子借用証券」（久保家文書）

9. 関知事（一八四二～八七）は肥前佐賀藩出身で、明治以後は茨城県権参事や東京裁判所判事、司法界で浦和・熊谷裁判所々長、大審院詰判事を歴任している。明治一三年三月に愛媛県令に着任。大胆な県政を実施して殖産興業に力を入れ、特に四国新道の開鑿に力を注いだとされるが、明治二〇年に現職のまま病のため、四五歳で死去している（『愛媛県史近代上』愛媛県　一九八六）。

10. 明治二一年四月二二日付「中山平八郎宛今村勤三書状」（中山家文書）

11. 明治二二年六月五日「［中山平八郎宛今村勤三書状］」（中山家文書）

12. 明治二二年六月二四日「［奈良鉄道会社設立関係書類］」（安堵町歴史民俗資料館蔵）

13. 松井政行「資料　讃岐鉄道株式会社の創業を支えた人々」二〇一八・明治二一年「株式名簿」松井氏のご教示による

14. 明治四五年『日本全国諸会社役員録　第20回』（国会図書館デジタルライブラリー）・大正一五年（一九二六）「架空索道台帳」奈良県立図書情報館まほろばライブラリー

15. 明治三二年（一八九九）下半期「［株式会社六十八銀行］第五期営業報告書」（安堵町歴史民俗資料館蔵）

16. 五代友厚はその後一八八一年の開拓使官有物払下げ事件では中心人物として非難されたが、大阪の経済的発展や近代産業の開拓・移植などに果たした指導的役割は高く評価される。大久保利通《おおくぼとしみち》とは富国強兵・殖産興業などの点で意気投合し、征韓論争後大久保が暗殺されるまで、外交・財政問題について大久保の「智恵袋」となった（『日本大百科全書』小学館　一九八四）

17. 小野組は明治維新後新政府を援助して「為替方」となって官金出納事務にあたり、三井組と共に第一国立銀行を設立して事業を拡大した。明治三年（一八七〇）東京や神戸への転籍を京都府に願い出たが、京都から経済基盤を手放すことに難色を示した当時大参事の槇村正直《まきむらまさなお》（一八三四～九六）が転籍の中止を迫った。対して小野組が京都裁判所に提訴、司法卿の江藤新平により北畠が裁判官として送られ、転籍を命じたが槇村が認めなかった。明治六年（一八七三）ついには北畠が知事と大参事に懲役と贖罪金の判決を下し、上京した槇村を拘束、収監する事態に至ったことでようやく送籍が認められたのである。（宮本又次編『小野組始末』青蛙房　一九六六）

18．五代は小野組所有の鉱山を元番頭であった古河市兵衛（のちの古河電工創業者）に払下げを斡旋している（明治六年）。小野組の建て直しのため「家事改正規則章程」を定めるのに尽力し、小野組の顧問格として小野家に五代は大きくかかわりを持っていた（宮本又次「小野組と五代友厚」『牧健二博士米寿記念　日本法制史論』一九八〇）。

# 大和の民権家桜井徳太郎の諸活動

## ―開化と「地域づくり」の視点から―

山上　豊

# はじめに

大和の民権家といえば、吉野の山林王で、大阪の立憲政党のスポンサーといわれた土倉庄三郎（一八四〇‐一九一七）や、東洋社会党の創立者で『大東合邦論』を著した樽井藤吉（一八四九‐一九二二）があげられるが、南和地域の在村指導者として地域に根ざして活動をした桜井徳太郎もその一人といえよう。

しかし、桜井は土倉や樽井に比べていままであまり知られていなかった。それでも、『奈良県宇智郡誌』（奈良県宇智郡役所編刊　一九二四）には、「世業を廃し専ら公共事業政事方面に力を致す、為に私財を投じて惜まず」とし、そして明治二三年七月の第一回衆議院議員選挙に当選し、本郡最初の国会議員となる。その後も数度候補者に推された。「常に郷里の発展に意を用ゐ画策する處多し」と桜井の政治家としての業績をたたえた。明治四一年六月二一日に死去した。そして没後の同四五年に五條町和陽倶楽部の庭内（旧五條市役所内）に西園寺公望の書による「芳溪桜井君碑」が建てられたとある。

芳溪桜井君碑（旧五條市役所内）

戦後、『五條市史』下巻（一九五八）では人物編で紹介されている程度で、詳しい叙述はされていなかった。桜井の存在が大きく取り上げられるようになったのは、昭和五六年（一九八一）の「自由民権百年」に向けて、竹末勤氏を中心に地域の掘り起こしが行われたことにより、桜井の民権家としての活動が明らかになった。その成果は、竹末勤氏の「民権家桜井徳太郎覚書」(『日本史教育研究』第七三号　日本史教育研究会　一九八〇)や「大和の自由民権運動」(『奈良歴史通信』第一三号　奈良歴史研究会　一九八〇)などとしてまとめられた。また同氏が中心となって設立された奈良県近代史研究会の『会報』や『大和の自由民権運動』(『奈良県近代史史料』(一)(奈良県近代史研究会編刊　一九八一)なども刊行された。これらの成果は、鈴木良編『奈良県の百年』(山川出版社　一九八五)や五條市役所発行の『五條市史　新修』(一九八七)及び『五條市史　史料』(一九八七)に紹介されている。

こうして竹末氏の研究によって、桜井、あるいは大和の民権運動研究が飛躍的に進んだといえる。

今回、私が桜井徳太郎を取りあげたのは、一つは開化という視点で[1]、桜井が民権家として奈良の開化の象徴であり、その活動のなかに新聞『大和日報』の発行、キリスト教の影響など開化的な要素も見られる。『大和日報』は桜井が発起人で、自由党系大同倶楽部派の機関紙として知られているが、桜井がキリスト教徒であることはあまり知られていない。これについては大和の民権運動の性格を知るうえで重要であろう。

もう一つは、「地域づくり」という視点、桜井は確かに南和鉄道・紀和鉄道の創立に深く関わっており、紀和鉄道社長でもあったし、大和銀行の監査役を勤めるなど「地域づくり」に貢献してはいるものの、彼のそれまでの活躍からすれば、もっと実業家として成長できたのではないか。それと、「地域づくり」といえば、奈良県にとって最大の課題であった奈良県再設置に桜井が関心を示さず、この運動に参加しなかったのはなぜか。確かに、自由党は国家のあり方、国家論を展開しているが、政党として地域の問題にどう向き合うか明確でなかったのかもしれない[(2)]。

本稿では、こうした課題をふまえ、民権家としての桜井については、竹末氏の先行研究に依拠しつつ、彼の後半期の活動、つまり第1回衆議院議員選挙以後の政治家、あるいは党人としての活動、さらに「地域づくり」について桜井の活動を明らかにしたい。

なお、史料は、①『桜井徳太郎君之小伝』(以下『小伝』と略記、『五條市史　史料』に収録)を中心に、②「一八八四　桜井徳太郎『漫遊日誌』」(以下『日誌』と略記)や③『桜井徳太郎略履歴』(以下『略履歴』と略記)で補足した。

## 一　桜井の少年時代と「政治へのめざめ」

### (一)　少年時代

桜井は、安政三年(一八五六)六月、宇智郡五條村で生まれた。諱は仁、芳溪と号した。五條村は吉野川の北側に位置し、五條・新町・須恵・二見・大島の村々からなる(「市制・町村制」で五條町となる)。奈良盆地と吉野、あるいは和歌山と結ぶ枢要の地であり、歴史的には「天誅組の変」の舞台となった地域である。

桜井家は代々絞油業を営み、家号を牧野屋(のち槙野屋)と称した富裕な商家で「世々地方ノ冨賈タリ」(『小伝』)であったという。のちに桜井が民権運動に専念できたのも、田畑・山林をかなり所有していたという経済的裏付けがあったからこそ

といえよう。(3)

桜井は幼少から聡明であったといい、「君少ニシテ聡敏」(『小伝』)と伝えている。文久二年(一八六二)、桜井は尊王家森田節斎の弟仁庵の塾に入り、経史を修めること五年、閉塾後、家業を助けつつ、儒家佐野煥に漢学・詩文を学んだ。(4)

明治八年(一八七五)、桜井は天下の形勢を観察し、知識をひろめ、「経世救民ノ大業」(『小伝』)を行おうと、二十歳で東都へ遊学することにした。一年かけて関東各地を周遊、多くの人々と交流し、「各地ノ風俗産業ニ注キ其貧富強弱ニ由テ来ル所以ヲ考察」(『小伝』)したといい、これらの経験は、桜井のその後の生涯に大きな影響を与えたといえよう。

## (二) 政治へのめざめ

桜井が政治的にめざめるきっかけとなったのは、明治六年(一八七三)の征韓論の分裂や翌七年(一八七四)の板垣退助らによる民選議院設立建白書の提出という政治的動きのなかで、桜井の政治的関心を開花させたといえよう。

明治九年(一八七六)一一月、桜井は大きな見聞を得て故郷に帰った。まもなくして西郷隆盛が挙兵したことを耳にした。それに刺激された桜井は西郷軍に参加しようと大阪に向かった。戦争に軍資金が必要と、携帯金を堂島の米相場に投資したが、連戦連敗が続くなか無一文となり、五條に連れ戻され、幽閉の身となった。その間、『東京日日』の戦況記事を読んでいたというが、西南戦争は終結し、桜井は「天下ノ事復、如何トモ為スナキナリト」(『小伝』)と述懐している。

明治一一年頃になると、「地方ハ日々困弊窮ノ傾アリ」(『小伝』)、五條村もその例外ではなかった。桜井は中央集権的専制政治の弊害に対し、地方の民力を養成し「大ニ民権自由ノ説ヲ唱道シ以テ政治上ノ団体ヲ造出」(『小伝』)しようとした。つまり、桜井は自由民権政党を造ろうとした。ここに桜井の思想の核心があった。そして村民の「弊習之改良」(『小伝』)につとめるなかで、桜井は村民の信頼を得ることになった。

翌明治一二年(一八七九)、桜井は意を決し、ついに家業を廃し、「専門ノ国事屋」になることを決心した。おそらく家業を廃業することについては、「親戚朋友皆君カ家産ヲ蕩尽センコトヲ憂ヒ、百方其不可ヲ鳴ス」(『小伝』)という状況であっただけに、桜井自身も苦悩の末での決断であったと思われる。

桜井の「専門ノ国事屋」としての活動の最初は、困窮した五條村を救うために、村の備荒貯蓄米がたまっていて「数千金ニ至」(『小伝』)っていたのに注目、村吏と「激論数回」(『小伝』)のうえ、ついに認めさせ、分配させた。桜井は「自由平等ノ大義ヲ標準」(『小伝』)とし、いっさい私情を交えなかったという。まさに桜井の「地域づくり」の最初といえよう。

## 二　桜井徳太郎の民権家としての時代

### (一)　大和の民権運動のはじまり

明治一二年(一八七九)一一月、愛国社第三回大会が国会開設請願者の全国募集

毛利真人編刊『大和郡山演説紛議』

を決議、国会開設運動が国民的政治運動として展開しはじめたころ、大和の町や村にも動きがみられはじめた。

添下郡郡山では、すでに同年五月頃から大阪交誼社員による演説会が開催されていた。大和では最も早い時期の政談演説会で、どの演説会にも千名以上の聴衆が押しかけたという。このうち、同年一〇月一二日に郡山柳裏町で開催された演説会の開催をめぐって、町民数百名が警察に押しかけた。この事件については、翌明治一三年（一八八〇）一月に毛利真人編刊『大和郡山演説紛議』として出版されている[5]。

これらの演説会には前田宗平ら地元郡山藩や小泉藩出身の士族民権家と、大阪交誼社の善積順蔵・城水兼太郎・植木枝盛・田尾貫吾・篠原藤三郎（のち原田姓、福岡県出身）ら都市民権家の名もみえる。とくに植木枝盛は郡山を訪れ、地元郡山の前田宗平らと政談演説会を行っている（『植木枝盛日記』[6]）。このように、大和の初期民権期は士族民権家と都市民権家が中心であった。

翌明治一三年（一八八〇）四月、国会期成同盟が提出した「国会を開設するの允可を上願するの書」には、式上郡柳本村一一名総代福岡県士族木下日出十と、大阪寄留社員十五名総代光澤了照が名を連ねた（岩波文庫『自由党史』上巻）。

## （二）大和の民権家桜井徳太郎の活動

### 最初の親睦会組織「五條組親睦会」

桜井の「専門ノ国事屋」としての本格的な政党活動はいつからであろうか。

桜井は、明治一三年（一八八〇）一〇月と翌明治一四年（一八八一）一月の二回、

大和を頻繁に訪れていた植木枝盛を訪問（『植木枝盛日記』参照）、そして地元五條村を中心に親睦会組織＝五條組親睦会を組織し、それを基盤に周辺の村々に広げていき（地域的結合）、やがて政社・政党化するという手法をとった。

その最初とされるのが、明治一四年五月二九日の第一次自由懇親会（『大阪日報』明治一四年六月三日付、以下『大日』と略記）で、(7) この懇親会では、会主である桜井（五條村）、松本長平（五條新町村）が幹事に就任。聴衆は二〇〇余名、自由党団結の目的などを演説。ついで同六月の第二次自由懇親会では、桜井・松本・保田広吉（五條須恵村）ら七名が演説、本会は「懇親会とし」、「各自知識ヲ交換自由ヲ拡張」することなどを決めた。

この会は最初、「五條組親睦会」として出発したが、翌明治一五年（一八八二）になると、「青年会」「法律研究会」「和南組定期政談演説会」など青年たちの学術演説会グループができ、地域的にも五條村周辺の農村部に広がっていき、やがて立憲政党の活動に繋がっていった。

これよりさき、明治一四年三月、恒岡直史ら大阪府会議員グループは、各郡の有志が知識の交換・自由の権利の保護・農商の稗益と講究などをめざし、自由懇親会を呼びかけ（『大日』三月八日付）、同七月二四日、葛下郡高田の専立寺で「大和自由懇親会」が開催された。大和一五郡中の豪農商・民権運動家など二三八名が参加、恒岡・片山太次郎・松尾徳三郎・今村勤三・奥野四郎平のほか、大和の民権運動の指導者である桜井徳太郎・松本長平らが参加した画期的な懇親会であった。のちの奈良県再設置運動の契機にもなった（『大日』七月二八日付）。

## 近畿自由党・立憲政党

明治一四年九月、北海道開拓使官有物払下げ事件で世論の政府批判が高まるなか、近畿地方の有志三十人が参加して、自由の拡充や立憲政体の実現などを目的に近畿自由党が結成され、大和から桜井・松本らが出席した。これをきっかけに、五條では同月、第三次自由懇親会が開かれ、(『大日』九月三〇日付)、いままでの親睦会から脱皮し、政党化が進んだ。さっそく一一月八日には五條で立憲政党の演説会が開かれ、桜井・松本・林・善積らが演説した(『大日』一一月一二日付)。

ところで、近畿自由党は、同年一一月二〇日頃の会議で党名を立憲政党に改称し、組織・財政などを決め、自由党に合流するのではなく、独自の活動を展開することになった。総理には中島信行、主要メンバーは古沢滋・小室信介・小島忠里らで、翌明治一五年二月『大阪日報』を買収し、機関紙『日本立憲政党新聞』(以下、『立政』と略記)を創刊した[8]、買収にあたって、桜井は「数百円ヲ」あるいはそれ以上出資(『小伝』)したという。ちなみに、吉野の山林王土倉庄三郎は三〇〇〇円の大口の出資者であった。役員に土倉は会計監督、松本長平・奥野四郎平(葛上郡御所村)らが地方派出員に選ばれた。大和の党員は一五名、ほかに関係者を含めると二九名近くいた(参考一「立憲政党名簿」)。

党名改称後、立憲政党は小室信介・古沢滋・小島忠里・善積順蔵ら党幹部による大和巡回講演会を開催し、自由民権論と政党団結の必要を説き、党勢拡大につとめた。桜井も遊説員として近畿各地を奔走、地元五條が大和における民権運動の一大拠点となり、政談演説会が盛んに開催された。このほか、明治一四年一二月に玉置格（山城国乙訓郡神足村出身、代言人）や磯田和蔵・玉田金三郎ら奈良グループが北和自由懇親会を結成、また宇陀郡親睦会や下市組親睦会なども設立されている。

明治一五年に入ると、大和巡回講演会はさらに活発となり、永田一二らによる第二次党勢拡張運動も展開した。五條地域では学術演説会が盛んに行われ、村あげて民権熱が高まって頂点に達し、学校生徒が学術演説会に参加するものもいたのか、明治一六年二月一九日付で宇智・吉野郡長が妄りに参加しないように通達を出している。(9) またこうした五條地域の状況に、当時大阪府会議員で今村勤三らと奈良県再設置運動に取組んでいた磯田清平（野原村）は、立憲政党が「其勢郡内に瀰蔓し、動もすれば郡民の福利をして党の犠牲に供せんとするの傾きあり」とあまりにも政党主導の動きを嘆いている。(10)

こうしたなかで、明治一六年（一八八三）三月、前年六月の集会条例の改正による弾圧の強化や党財政の赤字が要因で、立憲政党は総会で解党を決めた。

## 自由党・立憲改進党

桜井は「君茲ニ至リテ大ニ慨スル所アリ。再ビ東京ニ出デ直チニ自由党ニ入ル」（『小伝』）と、立憲政党解散に飽きたらず、自由党への入党を決めている。

すでに中央では、明治二三年を期して国会を開設すべき旨の詔勅（一〇月一二日）をうけて明治一四年一〇月に自由党（総理板垣退助）が結成され、大和の党員は一六名、関係者も含めると三二名（参考二一「自由党員名簿」参照）いたが、立憲政党員と重複する人もいた。

また翌明治一五年(一八八二)四月に立憲改進党(以下、改進党と略記)が結成されたが、大和の党員は八名、関係者四名(参考三「立憲改進党名簿」)で、大阪府会議員が多くを占め、今村勤三や恒岡直史がいた。

明治一六年から一七年にかけて五條や田原本などで学術講演会を開催、自由党の重鎮星亨や勝山孝三ら地方遊説員が訪れ、桜井や小川羊太郎・土倉庄三郎・同喜三郎・原田藤三郎らも演説を行っている。一月、学術講演会に弁士として岸田俊子・太刀婦志ら女性民権家を招いている[11]。

明治一七年(一八八四)八月、桜井は関東・新潟方面を漫遊し、各地の自由党員と交流、同二四日、東京府八王子村で開催された神奈川県懇親会で自由党総理板垣退助の演説を聞き、感銘したという。翌九月二四日、越後新潟で開催された北陸七州懇親会に出席、自由党の重鎮星亨の演説が官吏侮辱罪にあたるとして拘引された。桜井は「星氏ノ為メニ護衛ニ出頭シ大ニ強弁セシハ人ノ知ル処ナリ」(『小伝』)と、星の入監に臨んで、桜井は星に託されてその状況を東京の自宅や自由党本部に連絡をとったり、世話をしたという(『漫遊日誌』『小伝』)。この機縁もあって、桜井は星との関係を築くことになる[12]。

自由党は、政府の度重なる弾圧、板垣退助と後藤象二郎の洋行問題による内紛、自由党と立憲改進党の軋轢、党内急進派による暴動事件など混乱のなかで、明治一七年(一八八四)一〇月一九日、大阪北野太融寺で解党大会を開き、自由党は解党した。立憲改進党も大隈重信・河野敏鎌ら幹部が脱党して活動停止した。翌一一月、桜井らは、自由党の解党を受けて「政党の組織を解く以上懇親会が必要」と、宇智郡五條村講御堂で大和有志懇親会を開催し（『自由新聞』一一月二〇日付）、翌一二月、五條地域では国会開設短縮建白を協議、翌月に提出したという（『立政』一二月六日付）。

## （三）「甲申事変」と桜井徳太郎

もともと民権運動は、国家の独立と対外的な勢力伸長をめざす国権論の主張と結びついていた。民権家桜井徳太郎もその例外ではなかった。

明治一七年（一八八四）一二月、金玉均・朴永孝ら朝鮮の開化派は国内の改革を行うため、日本公使の援助のもとでクーデターを計画、失敗に終わった。これが「甲申事変」で、首謀者の金・朴らは日本に亡命した。

一方、中国から長崎に戻っていた樽井藤吉は、明治一八年（一八八五）一月に五條に帰郷し、同郷の桜井を訪問、日清開戦の危機感から義勇兵のことを相談、桜井は国家のために義勇兵を募ることなどを約束する。さっそく、十津川郷では「甲申事変」談判決裂にそなえて義勇兵の組織を決めている（『朝日』一月一一日付）。

桜井は、「大ニ政談演説会ヲ開キ、以テ輿論ノ注意ヲ喚起」（『小伝』）する必要を説き、義勇軍を編成し、「事若シ破裂セバ、直ニ其先鋒八道ヲ衝カントス」（『小伝』）と危機感を募らせている。二月二八日、桜井は「甲申事変」に関して政談演説会を開こうとして不認可となる。そして三月に「甲申事変」が報道されると、奈良の民権派の政談演説会は強烈な排外主義にあふれ、桜井も「富者財ヲ擲ツヘシ壮者身ヲ棄ツヘシ」という演題で演説した。

ところで、樽井は金玉均らを保護し、再挙を図るために「其資ナキニ苦シム」(『小伝』)、とあり、だいぶ資金に困っていたようだ。五月に樽井は桜井に三万円の資金提供者ということで、金玉均に引き合わせたが、それでも資金難にあえぎ、土倉庄三郎に資金援助を申し出たが、断られたという(「大阪事件・桜井徳太郎予審調書」(前掲『大和の自由民権運動』、以下「予審調書」と略記)。

明治一八年六月、樽井は桜井に長崎行きを打診、二人で朝鮮に渡ることを考えていたが、樽井は姿を見せず、八日に桜井は一人で朝鮮に向かった。二〇日に仁川に着き、さらに京城に行く。開化党勢力の組織、国内情勢の調査をするためで、頼りにしていた親友の小室信介(外務員として駐在)はすでに帰朝しておらず、村上中尉ら軍団もすでに帰国しており、金玉均から頼まれた書状も渡せず、落胆して失意のうちに帰国することになった(『小伝』)。

翌七月一三日、桜井は長崎に着き、樽井の立寄り先に連絡を取ったが、応答がなくさらに落胆、二一日五條へ帰った(『小伝』及び「予審調書」)。金玉均らのクーデター計画は七月下旬、未発に終わった。そして一一月二四日、桜井は別の行動計画をしていた大井憲太郎らが起こした大阪事件の嫌疑をかけられ(外患に関する事件)拘引されたが、翌明治一九年(一八八六)一二月七日、桜井は免訴となった。

結局、桜井も民権家によくある国権論に影響されたこと。桜井が地元五條を支持基盤に築いてきた民権運動から逸脱してしまったこと。しかも、樽井の金玉均らの再挙計画に翻弄され、「自分ハ樽井ニ瞞カレタルモノト思ヒ其後ハ尋モセス」(「予審調書」）と述懐している(13)。

## 三　大同団結運動以後の政治運動の時代

### 奈良県再設置　キリスト教入信

明治二〇年（一八八七）一一月四日、ねばり強い請願・建白運動が功を奏し、奈良県が再設置された。そして置県後、第一回の県会議員選挙をめぐり、地方政治は活発な動きを見せていた。同一五日、旧自由党奈良グループの玉置格・玉田金三郎・中山貞楠・大森敏寛・益田俊介らは、中村雅真・大森吉兵衛ら地元有志を加え置県に対する有志会合を開き、置県後の運動方針の確認、政談演説会の開催、興和会の結成などに取り組み始めた（『朝日』一一月一六日付、一一月二六日付）。

その前年の一二月、桜井は、外患に関する事件が免訴となったが、政治活動を再開することがなく、しばらく空白の時期が続いた。一連の「甲申事変」騒動で桜井自身挫折したのか、当時の心境を「深ク徳義ノ壊敗ヲ歎シ、之レヲ救済スル、一ニ宗教ノ力ニ頼ラサルヘカラサルヲ覚リ。（中略）精霊ノ感化ヲ受ケ、遂ニ熱心基督教ノ賛成者トナリ」（『小伝』）と述べ、翌明治二一年四月頃、桜井はキリスト教に入信し、五條教会（日本聖公会系の五條聖三一教会）の会員となり、英和学校の創設や廃娼運動に取り組んだ。すでに大和の民権運動家では、奈良グループのリーダー的存在である玉置格・中山貞楠・吉村大次郎・中野為一・井戸義光らも日本聖公会奈良教会に属しており、この運動の性格を考えるうえで重要であろう(14)。

## 大和の大同団結運動

これよりさき、自由党の解散と立憲改進党の分裂以後、後藤象二郎・星亨などが中心になって、国会開設に向けて旧民権派勢力の結集を図ろうと大同団結運動を進めた。折から条約改正案が屈辱的であることから、旧民権派による政府攻撃が盛り上がり、翌明治二〇年一〇月に、外交失策の挽回＝条約改正反対、言論集会の自由、地租軽減をスローガンに三大事件建白運動に発展、大同団結運動と結びついて全国的に反政府的な動きが高まった。奈良県からも同年一二月、三大事件建白のために、桜井をはじめ、樽井藤吉・恒岡直史・磯田清平ら一九名が上京した。桜井にとって政治活動の再開であった。大同団結運動が全国的に展開するなかで奈良県でも多くの政治結社が生まれた。

こうしたなかで、明治二一年九月一五日、十市郡田原本村浄照寺で「大和大懇親会」が開かれ、県下一五郡のうち、一三郡（平群・葛上を除く）八六名が出席、郡別団結の強化、全郡懇親会を年二回、五條・田原本・奈良で開くことなどを決めた。この懇親会には、植木枝盛・江口三省ら『東雲新聞』社員も参加、発起人二〇名の顔ぶれはほとんどが旧自由党の奈良・田原本・五條の有力メンバーであった。このなかに改進党系の石田定鹿・桜間要三郎ら『養徳新聞』の社員も名を連ねており、旧自由党系＝大同派と改進党系の有志が同一のテーブルについた点で画期的で、大和の民党再編の契機となった（『養徳』九月一八日付、『東雲』九月二二日付）。

表一は奈良県の主な政社・倶楽部の動きをまとめたもので、その後の政局の変化

表一・奈良県における主な政社・倶楽部一覧

| | |
|---|---|
| 寧楽交詢会 | 添上郡奈良町 一八八八年一月十七日 学術研究 酒井有・大森敏寛・益田俊介 |
| 中和倶楽部 | 十市郡田原本村 一八八八年十二月七日 大同団結・愛国公党派 戸田庄吉・片岡英夫・吉村大蔵・森田小平 |
| 南和倶楽部 | 宇智郡五條緑町 一八八九年一月二十日 大同団結 桜井徳太郎・小川羊太郎・小川次郎→大和第三区倶楽部へ |
| 金陽倶楽部 | 宇智郡五條西口町 一八八九年三月一日 大同団結 松本長平・古川治平・平田虎次郎→大和第三区倶楽部へ |
| 大和第三区倶楽部 | 宇智郡五條緑町 一八八九年五月六日 大同団結・大同倶楽部 桜井・小川・松本・樽井藤吉 |
| 北和倶楽部 | 添上郡奈良城戸町 一八八九年五月十一日 大同団結 |
| 平群倶楽部 | 平群郡龍田村 一八八九年六月十六日 改進党系 今村勤三・井上秀次郎 ※十月、「錦繡倶楽部」（大同団結 井上秀次郎・井上楢太郎）分立 |
| 大和大同義会 | 添上郡奈良樽井町 一八八九年八月九日 大同団結・愛国公党派 酒井・益田・大森・蓼原好規・喜多野文夫 ※政社として届出認可 |
| 東和倶楽部 | 宇陀郡榛原村 一八八九年十二月 愛国公党派 吉川徳三郎 |
| 大和自由苦倶楽部 | 添上郡奈良町 一八九〇年一月十二日 愛国公党派 酒井・益田・堀内忠司・吉川徳三郎 |

『大和の自由民権運動』（『奈良県近代史史料（一）奈良県近代史研究会編刊　一九八一』をもとに筆者作成。
＊右表以外に、「北郡山倶楽部」（添下郡北郡山村　大同団結・改正中止派）「畝傍倶楽部」（高市郡今井村）「吉野倶楽部」「下市倶楽部」（いずれも吉野郡下市村）「葛城倶楽部」などがあり、県内でも広がりを見せていた。

も関連づけている。主として奈良グループ及び五條グループを中心にのべる。

最もはやいのは、明治二一年（一八八八）一月の酒井有・大森敏寛ら奈良グループによる学術研究結社「寧楽交詢会」の結成（『日出』一月八日付）で、同十一月三十日に奈良樽井町の興和社（社長酒井有、常議員玉田金三郎・大森敏寛・八木逸郎・阪田稔）から奈良県大同派機関誌『興和之友』を発刊している（『興和之友』一一月三〇日付）。

これよりさき、明治二一年一月に桜井は『奈良新報』の発刊を計画した。奈良県が再設置されたものの、「此地未タ一新聞紙ノ発行スルモノナシ」（『小伝』）と桜井は考えたからである。結局この計画は実現せず、「時ニ同県ノ人今村勤三亦タ新紙発行ニ志アリ。依テ共ニ相謀リ、譲ルニ、調査ノ結果ヲ以テシ」（『小伝』、「奈良新報社規約草案」）と今村勤三に譲る形で、同四月一日、改進党系の『養徳新聞』の刊行となった。

つぎに五條グループの動きはどうであろうか。桜井や松本長平・磯田清平ら五條グループは、「大和大懇親会」をうけて、明治二一年一一月、「宇智郡有志大懇親会」を開き、「宇智全郡倶楽部」設立を決めた。大阪から東雲新聞の江口三省・栗原亮一、奈良グループから酒井有・玉田金三郎・磯田和蔵らが参加した。

## 郡役所移転据置・条約改正中止建白書

ところが、明治二一年一二月の県会で三輪郡役所・御所郡役所・五條郡役所の移転が決議されたことに対し、郡役所据置の運動が起こった。五條では一二月から翌年一月にかけて五條郡役所移転問題で、桜井と県議山県松太郎・磯田清平ら四名が交渉委員となり、県との交渉・請願活動に尽力し、吉野郡下淵村移転を撤回させたという(『小伝』)。桜井にしては珍しく、地元五條への地域貢献・「地域づくり」の一つといえよう。

翌明治二二年(一八八九)一月、桜井・小川羊太郎・山本岩次郎・栗山藤作・磯田清平・柏田久太郎らは、やや遅れて大同団結派の「南和倶楽部」(宇智郡五條緑町)を設立したが、同じ五條グループの松本長平・古川治平・柿本重左衛門・平田虎次郎らは三月、大同団結派の「金陽倶楽部」(宇智郡五條西口町)を設立、両者が対立するようになった(15)。

それからまもない、同年五月に合同し、大同団結・大同倶楽部派の「大和第三区倶楽部」(宇智郡五條緑町)が発足、桜井・井上・小川のほか、樽井藤吉も加わり、会員数は二五〇余名、幹事・常議員を選んだ。

なお、この年の後半、大隈条約改正案をめぐる建白運動が県内各地で起こっており、一〇月一五日、「大和第三区倶楽部」「大和大同義会」「吉野倶楽部」の三団体は、宇智郡五條講御堂で「第三回大和全国大懇親会」を開き、条約改正に関わる運動方針を協議した。また一一月六日、五條の磯田清平が有志一〇〇名の総代として条約改正中止建白書を県庁に提出している。桜井は「条約改正論ノ沸騰ニ際シ、君亦東馳西走攻撃甚タカム」と、この問題で東奔西走していたという(『小伝』)。もう一つの「地租軽減」問題については明らかでないが、関わっていなかったようだ(16)。

## 大同倶楽部・関西自由・改進党の三党派

これよりさき、大同・改進両派は対立を深めるなかで、明治二二年四月五日、『養徳新聞』は『大和新聞』と改題、改進党の機関紙としての性格をいっそう強めた。そして同二〇日、奈良極楽院で開催された「第二回大和全国大懇親会」を契機に大同・改進党は決別する。また大同派内部でも機関誌『興和之友』の日刊紙化をめぐり、愛国公党に連なる奈良グループの多数派(酒井有・益田俊介)は同八月九日、「大和大同義会」を組織し、翌明治二三年一月、大和自由苦楽部を結成する。それと桜井らの大同倶楽部派(桜井徳太郎・磯田和蔵・玉置格・大森敏寛)が分裂する。明治二二年七月二十五日、桜井を発起人として『大和日報』(のち『新大和』)の発刊を県庁に届け、同一一月大同倶楽部派の機関紙として発刊され、社長に玉置格が就任した。これで、『養徳新聞』(のち『大和新聞』)、『大和日報』、雑誌『興和之友』といった明治二十年代の大和の新聞・雑誌が出そろったのである。[17] なお、同六月に結成された「平群倶楽部」(平群郡龍田村)は今村勤三ら改進党系の団体であった。

帝国議会の開設を目前にひかえ、明治二三年一月の県内の勢力は、大きくは大同派・自由派・改進党の三党派に分けられ、大同派は、五條の「大和第三区倶楽部」を中心とした大同倶楽部(玉置格・大森敏寛・桜井徳太郎・磯田和蔵)に、愛国公党に連なる大和自由苦楽部の奈良グループ(酒井有・堀内忠司・益田俊介・蓼原好規・吉川徳三郎)は関西自由派となった(『中外電報』一月二五日)。

その後大同倶楽部と大和自由苦楽部の対立は、旧自由党中央における「三党調和」にもとづき、明治二三年六月一日、奈良三条浄教寺で「大和庚寅倶楽部」結成につながった（非政社、奈良町に倶楽部を置く）（『日出新聞』六月四日付）。そして立憲自由党から自由党となり、明治二六年（一八九三）五月に自由党大和支部となる。

## 四　第一回衆議院議員選挙と桜井徳太郎

### 衆議院選挙と桜井徳太郎・樽井藤吉

近代国家体制の根幹となるのは、何といっても憲法の制定であろう。明治二二年（一八八九）二月一一日、大日本帝国憲法が発布された。そして帝国議会が開設され、翌明治二三年（一八九〇）七月、第一回衆議院議員選挙が行われた。大同団結運動の中心人物である後藤象二郎が政府に入閣するという混乱があったものの、旧民権運動の流れをくむ民党各派は吏党（政府系の党派）をしのぎ、過半数の議席を占めた。ちなみに衆議院議員数は三〇〇名、うち立憲自由党が一三〇名、立憲改進党が四一名の民党計一七一名、吏党系は一二九名であった。奈良県では、第一区今村勤三（改進）、第二区堀内忠司（愛国公党派）、本間直（自由派）、第三区桜井徳太郎（大同派）が当選した。いずれも民党であった。

こうして桜井は念願の帝国議会に出ることになった。宇智郡としては最初の国会議員であったが。桜井の国会での活動についてはあまりよくわかっていない。『衆議院議事速記録』などを調べても、この二年間でとくに大きな提案や質問を行ったという事実はうかがえない。この間、明治二三年九月に立憲自由党が正式に結成され、桜井も入党した。そして翌明治二四年（一八九一）三月、立憲自由党は自由党

表二・衆議院議員選挙 奈良県当選者

| | | |
|---|---|---|
| 第一回（明治二三年七月） | 第一区 | 今村勤三（１３３５票／改進）<br>次点 玉田金三郎（８１２票／大同派）、矢野勝、前川廸徳、岩井尊美、稲葉通久 |
| | 第二区 | 堀内忠司（１１３４票／愛国公党派） 本間直（１０２１票／自由派）<br>次点 中島善十郎（９６２票）、服部蓊、小橋善太郎、宇陀太郎、恒岡直史、玉置格 |
| | 第三区 | 桜井徳太郎（２１０票／大同派）<br>次点 土倉庄三郎（２０５票）、森本藤吉（２票／自由派）、磯田清平、栗山藤作、山本源三郎 |
| 第二回（明治二五年三月） | 第一区 | 第１区 玉田金三郎（１２８５票／無所属民党）<br>次点 今村勤三（１００１票）、大森敏寛、前川廸徳、桐山真平、中山平八郎 |
| | 第二区 | 植田理太郎（１８９５票／無所属） 植田清一郎（１８２６票／無所属民党）<br>次点 桜井知則（１７５２票／自由）、堀内忠司、本間直、服部蓊、恒岡直史 |
| | 第三区 | 森本藤吉（２０３票／自由）<br>次点 桜井徳太郎（１９０票） |
| 第三回（明治二七年三月） | 第一区 | 第１区 中山平八郎（２２９７票／改進）<br>次点 吉田方正（７１４票／自由）玉田金三郎、中山平八郎、大森敏寛 |
| | 第二区 | 桜井知則（２１１１票／自由） 植田理太郎（１７８９票／中立）<br>次点 植田清一郎（１７３４票）、堀内忠司（１７２１票／自由）、岡橋治右衛門、服部蓊、恒岡直史 |
| | 第三区 | 松本長平（１９８票／無所属）<br>次点 桜井徳太郎（１７７票）、土倉庄三郎、磯田和蔵、大北作治郎 |

| | | |
|---|---|---|
| 第四回（明治二七年八月） | 第一区 | 中山平八郎（改進） |
| | 第二区 | 松尾徳三郎（無所属） 植田理太郎（中立） |
| | 第三区 | 大北作治郎（244票／進歩）<br>次点 磯田和蔵（79票／自由） 山縣松太郎（14票） |
| 第五回（明治三一年三月） | 第一区 | 中山平八郎（改進） |
| | 第二区 | 瀧口帰一（自由）、本間直（進歩） |
| | 第三区 | 磯田和蔵（自由） |
| 第六回（明治三一年八月） | 第一区 | 中山平八郎（改進） |
| | 第二区 | 瀧口帰一（自由） 本間直（進歩） |
| | 第三区 | 磯田和蔵（自由） 伊東四郎 |
| 第七回（明治三五年八月） | 市部 | 木本源吉（324票）<br>次点 大森吉兵衛（60票）、木本孫治郎、玉置格 |
| | 郡部 | 北畠具雄（2192票） 森田徳兵衛（2182票）<br>松本強二（2063票） 久保伊一郎（1816票）<br>次点 桜井徳太郎（1575票）、岡橋治右衛門（1489票） |
| 第八回（明治三六年三月） | 市部 | 木本源吉 |
| | 郡部 | 久保伊一郎（2194票） 松本長平（2185票）<br>北畠具雄（2074票） 平井由太郎（1858票）<br>次点 宇陀又二郎（1790票）、森田徳兵衛（1742票） |

| | | |
|---|---|---|
| 第九回（明治二七年三月） | 市部 | 米田実 |
| | 郡部 | 乾奈良吉（2574票）松本長平（2275票） |
| | | 久保伊一郎（1707票）北畠具雄（1652票） |
| | | 次点　平井由太郎（1544票） |

『衆議院議員選挙一件』（明治二三年、明治二七年、明治三一年）、『衆議院議員選挙ニ関スル書類』（明治二六年）、『衆議院議員選挙書類』（明治二七年）（以上『奈良県庁文書』）、『日出新聞』、『自由党報』などを典拠に筆者作成

と改称した。桜井は党務内規で外務を担当し、府県委員にもなった（『党報』一号）。ついで、明治二五年（一八九二）三月の第二回衆議院議員選挙では自由党の公認をうけ立候補した。表二にもあるように、このとき、第一区は玉田金三郎（無所属民党）、第二区は植田理太郎（無所属）と植田清一郎（無所属民党）、第三区は樽井改め森本藤吉（自由）が当選、桜井は次点で森本との差は一三票であった。桜井は以後、明治二七年（一八九四）三月の第三回選挙も党の公認をうけながら松本長平に二一票差で敗れ、次点に終わっているが、いずれも僅少差であっただけに、桜井には根強い人気があったといえよう。

ところで、第二回で不思議にも樽井が当選したが、これは、樽井にしては珍しく、明治二三年四月地元、宇智・吉野に関わる筏乗夫課税の問題に取り組んだ結果、地元の評価を得て、当選に結びついたと考えられる（『年譜』参照）。しかし、樽井はもともと一つの枠にはまらない人物であったため、自由党とは合わず、六月に脱党している（『党報』一五号）。

## 自由党員としての党活動

その後、桜井はどういう活動をしていたのであろうか。

桜井は、第三回衆議院議員選挙に落選以後選挙には出ず、自由党員として党大会があるごとに、代議員として出席している。『党報』を見る限り、桜井は鉄道行政に深く関わっており、とくに「奈和鉄道期成同盟」の一員として、紀和鉄道の問題で明治二五年一一月の第五回鉄道同志会の席上、「和歌山線路比較線ニ対スル意見」を報告している（第五章参照）。

また明治二六年五月に自由党大和支部が奈良樽井町におかれ、桜井は堀内忠司・磯田和蔵とともに、幹事に選ばれている（『党報三七号』）。同一〇月八日、自由党関西大会が岡山後楽園で開催され、奈良から桜井をはじめ、発起人五人（磯田和蔵・堀内忠司・桜井知則・坂本仙次）が参加した（『近畿自由』九月二一日付）。そして翌明治二七年四月自由党関西大会が奈良で開催されたとき、桜井は大会の趣旨を説明している。いずれにしても、桜井は自由党の大和支部の幹事として活動を続けた。

その後、自由党は、明治三一年六月に自由党と進歩党が合同して憲政党となった。これが日本で最初の政党内閣である。さらに四か月後の一〇月、憲政党が分裂し、旧自由党は憲政党を引き継ぎ、旧進歩党は憲政本党となった。そして明治三三年（一九〇〇）九月、星亨の画策もあって、旧自由党の憲政党は伊藤博文の立憲政友会に合流した。

こうした自由党以後の目まぐるしい変遷があって、最終的には立憲政友会が成立し、桜井も党員となった。その八年後の明治四一年（一九〇八）六月二一日、桜井は肺結核のために死去した。五一歳であった（『朝日』明治四一年六月二四日付）。五條二見の生蓮寺に葬られた。大正元年（一九一二）に五條和陽倶楽部（現在、旧五條市役所）庭内に西園寺公望の書「芳渓桜井君碑」が建てられた。

## 五　実業家としての桜井徳太郎と「地域づくり」の時代

桜井は、民権家として、さらに国会議員、政治家として活動してきたことはよく知られているが、実業家としての桜井の活動はあまり知られていない。そのなかで注目されるのは、鉄道事業であろう。

奈良県内の鉄道は、明治二〇年代から整備されていく。大阪鉄道の奈良‐港町間（明治二三年開通、同二五年二月全通）、王寺―高田間（明治二四年三月）、高田―桜井間（明治二六年五月）、初瀬鉄道の奈良―桜井間（明治三一年一〇月）がそれぞれ開通した。

### 【南和鉄道】

こうしたなかで、南和地方の鉄道事業が遅れていた。明治二〇年（一八八七）一月に創立された大阪鉄道は創立願書で、高田・御所・五條を経て和歌山に達するという計画路線をもっていたが、大部分が関西鉄道と重複したため、井上勝鉄道局長官は、五條―和歌山の路線を後回しにして計画を縮小して再提出させ、翌明治二一年（一八八八）三月に大阪鉄道に免許を与えた。

南和地方の住民有志は鉄道なくして地域の発展はありえないと考え、大阪鉄道との交渉を重ねたが進展せず、明治二二年（一八八九）春、葛上郡御所町の奥野四郎平ら有志が一会社を立ち上げ、これを南和鉄道と名付け、同一〇月、「奈和鉄道期成同盟」を組織し、葛上郡葛城村の喜多長七郎ら二五名が連署で創設願書を提出した。この路線が「鉄道敷設法」（明治二五年五月六日成立）の予定線となっていたこと、比較路線にあたっていたことで調査を要したため、免許が下付されなかった。というのは、この「鉄道敷設法」には第一期予定線として和歌山線を加えることになったが、そこには現在のJR阪和線がなく、大阪と和歌山を結ぶルート（紀泉線、現在のJR阪和線）と、奈良県の高田から五條、和歌山の那賀郡、伊都郡、和歌山を結ぶルート（大和線）が誘致運動を展開していたのである。[18]

そこで、宇智郡五條町の桜井徳太郎らが中心となって交渉を進め、明治二六年（一八九三）六月、「南和鉄道本免状御下付請願」を発起人総代桜井徳太郎名義で提出、翌七月二六日、免許状が下付された。桜井は、これよりさき、明治二五年（一八九二）一一月二二日の第五回鉄道同志会の席上、「和歌山線路比較線ニ対スル意見」と題して、大和線と和泉線を比較しながら大和線の正当性を主張している。

ともかく、南和鉄道の免許状が下付され、工事が始まった。取締役には、桜井のほか、土倉庄三郎・柏田久太郎・喜多長七郎・仲川範十郎らに決まったが、社長のポストをめぐって確執があり、自由党関係の取締役は桜井を推したが、結局、官吏出身の中西保に決まったという。[19]そして明治二九年五月に高田―葛間が開通し、同年一〇月、高田―五條―二見間が全通した。なお、五條―二見間は貨物線であった。

【紀和鉄道】

明治一八年（一八八五）、和歌山県会議長児玉仲児らが線路踏査図を作成するなど鉄道敷設の準備を進めていたところ、たまたま大阪鉄道の発起人が奈良王寺駅から分岐、五條から和歌山に至る路線を計画していることを知った。そこで児玉は、この線路踏査図を大阪鉄道発起人に届けたが、この計画は実現しなかった。

大和紀伊両国の有志は、鉄道敷設の計画を進め、明治二七年（一八九四）七月三日、逓信大臣から仮免許状の下付をうけ、奈良県五條町から和歌山県橋本町（現橋本市）を経て和歌山市に至る線路を実測することになった。翌明治二八年（一八九五）一〇月に総会を開き、本免状の下付を逓信大臣に稟請、明治二九年（一八九六）四月に下付された。そして明治三一年四月に営業開始し、五條――橋本間が開通、明治三四年一〇月に五條――和歌山間が全通した。

発起人は二五人で、当初発起人のなかに星亭が名を連ねていたが、途中で辞退している[20]。創立委員は、桜井徳太郎・柏田久太郎・岡本徳永・岡橋治右衛門・森田庄兵衛・華岡治兵衛の六人であった。目論見書によると、線路の延長三一哩二〇鎖、資本総額一四〇万円、旅客貨物収入一四万七五四七円となっている。

こうして紀和鉄道が創立され、明治三三年一〇月の創業総会で、取締役には、桜井徳太郎・岡橋治右衛門・森田庄兵衛・西風清五郎ら八名、監査役には中川三七ら三名を選出、社長には桜井徳太郎が選ばれた。その後、明治四〇年（一九〇七）一〇月に国有化されて現在ＪＲ和歌山線となっている。

## 【その他】

明治二六年（一八九三）六月に創立した松山共立銀行（頭取松尾徳三郎）は、その後、松山銀行と改め、さらに同年九月、大和銀行となった。本店は最初、宇陀松山町に始まり、その後、大阪市、御所町、松山町、五條市と移転した。そして大和銀行は大正六年（一九一七）七月、吉野銀行に吸収合併される。桜井は大和銀行の監査役を勤めた（明治二六年一〇月）。

このほかの「地域づくり」の事例としては、五條村の困窮を救うため、村の備荒貯蓄米を村吏と掛け合って分配させたり、明治二一年一二月、県会で郡役所の移転が決議され、五條郡役所も吉野郡大淀町下渕に移転を予定されていたが、桜井らはそれの据置運動を展開し、辞めさせた。また明治二二年一月に、五條から十津川郷に通じる道路開鑿の大工事を行ったことと、同年八月の十津川水害に、桜井は救米として玄米壱合を差出していることなどがあげられる（『小伝』）。晩年には、宇智郡役所の教育諮問委員などの嘱託をつとめた（「略履歴」）。

## おわりに

桜井徳太郎は、大和国宇智郡五條村出身で、民権家・政治家として活動し、そのなかで、キリスト教入信、政論新聞『大和日報』の発刊があった。一方、後半期には、奈良県の南和地方の鉄道事業を進めるために、「奈和鉄道期成同盟」を組織し、奈良と和歌山を結ぶ南和鉄道・紀和鉄道を敷設したり、大和銀行の監査役を務めたことは、桜井の数少ない実業家としての活動であり、「地域づくり」に貢献した数少ない事例である。このように、桜井は実業家というよりは、民権家・政治家・政党人としての活動が大半を占めたといえよう。

桜井の民権家・政治家としての特徴は、何といっても政党の活動に忠実で、徹底した政党人であった。桜井は戸長などの公職に一切つかず[21]、あくまでも個人の活動から出発し、村内に地域グループ（支持基盤）を作り、それを拡大し、政党化するという地域結合型のスタイルをとった在村活動型の民権家だった[22]。これは、近代政党の手法としては合理的な方法であった。自由党員がすべて桜井のようなスタイルを取ったかというと、必ずしもそうではなく、戸長から府県会議員、国会議員という地域密着型の一般的スタイルを取る人もいた。同じ民権家でも、樽井藤吉や土倉庄三郎とは異なった方向に歩んだといえよう。

桜井のこうした手法は、「地域」「地域づくり」をどのように考えていたのか。確かに自由党は「国家」あるいは「国家論」を論議する傾向が強いが、地域の問題にどう取組もうとしていたのかである。奈良県の場合、奈良県再設置という最大の課題をもっていたし、いわば府県制という大きな地方制度の枠組みに関わる問題でもあったにもかかわらず、桜井はそれに取り組むことはなかった。ここには、政党と「地域」「地域づくり」という大きな課題を提起しているといえよう。

桜井の五條村を中心に展開した民権運動・政治運動は、町民の政治意識を高め、大正から昭和初期に五條における政治抗争（政友会と民政党の対立）につながったといえる[23]。

| 和暦（陽暦） | 年譜／関係する出来事 |
|---|---|
| 明治二三年（一八九〇） | 一月一二日添上郡奈良町中院で自由懇親会開かれ、愛国公党派の大和自由苦楽部発会、酒井有・堀内忠司・益田俊介ら幹事となる。 |
| | 一月一七日玉置格らの廃娼会、丹波市村で廃娼演説会開く。この頃、五條でも廃娼論起こる。玉置格らキリスト教の信者は熱心にその説を唱える。 |
| | 一月二七日奈良・郡山の席貸業者談判委員、玉置格に廃娼建白書提出の中止を要求、自宅に押し寄せるなどし、玉置に面会のうえ認めさせる。 |
| | 二月二三日十市郡田原本村で「大和自由苦楽部」の臨時協議会が開かれ、集会条例改正建白など決める。 |
| | 三月一一日葛下郡高田専立寺で「大和自由懇親会」が開かれ、板垣退助は代議政体に関する演説を行う。 |
| | 四月筏乗夫課税の県会決議に反対し、宇智・吉野材木業者各地に集合、小牧知事に決議不認可を嘆願するため、土倉庄三郎・樽井藤吉ら三名の委員を選び、県庁に出頭。 |
| | 六月一日奈良町浄教寺で旧自由党中央の三党合同懇親会にもとづき、大和庚寅倶楽部結成。 |
| | 七月一日第一回衆議院議員選挙が行われ、第一区今村勤三、第二区堀内忠司・本間直、第三区桜井徳太郎当選。 |
| | 八月三〇日大和日報社、新聞廃刊を県庁に届ける。 |
| | 九月立憲自由党結成。 |
| | 一〇月二八日奈良町錦座で政談演説会、婦人弁士廃娼論を陳べるや一部の聴衆暴行に及ばんとする。 |
| | 一二月五條・高田の基督教青年会員、廃娼建白運動に尽力。 |
| 明治二四年（一八九一） | 三月立憲自由党、自由党と改称。 |
| | 一〇月党務内規、第一部（外務）桜井徳太郎、第五部（陸海軍）本間直・堀内忠司を任命。党大会出席者　桜井、府県委員となる（『党報』一号）。 |

| | |
|---|---|
| 明治二五年（一八九二） | 三月衆議院県選出、党派別新代議士、自由党森本藤吉、無所属民党玉田金三郎・植田清一郎、無所属未詳植田理太郎（『党報』九号）。<br>四月桜井、鉄道同志会幹事となる。同月自由党臨時大会、代議員城水兼太郎・小川羊太郎（『党報』一一号）。<br>六月第三区選出森本藤吉、自由党脱党（『党報』一五号）。<br>一一月二一日第五回鉄道同志会の席上、奈和鉄道期成同盟会委員の桜井は「和歌山線路比較線ニ対スル意見」を述べる。同月自由党関西大会評議員桜井出席（『党報』二四号）。 |
| 明治二六年（一八九三） | 一月自由党代議士総会、堀内忠司・桜井出席（『党報』二九号）。<br>一月二八日から三日間、自由党本部で鉄道に関する集会開催、線路委員の桜井は大和線について説明。<br>四月三日奈良県北山義会発会式、同地有力家東富蔵、倉谷新十郎、上平貞松ら自由党に加盟（『党報』三五号）。<br>五月一三日添上郡奈良町樽井に自由党大和支部がおかれる。幹事に桜井徳太郎、堀内忠司、磯田和蔵が就任（『党報』三七号）。<br>七月南和鉄道株式会社創立（御所町、高田―五條）、取締役に桜井のほか、土倉庄三郎・柏田久太郎・喜多長七郎・仲川範十郎・木村信一就任。資本金五〇万円）。<br>一〇月桜井、大和銀行監査役就任（任期三年）。<br>一〇月八日自由党関西大会岡山で開催。奈良から桜井ら出席。<br>一〇月二〇日紀和鉄道の発起人の一人であった星亭が重野徳次郎と交代した。<br>一一月一五日自由党定期大会、代議員として桜井・安川甚一出席（『党報』四九豪）。<br>一一月二五日桜井、自由党関西会の幹事辞任（『党報』五〇号）。 |
| 明治二七年（一八九四） | 二月第三回衆議院議員選挙の自由党公認候補として奈良県一区吉田方正、二区桜井知則・堀内忠司、三区桜井徳太郎と決定（『党報』五五号）。 |

| | |
|---|---|
| 明治二七年（一八九四） | 二月一五日板垣自由党総理一行来寧、歓迎員柏田久太郎・坂本仙次・安川甚一の三名、明石まで出迎える。奈良に到着。翌一六日田原本で板垣総理総選挙に対する方針を演説。ついで八木で政談大演説会開催、桜井知則・堀内忠司衆議選両候補挨拶。さらに一七日五條町、一八日高田町を訪れる。<br>三月衆議選の結果、二区の桜井知則は当選、吉田方正・堀内忠司・桜井徳太郎は次点。<br>四月一〇日自由党関西大会（於 奈良倶楽部）奈良で開催、桜井、大会の趣旨を説明、柏田久太郎・城水兼太郎ら演説（『党報』五九号）。<br>五月自由党臨時大会、代議員として桜井、城水兼太郎出席（『党報』六〇号）。<br>八月衆議選、自由党公認候補、奈良第二区桜井智則・岡橋治右衛門、三区桜井徳太郎（『党報』六七号）。<br>九月衆議院選の結果、第一区中山平八郎、次点吉田方正、第二区松尾徳三郎・植田理太郎、次点桜井知則、第三区大北作次郎、次点磯田和蔵（『党報』六八号）。<br>一〇月自由党臨時大会代議員坂本仙次（『党報』七〇号）。 |
| 明治二八年（一八九五） | 一二月自由党関西大会、京都で開催。発起人、坂本仙次・柏田久太郎・川久保鐵三・宇陀又二郎・岡橋治右衛門（『党報』九八号）。 |
| 明治二九年（一八九六） | 二月桜井、奈良県庁、勧業諮問委員に任命。<br>二月桜井、奈良県庁、県実業奨励委員に任命。<br>三月立憲改進党解党、進歩党となる。<br>四月紀和鉄道、五條で南和鉄道、橋本で南海鉄道・高野鉄道に連絡ということで政府の鉄道会議を通過、正式に敷設の認可を得た。<br>五月南和鉄道高田－葛（吉野口）が開通。桜井、紀和鉄道社長に就任。<br>五月「奈良県下の遊説」と題し、北部　川久保鐵三・松宮卯七・村山定次郎・鍵田忠次郎・内藤富之、中央　桜井知則・堀内忠次（司）・岡橋治右衛門、南部　磯田和蔵・柏田久太郎・平井由太郎・東富蔵・坂本仙次・藤田芳太郎・西村元十郎の名があがっている（『党報』一〇八号）。<br>九月自由党大懇親会、代議員桜井知則・安川甚一出席（『党報』一一六号）。<br>一〇月二五日南和鉄道営業開始（高田－五條二見）。 |

| | |
|---|---|
| 明治二九年（一八九六） | 一二月自由党定期大会、代議員宇陀又二郎・片岡英夫参加（『党報』一二三号）。 |
| 明治三〇年（一八九七） | 三月紀和鉄道起工式<br>五月桜井、自由党本部評議員。<br>八月桜井、奈良県庁、土木調査委員を嘱託。<br>一二月自由党定期大開、代議員宇陀又二郎・福井三郎出席（『党報』一四七号）。 |
| 明治三一年（一八九八） | 三月「吾党同志の当選　奈良県第二区瀧口帰一、第三区磯田和蔵」（『党報』一五三号）。<br>四月一一日紀和鉄道営業開始、五條町二見停車場が南和・紀和鉄道の接続駅となる。<br>四月桜井、大日本武徳会奈良県地方委員。<br>五月自由党臨時大会代議員岡本源逸出席。自由党大和支部春季総会、党員五〇余名、堀内忠司座長・宇陀又二郎・岡橋治右衛門・平井由太郎・藤田芳太郎・西尾小左衛門の各幹事、再選（『党報』五六号）。<br>六月自由党と進歩党が合同、憲政党となる。日本で最初の政党内閣の成立。<br>一〇月憲政党分裂、旧自由党は憲政党を引き継ぐ。旧進歩党は憲政本党になる。 |
| 明治三二年（一八九九） | 九月桜井、宇智郡役所、教育諮問委員を嘱託。<br>一〇月四日紀和鉄道（五条—橋本—和歌山）創業総会。発起人は南和鉄道と同じで、桜井徳太郎をはじめ奈和鉄道期成同盟会のメンバーで、それぞれ取締役、監査役となった。 |
| 明治三三年（一九〇〇） | 五月桜井、日本赤十字社奈良支部協賛委員を嘱託。<br>五月宇智郡役所、衛生諮問会員を嘱託。<br>五月宇智郡役所、図書館商議員を嘱託。<br>六月宇智郡役所、教育諮問特別会員を嘱託。<br>九月旧自由党の憲政党、伊藤博文の立憲政友会に合流。 |
| 明治三四年（一九〇一） | 一月立憲政友会大和支部結成、桜井は評議員。 |
| 明治三五年（一九〇二） | 五月宇智郡役所、勧業諮問委員嘱託。 |
| 明治四一年（一九〇八） | 六月二一日肺結核で病没。 |
| 明治四五年（一九一二） | 西園寺公望の書「芳渓桜井君碑」建立。 |

## 参考一　大和国の立憲政党党員及び関係者

| 党員 | 住所 |
|---|---|
| 玉置　格 | 添上郡奈良東向中町 |
| 武野　保太郎 | 添上郡大安寺村 |
| 中野　為一 | 添上郡奈良東向中町 |
| 畑野　吉治郎 | 添上郡奈良油留木町 |
| 閼伽井　純棟 | 添上郡奈良今辻子町 |
| 中村　雅真 | 添上郡奈良西御門町 |
| 松宮　宇(卯)七 | 添上郡奈良鍋屋町 |
| 矢阪　忍太郎 | 添上郡奈良東向中町 |
| 桐山　真平 | 添上郡櫟本村 |
| 菊田　雄吉 | 添上郡和爾村 |
| 松本　八郎 | 添上郡和爾村 |
| 稲辻　秀重 | 式下郡宮古村 |
| 土倉　庄三郎 | 吉野郡大滝村 |
| 土倉　平三郎 | 吉野郡大瀧村 |
| 伊藤　源吉 | 吉野郡鷲家口村 |
| **立憲政党関係者** | **住所** |
| ◎玉田　金三郎 | 添上郡奈良光明院町 |
| ◎奥野　四郎平 | 葛上郡御所村 |
| ◎桜井　徳太郎 | 宇智郡五條村 |
| ◎松本　長平 | 宇智郡五條新町村 |
| 保田　広吉 | 宇智郡須恵村 |
| 保田　広太郎 | 宇智郡須恵村 |
| 岡本　儀三郎 | 吉野郡西新子村 |
| 林　源十郎 | 宇智郡五條村 |
| 平井　甚平 | 宇智郡五條村 |
| 藤岡　長二郎 | 宇智郡近内村 |
| 津積　恒三郎 | 宇智郡五條村 |
| 沢井　基一郎 | 宇智郡五條村? |
| 小川　羊太郎 | 宇智郡五條村 |
| 磯田　清平 | 宇智郡野原村 |

『明治史料　第一集　自由党員名簿　附自由党会員名簿・立憲政党名簿』(明治史料研究連絡会、一九五五)、『奈良県近代民衆運動・関係者名簿(1)』(奈良県近代史研究会編刊、一九八一)などを基に筆者作成。

党員の欄の◎印は、明らかに党員と思われるが党員名簿に記載がない者。

## 参考二　大和国自由党党員及び関係者

| 党員名 | 住所 |
|---|---|
| 玉置　格 | 添上郡奈良東向中町 |
| 中野　為一 | 添上群奈良東向中町 |
| 畑野　吉治郎 | 添上郡奈良油留木町 |
| 閼伽井　純棟 | 添上郡奈良今辻子町 |
| 中山　貞楠 | 添上郡奈良東寺林町 |
| 村田　忠五郎 | 添上郡花芝町 |
| 吉村　大次郎 | 十市郡西竹田村 |
| 戸田　庄吉 | 十市郡田原本村 |
| 南　松次郎 | 十市郡 |
| 森田　秀吉 | 十市郡田原本村 |
| 辰巳　政吉 | 十市郡田原本村 |
| 巽　豊七 | 式上郡脇本村 |
| 土橋　秀吉 | 十市郡田原本村 |
| 鍵井　清造 | 宇智郡五條村 |
| 篠原(原田)藤三郎 | (宇智郡五條村) |
| 吉川　彦平 | 式下郡宮古村 |
| **自由党関係者** | **住所** |
| ◎稲辻　秀重 | 式下郡宮古村 |
| ◎土倉　庄三郎 | 吉野郡大滝村 |
| ◎桜井　徳太郎 | 宇智郡五條村 |
| ◎奥野　四郎平 | 葛上郡御所村 |
| 小川　羊太郎 | 宇智郡五條村 |
| 林　源十郎 | 宇智郡五條村 |
| 酒井　有 | 添上郡奈良町 |
| 益田　俊介 | 添上郡奈良町 |
| 大森　敏寛 | 添上郡奈良町 |
| 片岡　英夫 | 十市郡田原本村 |
| 吉村　大蔵 | 十市郡田原本村 |
| 森田　小平 | 十市郡田原本村 |
| 松本　長平 | 宇智郡五條新町 |
| 柏田　久太郎 | 宇智郡五條新町 |
| 磯田　和蔵 | 宇智郡五條村 |
| 井戸　義光 | 添上郡奈良中筋町 |

『明治史料　第一集　自由党員名簿　附自由党会員名簿・立憲政党名簿』(明治史料研究連絡会、一九五五)、『奈良県近代民衆運動・関係者名簿(1)』(奈良県近代史研究会編刊、一九八一)などを基に筆者作成。

自由党関係者の欄の◎印は、党員と思われるが党員名簿に登載がない者。

## 参考三　大和国の立憲改進党党員

| 党員名 | 住所 |
|---|---|
| 岡本　友三郎 | 添下郡佐紀村 |
| 森村　庄市郎 | 高市郡醍醐村 |
| 松尾　徳三郎 | 宇陀郡松山上中村 |
| 恒岡　直史 | 式上郡芝村 |
| 中尾　重太郎 | 広瀬郡池尻村 |
| 小橋　善太郎 | 葛下郡東室村 |
| 松田　弥五郎 | 十市郡大福村 |
| 谷原　弥三郎 | 葛上郡朝町村 |
| **立憲改進党関係者** | **住所** |
| 北畠　治房 | 平群郡法隆寺村 |
| 今村　勤三 | 平群郡東安堵村 |
| 中山　平八郎 | 山辺郡丹波市町 |
| 大北　作次郎 | 吉野郡増口村 |

林茂「立憲改進党員の地方分布」(『社会科学研究』九巻四・五合併号、一九五八)及び『奈良県政七十年史』(奈良県、一九六二)などを基に筆者作成。

《注》

1．明治期の奈良県は旧慣保存的な古い地域だけに、「開化」・近代化という要素はどちらかというと少ない。そのなかで桜井は、民権運動家として「開化」を象徴する人物であり、『大和日報』の発刊、キリスト教入信、「南和鉄道」「紀和鉄道」など鉄道事業に見られた実業家の活動などは「開化」のキーワードといえる。高木博志「1880年代、大和における文化財保存」（『歴史学研究』六二九号　一九九二）、同氏『近代天皇制の文化史的研究』（校倉書房　一九九七）、塩原佳典『名望家と〈開化〉の時代』（京都大学学術出版会　二〇一四）、飛鳥井雅道『文明開化』（岩波新書）（岩波書店、一九八五）など参照。

2．「地域づくり」という観点に立てば、桜井徳太郎ら自由党系関係者と、今村勤三・恒岡直史など改進党系関係の人々との地域づくりの違いはどうか。大きく分けたのは、明治一〇年代大和の最大の課題であった奈良県再設置運動への取組みであろう。桜井はこれに取組もうとしなかった。なぜか不思議である。民権運動という政党運動のなかで、地域をどうとらえるのか、政党と「地域」「地域づくり」の問題を桜井自身が模索していたのかもしれない。なお、竹末勤氏によれば、桜井は実業家として、アメリカでの米作や新潟の鉱山開発を手がけたが、すべて失敗したという（前掲『奈良県の百年』）が、詳細は不明である。

3．桜井家は菜種絞油業では幕末維新期に豪商家であった。「慶応二年　商売人名表」（『五條市史』上巻、一九五八）によると、桜井家、つまり牧野屋は、五条村の油稼人に牧野屋仁兵衛としてあがっている。また第一回衆議院議員選挙のさいの直接国税は五三円三三銭一厘であった。桜井の家族の詳細はわからないが、長男は徳義、その夫人は睦氏である。墓は五條二見の生蓮寺（真言宗）にある。明治四五年五月「芳渓桜井君碑」が五條町和陽倶楽部庭内に建てられる。

4．儒家佐野煥は、通称文郎、阿波の人、浪華斎藤鷲江に学ぶ。のち五条代官に聘せられ、多くの子弟を教える。孟子の講義は氏の得意とするところである。晩年高市郡今井町に寓し、明治23年7月逝去（『大和人物志』一九〇九）。

5．拙稿「明治一二年の郡山演説事件について」（『奈良県近代史研究会会報』第五号　一九八一）、北崎豊二「民権結社「交誼社」とその活動」（『奈良県近代史研究会会報』第七七号　一九八八）、同氏『近代大阪の社会史的研究』法律文化社　一九九四、鈴木康史「亜細亜大陸徒歩旅行者・原田藤一郎小伝（前篇）—大阪・奈良の民権運動と民権家・篠原／原田藤三郎—」（『奈良女子大学文学部研究教育年報』第一七号　二〇二〇）篠原藤三郎は原田藤三郎ともいい、奈良県に寄留。五條での政談演説会の弁士としてよく登場する。今まで出身地がわからなかったが、鈴木氏の研究で福岡県出身であることが明らかになる。

6．交誼社は大阪京町堀に設立された民権結社。社長は菊池侃二、社員としては上記の者以外に門野又蔵・岡軌光がいた。機関誌『明林新誌』を発行。ただ社員のうちに、「粗暴な論客」が多く、やがて「軽率輩の集合」と評され、植木や菊池らが退社、交誼社は短期間で解散した。前掲北崎論文。植木については「植木枝盛日記」（『植木枝盛集』第七巻　岩波書店　一九九〇）参照。

7．『小伝』によると、「明治十三年一月ニ至リ地方ノ富貫豪農及ビ老少有識ノ士、百八十余名ノ同志ヲ糾合シ、自由親睦会ナル一団体ヲ組織シ」とあるが、『大阪日報』記事などから判断すると、明治一四年（一八八一）こととみられる。

8．北崎豊二「近畿自由党の成立と明治一四年九月の戎座大演説会」（『大阪の歴史』第一九号　大阪市史編さん所　一九八六）、竹田芳則「立憲政党の展開と近畿の自由民権運動」（『ヒストリア』第一〇七号　大阪歴史学会　一九八五）、原田久美子「日本立憲政党決議録并出金表」（『日本史研究』一三二号　一九七三）

9．奈良県庁文書「明治十五年以降、郡長伺開申」

10．松尾虎吉編『大和美事善行録』（大和新聞社　一九一六）

11．岸田は桜井と家族ぐるみの付き合いをしていたといい、太刀は吉野郡大滝村（現川上村）の出身で岸田に弟子入りしていたという。星は桜井との親しい関係で五條を訪問した。また桜井と関わりの深い女性民権家としては影山英子・清水紫琴いた。前掲『大和の自由民権運動』、「花ひらくならの女性生活史」（ならの女性生活史編さん委員会『花ひらくならの女性生活史』奈良県　一九九五)、『興和之友』第五号(明治二二年三月一五日付)など参照。

12. 桜井徳太郎と星亨との関係は、桜井が関東・新潟方面に漫遊したさい、星が新潟で官吏侮辱罪で拘引されたさいにお世話をしたことが機縁で以後親交を深め、星は自由党の重鎮として地方遊説で五條を訪れたり、紀和鉄道の発起人に名を連ねたりした。桜井徳太郎との関係をまとめた論文としては、桝井孝爾「自由民権運動の展開と桜井徳太郎—星亨との関係を中心に—」(『史文』第一四号　天理大学史文会　二〇一二)がある。

13. 前掲『大和の自由民権運動』

14. もう一つ考えられるのは、奈良県の再設置が実現し、新生奈良県に向かって政界も動きはじめ、民権派奈良グループの玉置格や玉田金三郎・大森敏寛らも活動をはじめたが、桜井自身は奈良県再設置運動に関わってこなかったことで考えることがあったのかもしれない。『日本聖公会奈良基督教会八十年史』(日本聖公会奈良基督教会　一九六六)高宮茂道編『大和の宣教百年』(日本聖公会京都教区大和伝道区　一九八三)。

　玉置格ら奈良グループは明治一八年受洗。桜井ら五條教会関係では柏田久太郎・磯田和蔵などが受洗した。また柏田久太郎・磯田和蔵らキリスト者側と、梁瀬作礼ら仏教者側との間で有名な論争があったという(『五條市史』下巻)。

15. 桜井と松本長平は、民権運動当初から仲間であったが、松本が宇智・吉野郡役所の書記となって民権運動から離れ、さらに置県後最初の県会選挙に出馬、桜井派の山県松太郎と激しい選挙戦を展開するなど、桜井は松本と対立関係にあった。この対立を解消し、合同につながったのは、樽井藤吉と梁瀬作礼の仲介があったという(竹末『大和大同団結運動覚書』参照)。

16. 明治二〇年九月の地価修正「大和国委員人名表」には、磯田清平(野原村)、楠本助太郎(霊安寺村)中岩太郎(五條村)・山本七九郎らの名があるが、桜井の名前は出てこない。

17. 拙稿「奈良県における明治二十年代の政論新聞について」(『横田健一先生　古稀記念文化史論叢　下』　横田健一先生古稀記念会　一九八七)など。

18．松下孝昭『鉄道建設と地方政治』（『近代日本の社会と交通』（日本経済評論社　二〇〇五）
19．「近畿自由」明治二六年九月五日付
20．『奈良県庁文書　明治廿六年　会社一件』
「第十六号　紀和鉄道株式会社発起人加除届ノ件」一〇月二四日付で、星亨から重野謙次郎に交代した。
21．『立政』明治二六年一二月二六日付　明治一五年一二月に、桜井は一度だけ選挙で戸長に選ばれたが、櫻井は当時立憲政党員であったため、郡長に伺書を提出し、戸長は政党員でも差支えないかなど八点にわたって可否を問い、辞退している。府県会議員についていえば、松沢氏によると、自由党内では、「地方三新法」にもとづく府県会が設置されたとしても、政府による与えられた制度には乗らないという空気があった。桜井もそれに同調していたのかもしれない。松沢裕作『自由民権運動』（岩波新書）（岩波書店　二〇一六）及び『地方自治制と民権運動・民衆運動』（『岩波講座日本歴史』第一五巻　近現代一）（岩波書店　二〇一四）。
22．色川大吉『増補　明治精神史』（黄河書房　一九六八）
色川氏は在村活動家型民権家として平野友輔と細野喜代四郎の二人をあげているが、桜井はこの二人とは異なり、厳格な党人そのものであったと思われる。
23．前掲『五條市史』上巻

【参考文献】
土倉祥子『評伝土倉庄三郎』（朝日テレビニュース出版局　一九六六）
福家崇洋『樽井藤吉の軌跡と思想』（奈良県立大学ユーラシア研究センター編『奈良に蒔かれた言葉Ⅱ　近世・近代の思想』京阪奈情報教育出版　二〇二三）
中島敬介『土倉庄三郎―「不動」の人』（奈良県立大学ユーラシア研究センター編『大和の国のリーダーたち』京阪奈情報教育出版　二〇二三）

南都銀行行史編さん室『南都銀行小史』（南都銀行　一九八四）
新井勝紘編『自由民権と近代社会』（『日本の時代史』22）（吉川弘文館　二〇〇四）
稲田雅洋『自由民権運動の系譜』（『歴史文化ライブラリー』）（吉川弘文館　二〇〇九）
吉田栄治郎「南和鉄道敷設の功労者　桜井徳太郎」（『奈良をつくった人々』奈良県広報課　二〇〇一）
『日本鉄道史』（鉄道省　一九二一）
『日本国有鉄道百年史』（日本国有鉄道　一九七二）
和田萃編『奈良県の歴史』（山川出版社　二〇〇三）
坂野潤治『近代日本政治史』（岩波書店　二〇一二）

# 親和と道義の樽井藤吉

## ──嘘をついてはいけませぬ。

中島　敬介

樽井籐吉

では「大和国のリーダー論」の講義を始めます。今回は「樽井藤吉」です。私の研究対象は、世間から誤解を受けたまま忘れられそうになっている人物ばかりですが、樽井藤吉は例外と言えます。いやいや、人と為りや事蹟が正確に伝わっているのではなく、誤解すら生じないほど知られていないという意味です。どれほどの知られなさかは、後でゆっくり考察するとして、まず樽井の略歴をざっと見ておきましょう。

## 一　タルイ・トーキチ……誰？

### （一）履歴――右往左往

樽井藤吉（たるい・とうきち、一八五〇～一九二二）は、五條[1]の霊安寺に生まれた。

明治維新に発せられた五箇条の御誓文に感激した樽井は、明治六年（一八七三年）、故郷の五條を出奔した。新帝都・東京で国学を学び、政府への建言と批判を繰り返した。西郷隆盛に呼応して東北地方で挙兵を企て、失敗すると征韓の新拠点を求めて半島近海の無人島を探索した。日本最初の社会主義政党とされる「東洋社会党」を立ち上げたが結党直後に活動は禁止され、禁固刑をくらった。大陸に渡って政治的策謀を巡らせ、帰国すると「大阪事件」の国事犯として逮捕・拘禁された。無実が認められて放免されたものの直後に東京から追放、ほどなく再び収監された。時代を先取りするようなアジア主義の著書『大東合邦論』を漢文で執筆し、半島や大陸の革命家を唸らせた。地元奈良の県政にも口を出し、森本姓を得て衆議院選挙に打って出た。当選するや議場は「社会主義者」の出現に波風が立ったが、自身は民党（反政府）だか吏党（政府寄り）だか曖昧なまま、政界の大波の下で鳴りを潜めた〔2〕。条約改正問題に伴う抜き打ち解散で失職し、半島に渡って鉱山経営に手を染めた。事業を破綻させ郷里の五條に戻ると、晩年は天誅組の顕彰に奔走した。「明治維新発祥記念銅標」の建設を目論んだが果たせず、最後の伴侶となった女性からも同居を拒まれて、五條市内の「和陽倶楽部」〔3〕で病死した。享年七三。生家近くの満願寺で営まれた葬儀には弔う人もまばらであったという。

樽井藤吉の墓は、五條霊安寺――の「向ふの山の腹」〔4〕――にある、らしい。

以上は、樽井に関する従来の研究書や論文などを参考にしてまとめたものです。

〔1〕のように樽井は一般に「五條」の出身とされますが、正確を期すれば生年時点では宇智郡霊安寺村、東京への出奔時は南宇智郡霊安寺村です。五條出身と胸を張って言えるようになるのは樽井の没後、うんと経った昭和三四年（一九五九）以降です。ただ本講においては、知識をひけらかす以上の意味がないので「樽井は五條出身」としておきます。

〔2〕に対して『五條市史』（一九五九、六六七頁）では、議員在職中に「鉄道国営案」「銀行国営案」「米穀国家管理法案」等を提出したとされています。「帝国議会会

議録」では確認できず、後に触れる「建言書」との混同かもしれません。在職中に「国立銀行」設立の請願を行ったという説もありますが、これも不明です。

〔3〕の「和陽倶楽部」は「五條町和陽倶楽部」とも言い、先の『五條市史』には「現在五條市役所裏五條電報電話局」と書かれています。その後割烹料亭となって市役所敷地に併合されたとも聞きますが、設置管理主体や施設の性格・機能を含め、ほとんどわかっていません。この和陽倶楽部に樽井が入所した経緯はおろか、事実そのものについても残念ながら調べがついていません。

〔4〕は樽井の最後の伴侶となった女性の言葉（田中惣五郎『東洋社会党考』（一九三〇）一元社、二七七頁）です。『五條市史』（六六七頁）には、一九三一年に二人の甥が霊安寺墓地に樽井の墓を建立したと書かれています。墓石の表面に「樽井藤吉奥城」、裏面に「大正十一年十月二十五日帰幽」の文字があると載っているので、神式の墓なのかもしれません。

このように未確認事項が多く、この先も「未」の文字が取れる可能性は期待できません。あらためて、もう少し踏み込んで樽井の「行動」をトレースしてみましょう。

## (二) 特技――スリル／スピード／スケール……だけ。

政治面での樽井は、在野の（右翼）結社である玄洋社や黒龍会と近い関係で「暗躍」したが、政治ブローカーに止まらず、「表舞台」の衆議院で代議士を務めた。一期限りではあったが。

いち早くアジア主義を主唱した思想家であり、かつ実践的な社会運動家として、自由民権主義者のようにも、国権主義者のようにも振る舞った。青年期は探検家の顔を持ち、後には実業家の側面も見せ、晩年は郷土史家として健筆をふるった。

活動の分野は多様で、地理的領域は国内各地ばかりか海を越えて半島、大陸に及んだ。常にせわしなく、尋常ならざるテンションで明治・大正期の日本社会を動き回ったが、これといった具体の成果は記録に残されていない。

樽井の業績は、動きの素早さと規模の大きさ、そしてスリリングな冒険の香りに尽きるようです。不発に終わった無人島探索や破綻した鉱山経営は言わずもがな、思想家としても運動家としても政治家としても、そして郷土史家としても目に付くのは奇想に近い着想と事を起こす意欲や動機、せいぜいのところプロセスにおける奮闘ぶりばかりです。

## (三) 評価──観測地点を変えて

樽井藤吉が度外れに破天荒な人物であったことは疑えません。個々の行動には不穏な──いっそ不埒な──行動も散見され、とうてい「大和国のリーダー」に相応しいとは思えません。それでも私が見限れないのは、樽井の衆議院での発言が気になるからです。樽井の代議士時代、最も(おそらく唯一の)目立った行動は、衆議院本会議への緊急動議の提出です。私が気にしているのは、その提案理由の言葉です。

現代語で簡単に要約すると、

みなさん、いったん口にしたことは、必ず守りましょう。

このときの衆議院は尋常ではありませんでした。維新期以来懸案の条約改正問題で大荒れに荒れ、喧々囂々の議論ばかりか野次や怒号が飛び交い、政治的思惑や権謀術数の中、民党(議員)も政府も互いに譲る気配も見せずに迎えた議会の最終日、樽井は緊急動議を提出し、壇上から――小学校の教室以外では滅多に聞くことのできない――「言ったことは守りましょう」を提案理由としたのです。

略歴や行動からも明らかなように、樽井は世間知らずのナイーブな人間ではありません。その上での発言ですから、これは樽井の主義・信条と考えざるを得ません。議場を一層紛糾させる意趣もなかったことは、動議に一人の賛成者も出なかったことからも明らかです。

動議提出の経緯は後に詳しくみていきますが、本講に関わって留意しておきたいのは、議場で失笑(嘲笑)が湧き起こったことです。

このシーンこそ、リーダーの資質を問う上での分岐点です。嘲った選良たちと、嗤われた樽井。国を導くリーダーとして、どちらがより相応しいか。答えは明白だと思います。

「言ったことは守りましょう」。この古今東西普遍の道義を、樽井が国会の場で口にしたことが気になって、樽井のいくつかの著述を調べてみると、もう一つのキーワードが見つかりました。

これもまた、小学校の道徳の時間に教わりそうな「ひとには優しく接しましょう」を意味する「親和」です。どの著述にも、この「親和」の語が夥しく現れています。樽井にとっての「親和」は、時を問わず、政治的にも外交上でも、産業経済面においても、全社会活動領域を貫く最重要タームだったようです。

どうやら「親和」が、議会発言の「道義」を支えていたようです。樽井は晩年になって「大和主義」を唱えたと言いますが、その「大いなる親和」には、樽井の故国・大和が重なっていたように思われます。

以上の推測が間違っていなければ、樽井は「大和の国のリーダー」のパンテオンに入る資格は十分にあるはずです。

一般にリーダーとは「共通目標を設定し・チームを率いて・成果を出す能力を有する・者」と定義されますが、「大和の国のリーダー」に相応しいのは、そういうスキルを身につけた人物よりも「次代の奈良(大和)を良くしたいという・志《こころざし》を持つ・者」、そして「奈良」をより広域のエリア、さらには日本や世界に置き換えられれば、なお良いでしょう。

その観点から、樽井が五條を出てから五條で没するまでの起・終点の半世紀(一八七三〜一九二二)を、個々の事蹟の——絶対——評価から離れ、日本全体を見渡せるほどの高みから俯瞰してみることにします。

「起点」の時期、近代に入ったばかり日本という国は、五箇条の御誓文を国是に、小さな「蟻」のような樽井を載せて「坂の上の雲」に向かって一斉に走り出しました。やがて幕末の「半開国」・日本は、世界の「一等国」に成り上がり、世紀が変わり元号も明治から大正に移って「終点」の時期に至ります。

その過程で「五箇条」の理想は、国会開設や憲法制定、殖産興業の富国策、海外雄飛の殖民・強兵策として具体化されていきますが、必ずしも政治指導者たちが――同時代においても世代間においても――五箇条の理想や優先順位を統合的に共有していたわけではありません。各条は個別具体の立国論に分解され、闘争や虚偽や欺瞞、詭弁や策謀を含む、駆け引きの働く政治力学上の案件として進められていったのです。

そのような国の大きな――ある意味で歪んだ――動向を基準軸にすれば、蟻のような樽井の動きは、そのときどきで右往左往しているようにプロットされるしかありません。

しかし、樽井の動きを座標軸として固定すれば、国の動きの振れ幅は地震を示すグラフのように激しく上下するはずです。理想の国づくりを目指して「心を一つ」にして進めていれば、大地は蟻の動きに一致して、後の甚大な被災を避けることができたかもしれません。

## (四) 仮説――「道義と親和」の志

これは観念的な話ではありません。詳しくは立ち入りませんが、事実として明治維新以来の政府内部の不協和と軋轢が国家の大枠を歪め、主権の責任と所在を曖昧にし、社会不安どころか国家破綻の道を開いたのです。蟻(樽井藤吉)は大地の動きについていけなかったのではなく、小さいながらも懸命に大地（日本という国家）を諭そうと、あたふた動いていたのです。主権者が天地神明に誓った言葉なら、主権者はもとより、その国の民は上も下も関係なく、「すべて」を「そのまま」受け容れてこれを守らなければいけない、「いったん口にしたことは、守らないといけない」と。この樽井の言い分が本来の「正しい」取り組み姿勢だとすれば、彼の動きがことごとく不首尾に終わったのは——極論すれば——国家レベルの動きが「正しくなかった」からです。樽井の「小さな物語」は筋が通っていたが故に、筋の通らぬ国の「大きな物語」から弾かれてしまった。

　不安定に揺動する大地から離れて樽井の動きを俯瞰すると、半世紀のあいだ一貫して揺らぐことのなかった価値観——「道義」と「親和」の志《こころざし》——が浮かび上がり、その「志」が一見すると出たとこ勝負的で、不規則なベクトルにしか見えない諸活動を束ね、「五條発・五條着」の一巡りの軌跡を描く誘導標となっていたことが、見て取れるのではないかと思います。

　本講では、樽井藤吉が「道義」と「親和」という人類普遍の、しかし並の人間には守ることのできない——口にするのも難しい（恥ずかしい）——二つの「志」を堅持していたこと、これを「樽井＝リーダー」論の仮説とし、一八七四年ころからの政府への建言書／一八八二年の「東洋社会党」関連の記事／一八九一年「請願書」／一八九三年『大東合邦論』／一九一九年『明治維新発祥記』の記述／『大東合邦論』出版時の一八九三年における衆議院での発言内容を、樽井藤吉の略年譜や世評、また先行研究も参考に考察していきます。

終業のチャイムが鳴るころ、樽井藤吉は「大和の国のリーダーたち」のパンテオンに居場所を確保できているでしょうか。ほんの片隅のちっぽけな、目立たぬ場所であっても。

## 二　樽井藤吉の人物像

冒頭でもお話ししたように、地元の奈良県や五條市でも樽井藤吉はほとんど知られていません。そもそも樽井という人物はどのように紹介されているか、いくつか見ていくことにしましょう。

まず国会が編集した衆議院の議員名鑑の記述です。

### (一) 公的紹介

森本藤吉　奈良県第三区選出　無所属
嘉永二年八月生・明治二十八年旧姓(樽井)に復帰す・奈良県出身・漢学を修む○肥前島原において東洋社会党を結成す、のち清韓問題、大陸政策に尽瘁し、東洋学館(上海)設立に参加す、また朝鮮羅南、清国漢口にて鉱山を経営す著『大東合邦論』「明治維新発祥記」○当選一回(二)○大正十一年十月二十五日死去

衆議院・参議院編集『議会制度七十年史 衆議院名鑑』(一九六二)大蔵省印刷局、五一三頁

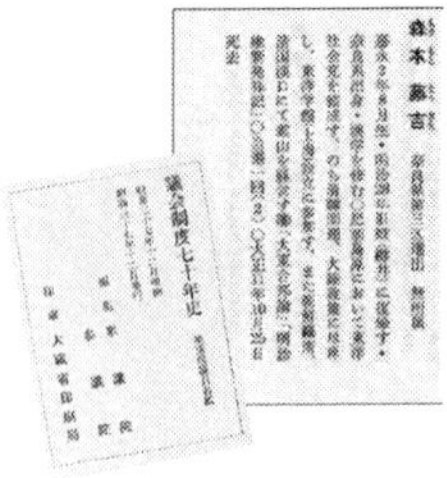

公的紹介

これ以上、省略できないほど短い紹介ですが、その短い文章の中の生没年も実はあやしい。生年は嘉永三年四月説があり、没年は他に九月二五日／二月二五日説があります。

問題はどちらが正しいかということではなく、国権の最高機関である国会が編集した議員名鑑の記述を、あらためて糺そうと動いた人がいなかったことです。人が動かないなら人工知能はどうか。今をときめく生成ＡＩ、Chat GPTに質問してみました。

## （二）生成ＡＩ――ギブ・アップ――！

「樽井藤吉について教えてください」

樽井藤吉《たるいとうきち》は、明治時代から昭和時代にかけて活躍した日本の実業家であり、教育者でもあります。樽井藤吉は、一八六三年（文久三年）に兵庫県神戸市に生まれました。〔…〕

「奈良県五條市出身の樽井藤吉を教えてください」

申し訳ありませんが、私の知識の範囲では、奈良県五條市出身の樽井藤吉について具体的な情報を提供することはできません。〔…〕

いずれもChatGPTの回答（二〇二三、〇六、一〇 〇八:一五）

人類への脅威が心配される生成ＡＩも、樽井藤吉には歯が立たない。ならば樽井と同時代にタイムスリップして郷里・五條の人に聞いてみましょう。

## （三）郷里の人の声――「ちっとも知らんのですのよつて」（一九二九年夏ごろ）

「君、樽井藤吉といふ名を聞いたことがあるかい」
「おまへんなあ、何かした人どすかへ」〔…〕
「代議士にも出た人だし豪い人なのだ」
「〔…〕わてら何にも知らんよつて」
「それぢゃ土倉を知つてるか」
「土倉はんやつたら、えかいお金持ちやすさかい、わてらも知りますが、樽井なんて人はちつとも知らんですのよつて」

田中惣五郎（一九三〇）前掲書、二頁

これは樽井の死亡から十年も経たない時期の会話です。絶望的なまでの知名度の低さは死後そうなったわけではなく、先に見たように葬儀の会葬者が微々たるものであったことからすると、死去した一九二二年の時点ですでに生家の周辺でも樽井藤吉は忘れられた――過去の――人であったのかもしれません。

樽井は百年近く前の一時期、束の間だけ脚光を浴びたことがあります。ただこれも樽井藤吉の再評価というよりは、当時の国家を挙げた海外拡張政策を正当化する動きの一部で、戦後になると樽井藤吉は、せいぜいアジア主義や国家社会主義、政党史の文脈でときおり断片的に――時によって肯定的にも否定的にも――取り上げられる程度です。

複数の資料から樽井の――決定版ではなく暫定的な――略年譜を作ってみました。簡単に見ていきたいと思います。

## (四) 略年譜

・一八五〇年(嘉永三)四月　大和国宇智郡南宇智村大字霊安寺(現、奈良県五條市霊安寺)の材木商の家に次男(兄弟姉妹は四人)として生まれる。

・一八六三年(文久三)　郷里・五條を舞台に「天誅組」事件が勃発。

このとき、樽井は一三才。知識も増え、大人並みに物事の理解ができるようになり、多感でもある時期に「天誅組」事件が起こっています。私は樽井がリアルに――近いかたちで――この事件を体験していると思っています。

・一八六八年(明治元)　「五箇条のご誓文」に感激して奮い立つ。

・一八七三年(明治六)　突如として生家から出奔。

商用と称して大阪に行き、外国船で東京に出ます。樽井は材木商の家政を継いでいたのですが、家業も家族も捨てる勢いで家を飛び出しています。樽井は「材木を運搬して一ぷくして居る時、天来の福音の如く」、社会主義としかいえないアイデアが浮かび、自分の家よりも社会全体に尽くすという思いにとらわれたと言っています。

東京にでた樽井は、吉野郡宗桧村の出身の瀬川礫という人物の下に身を寄せます。瀬川の紹介で西郷隆盛の食客になるところ、前日に西郷は下野したため瀬川から黒田清隆への寄食を斡旋されるが断り、井上頼圀（平田派の国学者、「神習舎」主宰）の門に入り、国学を学びます。

西郷を紹介した瀬川は保中富之助とも名乗り、当時大教院大講義（教導）の職に就いていました。神官だとすれば、樽井の墓に刻まれた「奥城」や「帰幽」にもつながっているはずです。樽井藤吉に関わるキーパーソンの一人でしょうが、調べがついていません。

上京の直後から、樽井は政府への政策建言を重ねています。並行して「新聞」を発行し、政府批判も繰り返しています。その時の筆名が「丹芳」。丹生川と吉（芳）野川が落ち合う郷里・五條に因む雅号です。五條出奔以降も樽井の脳裏から郷里が消えていなかったことが窺えます。

・一八七七年（明治一〇）　西郷隆盛への支援活動として、六月八日から一月ほど東北地方で挙兵を画策（失敗に終わる）。
それより前の五月一日、確かな筋から西郷の謀反は大久保利通の「でっちあげ」という情報を得ます。証拠を示す文書を手に、真偽を質すべきと岩倉具視に直談判しますが、やりたいなら勝手にやれ、あとはどうなっても知らんぞと脅されてすごすご引き下がります。岩倉と知り合った経緯はわかりません。樽井は生活のために貴族会館で下足番のような仕事に就いていたと言いますから、その関係かもしれません。

・一八七八年（明治一一）一二月　三年ほどかけて、新たな征韓拠点として無人島を探索。

目的の島は済州島とも言われますが、詳細は不明です。
・一八八二年（明治一五）五月二五日　肥前島原（長崎の島原市）で、「東洋社会党」を結成。
・同年　六月二〇日、内務卿から「集会条例」により解散命令を受ける。
・一八八三年（明治一六）一月六日、「党則修正草案」を印刷・頒布。
・同年　一月二五日、その印刷・頒布が「集会条例」違反とされ一年の軽禁固刑。
・一八八四年（明治一七）三月二八日、出獄。
この後、福岡の九州改進党大会で玄洋社の頭山満と出会っています。

八月、「清仏戦争」が勃発し、これに乗じて陸軍参謀本部の小沢豁郎（中尉）らが中国侵略（あるいは中国国内革命）を企てる動きを見せると、樽井は一般の評価によれば煽動するために、本人の主張によれば抑止するために、中国・福州に渡ります。

そのまま中国に残り、年末になると滞在していた上海で金玉均の日本亡命情報を受け、ただちに帰国します。翌一八八五年（明治一八）一一月、樽井とは別に金玉均支援に動いていた大井憲太郎らが逮捕される（「大阪事件」）と、樽井は大井の一味と疑われ、同郷の桜井徳太郎とともに捕縛されます。巻き添えを食ったのですが、事情は少々複雑で、もともと警察は東洋社会党の首謀者・樽井藤吉の動きを見張っていた。樽井が大阪の特定の寺院に足繁く通い、また桜井と頻繁に会合しているのを怪しんでいた。桜井は星亭の講演会に新潟まで出かけたり、そのあとも半島に渡ったり、大井とも親しかった。そうなると樽井も怪しいとなって、樽井〜桜井〜大井とリレーされて事件が発覚し、大井からスイッチバックするかたちで樽井も逮捕されました。

裁判の過程で樽井も桜井も釈放されますが、桜井は証拠不十分、樽井は事実関係なし。樽井が亡命直後の金玉均に接近したのは大井らとは全く別の動きで、頭山満らと謀って新政府を京城（ソウル）に建てる計画でした。ところが金に渡す出兵資金のスポンサーとしてあてにしていた土倉庄三郎から「現金はない」と断られ、樽井の「征韓」論的な計画は頓挫します。このとき樽井が頻繁に会っていた桜井がどういう意図を持っていたのか。大井らのように対外関係を混乱に乗じて国内政治の変革を狙っていたのか、樽井や頭山らの韓半島における新政府樹立の計画に同調していたのか。これが中央の政局と関わって、のちに樽井と桜井とが、選挙で争う動きにもつながっていくと思っています。

土倉の動きも気になるところで、第一回の選挙では桜井を応援し、二回目は樽井を全面支援しています。樽井も桜井もどちらの選挙にも立候補していたのに、です。これと樽井からの資金要請を断る動きとに関係があったのかも気になっています。

さて、樽井に話を戻すと、

・一八八七年（明治二〇）一一月　井上馨（外相）の条約改正案に反対する「秘密文書」を出版。

秘密文書とは樽井が勝手につくった文書という意味です。「ボアソナードの条約改正反対の意見書」他三文書を入手すると、これに樽井本人の「檄文」を加え謄写版刷りにして星亨が経営していた「目ざまし新聞」に持ち込みます。星が不在で話がつかず、結局「商況新聞社」から出版します。ただで済むはずがなく一二月二四日に逮捕されます。このときは幸い免訴により出獄しますが、翌一二月二五日唐突に制定・施行された保安条例により、尾崎行雄や星亨、中江兆民らとともに帝都（東京）追放処分を受けます。

・一八八八年（明治二一）一月　出版条例違反と官吏侮辱罪が重なって逮捕・収監。

・一八八九年（明治二二）二月　大日本憲法発布による大赦で出獄。

この年、「請願書」を第一回帝国議会に提出しています。この著述については後でふれます。

・一八九一年（明治二三）～　後に刊行される『大東合邦論』を『自由平等経綸』（中江兆民が創刊）に連載。

・一八九二年（明治二五）二月一五日　森本藤吉名義で衆議院議員（第二回総選挙）に当選。

これには、土倉庄三郎の資金援助を含む全面的なバックアップと、品川弥二郎の側面支援がありました。「森本」となったのは被選挙権の納税資格を得るために森本家に入籍したからです。議員在職中はほとんど「社会主義」的な振る舞いを見せないまま、一八九三年（明治二六）一二月三〇日に衆議院は解散。翌年の第三回選挙には立候補していません。できなかったのかもしれません。

そしてこの年、

・一八九三年（明治二六年）　『大東合邦論』を刊行。

先の『自由平等経綸』の連載記事を加筆修正したもので、これについてもあとで触れます。

以降の動きは時期がはっきりしません。韓半島の鉱山（北部の永興郡里鉛山かも。炭坑の可能性もある）経営をするが失敗。その後郷里・五條に戻り、一九一七年（大正五）六月ごろから有志三五名と天誅組の功績を称える「明治維新発祥記念銅標」建設運動を行い、

・一九一九年（大正八）　『明治維新発祥記』を出版。

記念銅標の建設が実現しないまま、前年の一九一八年ごろから「中風」を患い、伴侶となっていた女性から同居を断られ、「和陽倶楽部」に移り、

・一九二二年（大正一一）一一月二五日に逝去。享年七三。

この波瀾万丈と言える、というより波瀾万丈としか言いようのない樽井藤吉、その後の人々にどのように映ったでしょうか。

## 三　人物評

### （一）謎の人

樽井藤吉の事に至ては従来殆ど全く知られて居ない。樽井の友人〔…〕とても其の知る所は明治二十年代暫くの間の樽井の一面に過ぎぬ。〔…〕総じて樽井は我々に取ては永い間謎の人物として残つてゐたのであつた。

吉野作造「推薦の辞」田中惣五郎（一九三〇）前掲書、推薦の辞三・四頁

民本主義で有名な吉野作造は、一九三〇年時点ですでに樽井藤吉は全く知られていない「謎の人」だと言っています。

しかしその一〇年前、中井錦城というジャーナリストは「東洋社会党」と『大東合邦論』を引き合いに出して樽井を論じていました。

### （二）天下の奇士

樽井藤吉は天下の奇士である。彼は明治のあらゆる国事犯事件に連累して、牢獄に繋がれ、又長崎で始めて東洋社会党を組織し、同じく執られて囚屋に送られた。彼は嘗て漢文を以て東洋連邦論を著し、之れを出版した。一篇の主意は日本を連邦制度と為し、朝鮮が連邦に加入するを欲せば之を許し、満

州。蒙古が連邦に加入すると欲せば、又之を許し、そして日本を盟主とすること、独逸連邦の普土亜を盟主に推すがごとくすべしといふにあつた。

中井錦城『無用の書 丑の巻』（一九二三）実業之日本社、一三四頁

中井は樽井とは親しい関係にあったようで、樽井本人から聞いたという「大阪事件」に連座したときのエピソードも記しています。この講義に関わって気に留めておきたいのは、吉野が「謎の人」と呼んだ、その一〇年前でも「東洋社会党」と『大東合邦論』が、樽井のトレードマークのようになっていたことです。

時が移り、日本が戦争に急傾斜していくと、樽井は束の間、脚光を浴びる存在となります。

## （三）「明治初年の先覚者」

樽井藤吉翁は大和宇智郡南宇智村霊安寺の生んだ明治初年の先覚者であつた。実に明治の社会運動史を繙くもので翁の名を知らぬものは恐らくはなからう。明治十五年に〔…〕東洋社会党を宣言し党員忽ち三千を得たのは日本社会運動史の第一頁を飾るものであつたが〔…〕明治十年左院に船舶造営案を建議採用されたのを始めとし初期の議会には大和選出の代議士となり鉄道国営案、銀行国営案、米穀国家管理法案を提出した等は皆彼れの先賢の明を語るものであらう。〔…〕かつて明治二十六年「大東合邦論」を著作し日韓合

邦の急務を説いて之れを要路の大官や新聞社に寄贈した。

田村吉永「故樽井藤吉翁と大東亜共栄圏建設」『大和志』第八巻第二〇号（一九四一）、三八三頁

## （四）「社会思想家で〔…〕実践家」

樽井藤吉は、社会思想評論家であり、また、実践家でもあつた。〔…〕明治二十六年、かれの著はすところの「大東合邦論」は、今日の大東亜共栄圏思想の萌芽である。まづ、日韓締盟して合邦となり、更に清国に及ぼし、アジアにおける民族が一致団結して異民族に対立すべきことを強調した。

竹内尉『海とその先駆者』（一九四三）健文社、三一四頁

時局を映して、東洋社会党の社会主義は大政翼賛会的あるいは産業報国会的に、そして大東合邦論のアジア主義は大東亜共栄圏的に、どちらも高く評価されています。しかし先記（二）の中井の記述を見れば、そのほんの二〇年前に、東洋社会党は官憲によって禁止される「危険」思想、『大東合邦論』はせいぜいアジアの連邦制をめざす非現実的な主張と考えられていたのです。言うまでもなく、東洋社会党や大東合邦論が趣旨や内容を変化させたわけではありません。評価する社会の基軸や価値観が「ころころ」変わってしまっていたのです。

さて、樽井自身に視線を移すと「先覚者」だの「思想家／実践家」といった人物評的な文字が躍っていますが、内実はすべて「東洋社会党」や『大東合邦論』への評価

です。樽井藤吉とは、思想や著作で知られるだけの、誰にとっても正体不明の「謎の人」だったのでしょうか。

## （五）「日本名士とは〔…〕樽井藤吉」

彼と蒼海伯とのこと〔樽井が終生副島種臣を師と仰いだこと〕は既に述べた。其他岩倉の前に現れ、東久世の前に現れ、板垣の前に現れた。彼は、パトロン土倉の娘を内田康哉に娶すことに成功して居る。彼は又、パトロン北の娘を副島の当主に送ることに成功して居る。彼の支那大陸続行の便は、この内田伯の手で扱はれたものが多いのである。〔…〕朝鮮人の見たる日本名士とは誰か、それは樽井藤吉であると云ふ時代すらあつた。彼の著書「大東合邦論」と、彼の足跡が天下に遍かつた故である。

田中惣五郎（一九三〇）前掲書、三〇 - 三一頁

五條の北家のお嬢さん――ミネさん――が副島種臣の子息・道正に嫁ぎ、土倉の娘の政さんが内田康哉と結婚したのはどちらも樽井の仲立ちで、樽井が中国と日本を行き来できたのも、政の夫である内田のはからいだ、と。もちろん、これが当時の一般認識だったわけではなく、この記述も――当時存在したらしい――樽井の自叙伝からの引用でしょうから、割り引いて考える必要があります。一方先の略年譜で見たとおり、樽井は実に多彩な人物と交際があり、その範囲でそれなりに知られ

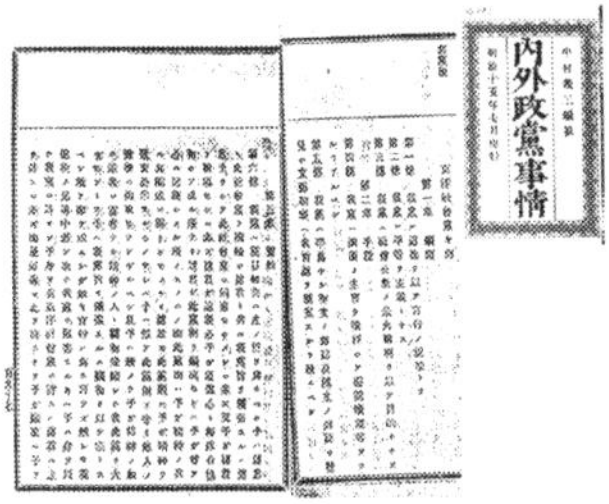
内外政黨事情

東洋社会党党則

た人物であったことは間違いありません。ただ、その知られ方が表彰や顕彰を伴うかたちで、広く社会に浸透していくタイプものではなかった。これも確かなことだと思います。

引用の末尾あたりに「半島の人にとって日本名士とは樽井藤吉である」と記されています。その風評を生んだのは『大東合邦論』ですが、まず時間的に先行する「東洋社会党」の党則から、樽井の政治思想を確認しておきたいと思います。

## 四 「東洋社会党」（一八八二）——樽井の政治思想

### （一）評価

・「頗ふる過激の徒多く」　中村義三『内外政党事情』（一八八二）自由出版会社

・「思想穏健を欽き、行動常軌の外に馳する」
　若林清『大日本政党史』（一九一三）市町村雑誌社

・「諸外国の社会党に影響を受け〔た〕遠大なる社会運動」
　崔栄漢『日本無産政党全線に亘って』（一九二七）共栄社

・「この党の実体については〔…〕まだ解決していない」

・「当局者が之を禁止したのは、無理ではない」
　田中惣五郎『東洋社会党考』（一九三〇）一元社

宮武外骨『禁止されたる政党』（一九三一）半狂堂主人（宮武）外骨、四 - 八頁

最初の二つからすると、東洋社会党は「まとも」な政党とは思えません。これに対して三つ目は、ヨーロッパ的な社会主義の流れを汲むと評価している。立場によって評価が錯綜し、四つめのとおり、実態がよくわからない。

はっきりしているのは五つめ。事実として政府から解散命令を受けたということです。この五つめの引用元には、さまざまな新聞記事が転載されていて、最後に「当局者が之を禁止したのは、無理ではない」と結論づけています。しかし、これに所収された新聞記事によると「旧来の陋習を破り天地の公道を敷く」という標榜自体に嘘があると書いているわけではないし、

△露国は壱岐対馬を占領せんとす　同年七月五日の『東京日々新聞』に「東洋社会党は追々本色を顕はし佐賀大村辺へ赴き豪農商の家へ推掛け金銀を強談し時としては隠密の集会をなすよしされど是は名を借し凶者の悪業なるべし真正の彼の党員にはあらざるべし又自ら社会党員と名乗り〔…〕壱岐対馬の両国へ派出し〔…〕露国は壱岐対馬二島譲与の節を称ふるに我政府は〔…〕何様の処置に及ばるゝや計り難しなど容易ならぬ説を叩くに愚民は実と心得て心配するが多しこれも前の如く同党の名に託して附会せし凶漢の所為なるべしといへり」

この記事のように、悪業を働いたのが党員ではなく党の名を借りた悪人だったのなら「当局者が之を禁止したのは、無理ではない」という結論にはならないはずです。

当時、社会党や社会主義という言葉がコミュニズムやアナーキズムと結びつけられていたことを反映し、東洋社会党は内容がほとんど検証されないまま、ア・プリオリに嫌悪されていたと思われます。この引用元の著者は宮武外骨。幼名の亀四郎から名付けた外骨は戸籍上の本名で、旧弊な思想や考え方を嫌い、また反官僚・反政府を貫いた、その名の通り骨のあるジャーナリストです。そういう人物ですら、当時は「当局者が之を禁止したのは、無理ではない」という感想しか残せなかった。逆に先の三つ目の中点のように、同じく内容が検証されないまま社会党という言葉だけで、高く評価されてしまうことも後には起こっています。

「禁止されて当然の政党」であったかどうか、樽井がつくった「党則」で検証しましょう。

### (二) 党則(抜粋)

言行の規準は道徳(第一條)。平等主義をとり(第二條)、社会公衆の最大福利を目的とする(第三條)。この趣旨を普及するために、和文と共に漢文の冊子もつくって半島や大陸にも配布する(第四條)。そして第六条、

我が党は党員相共に左の誓を為すべし〔…〕諸君が道議心予が道議心と相感合

協和して成る所なり〔…〕予は誓て此党則を守り他人の毀誉に拘束せられざるべし且予は務めて予が精神の如く道議に富有なる精神の人と親和交結して我此党を大にせんとす予は我党旨拡張するに親和を以て宗とすべし敢て敵を求むるが如き直行は為す可からず然れども我億兆の兄弟中若し過て我党を阻害するときは予は身を以て我党に許さん〔…〕予が脳裏に予を制するの君主あらず予が奉ずる所の君主は一の道議のみ亦予が脳裏を制する能はず予が精神は即道議なれはなり予は之を心に誓を以て諸君に示す

「道義」「道義」と連発して、最後に、私を規制するのは頭の中にある知識や知恵ではなく、心の中にある「道義」だ、と。

これが東洋社会党の本質なのだという樽井の主張は、無念にも官憲の容れるところとならず、結党大会から一月も経たないうちに内務卿から解散命令が下ります。樽井とすれば不本意だったのでしょう、じゃあという感じで修正を施した。道徳を「親愛」に変え、平等を「自他平等」と言葉を足し、これは旧来の弊習を矯正し貧愚の世襲を打ち壊すためのものと説明を加えました。しかし努力も空しく、樽井はこの修正党則の印刷・頒布によって——印刷条例ではなく——集会条例違反で捕縛されます。

集会なんかしてないじゃないかと——実にまっとうな理屈で——樽井は抵抗しますが、これを認めないとさらに罰則が重くなるぞと脅され、一年の軽禁固刑に服します。

「党則」についてはあとでもう一度触れることにして、次にもう一つの看板『大東合邦論』から、樽井の「アジア」主義思想を見ていきたいと思います。

## 五　『大東合邦論』（一八九三）――樽井の「アジア」主義

### （一）評価

・「日鮮両国を連邦制度に依つて結合することが東亜の大局を安定せしむる最上の策なりとの信念」　黒龍会編『東亜先覚志士列伝 下巻』（一九三六）黒龍会出版部

・「四十年前に叫んだ翁の大東亜建設」　田村吉永（一九四一）前掲書

・「大東亜共栄圏の建設を暗示するもの」　本庄栄治郎『先覚者の南方経営』（一九四二）日本放送出版協会

・「現在の大東亜共栄圏を〔…〕考へてゐた」　竹内尉（一九四三）前掲書、三一五頁

ポイントだけ引用しましたが、内容を正確に反映しているのは、最初の黒龍会の評価だけで、これ以外は「大東亜共栄圏」を先において、それを反射させるかたちで大東合邦論を見ています。どれも『大東合邦論』を高く評価はしているように見えますが、実際に褒めている実体は――どれも時勢を映して――「大東亜共栄圏」です。

では、内容に入っていきましょう。

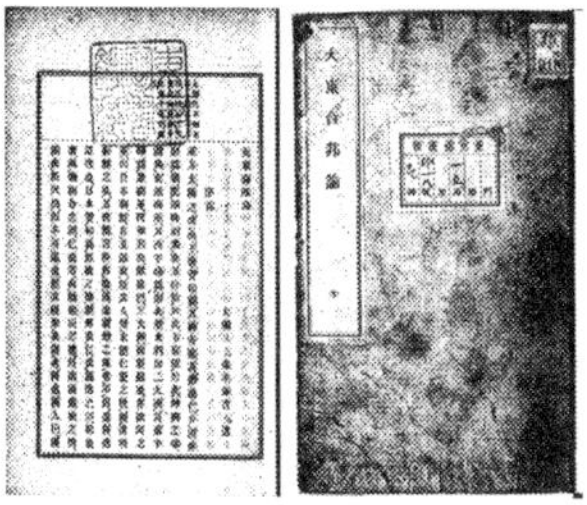

『大東合邦論』

## （二）趣旨

・現実の世界は、西の「白人」と東の「黄人《こうじん》」を含む異なる有色人種グループが対立し、「白人」が毒爪と鋭い牙で世界を支配している。
・同種の有色人が相和して一大勢力を形成しなければ、生存競争の場には立てない。
・体力や財力を含めさまざまな面において「白人」よりも力が劣る我々「黄人」こそ一致団結しなければならない。
・その「黄人」一致団結の足がかりとして、最も東に位置する「日韓両国」が対等合併（＝合邦）した国家の建設が必要だ。
・そして、『大東合邦論』の趣旨は、「日韓両国を単一の合邦国とすること」である。

最初に浮かぶ疑問は「なぜ日韓の二国だけなのか」です。西洋（「白人」）に対抗するなら、中国（清）を仲間に入れた方が断然有利なのに、あえて中国を除いたのは、国内に一定の自治は許されていても中央の国政に参加できない民族が多数存在するからです。

樽井は、こういう国内での属国状態が解消されない限り「対等合併」はできないと言っています。全国民がすべての国政に参加すること。これが樽井の「合邦論」の根幹の一つで、対等合邦した大東国を国家の理想型として国際社会に提示する、これが樽井の企図するところでした。国の内部に不平等を抱える中国（清）を入れるわけにはいかない、これが樽井の主張です。

## (三) 構成

このような趣旨にそって『大東合邦論』の本文は一六章で構成され、全体の一四三ページはすべて漢文で記述されています。先に見た東洋社会党の党則で、漢文の冊子もつくり半島や大陸にも趣旨の普及を図ると書かれていたとおりのことが、この『大東合邦論』で実行されています。

発行部数は三〇〇〇部、うち一〇〇〇部が半島向け。販売は国内の東京(丸善書店)と大阪(前川書店)、半島の仁川(朝鮮新報社)、そして中国の上海・天津・漢口・重慶・福州の楽善堂《らくぜんどう》でも捌かれました。楽善堂は岸田吟香が経営していた薬店ですが、書籍の印刷販売も手がけていました。

出版経費は全額、土倉庄三郎の負担です。

『大東合邦論』は非常に興味深いのですが、残念ながら時間――紙幅――の関係で割愛します。ここでは二点だけ、「大東国」という国の名称と統治体制のポイントを挙げておきます。

## (四) 国号

・日韓両国を一国に統一するうえで、その内実を徹底させるためには、その名称の順序や位置によって両国民の感情を損なうことがないようにしなければならない。

・両者を同等に扱うことは交際上の常識であり、国土の面積や人口で格差がつくことのないよう、ここでは両国の従来の国名ではなく、「大東」の一語をもって国号とする。

・「大東」の国号は、将来の両国が天に日が昇るほどの隆盛を迎えるようにとの希望が込められており、また日本の国号が「東方」に基づき、朝鮮も別号を東宇とするなど、「東」の文字が両国にゆかりを持っているからだ。

## (五) 統治体制

・この「大東国」の統治のかたちについて、私(樽井)はきちんとした「定見」を持っているが、今は言いたくない。

・その時が来れば輿論が起こり見識ある者が考案するだろう。後世の識者の意見に委ねたい。

参考に、本文の記述と拙訳を挙げておきます。

・「今日我立憲政治已悉美矣今進一歩為合邦則是悉善矣〔…〕合邦者由両国之共和而成〔…〕凡諸政体中立憲合邦之制最為善美之独逸文化之所以冠于欧米洲西人曰立憲共和之国億兆皆愛国」

現今の日本は立憲(君主)政体であり、すでに美を尽くしている。さらに合邦を進めれば善を尽くすに至るだろう。〔…〕合邦は両国の共和によって成立する。〔…〕諸政体のうち立憲政体が最善・最美であり、これこそドイツ文化が欧米で冠たる所以である。西洋の人は、共和政下の国民は、みな愛国者であると言っている。

・「朝鮮王欲保永世之尊栄則亦不如与日本合同也日本皇統固為万世一系国民忠誠之実可想也今 与之結兄弟之誼彼比竝則其王統為日本国民所擁護以伝之万世」

日本との合同は、朝鮮皇帝への尊敬と崇拝を永続させることにもつながる。万世一系である日本の皇統に対する国民の忠誠は内実がしっかりしている。したがって、朝鮮皇帝が天皇と兄弟の誼を結び、両者が並び立てば、どちらの皇統も日本国民の擁護するところとなり、同様に万世に伝えていくこととなるだろう。

## (六) 反響

以上のような『大東合邦論』は、日本国内では「一読の価値なし」(報知新聞)と酷評されました。一方大陸(中国)では漢文で著した樽井の戦略が功を奏したのか、革命家の梁啓超(一八七三～一九二九)や康有為(一八五七～一九二七)が注目し、梁啓超序文・門下の陳霞審校訂による『大東合邦新義』(一八九八)が、都合の悪い箇所は書き換えられて刊行され、時の清の皇帝にも上程されました。書き換えられたのは、さきほど説明した中国の内部事情への言及です。

さて、総販売数の三分の一が頒布された半島には大きな影響を及ぼしました。親日派の政治家・李容九(一八六八～一九一二)を触発し、後の「一進会」設立(一九〇四)や「韓日合邦を要求する声明書」の上奏(一九〇九)に向かわせました。実に気の毒なことに、これによって李容九は売国奴の汚名を着せられ、失意のまま日本で病死する結果に繋がりました(合掌)。

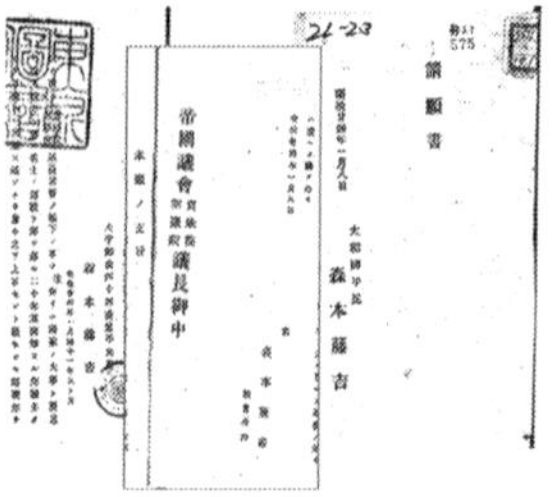
請願書

大和國平民
森本藤吉

帝國議會 貴族院 衆議院 議長御中

『請願書』

次に、同じ時期の樽井の「社会主義」思想を見ておきたいと思います。

## 六　「請願書」（一八八九）――樽井の「社会」主義

### （一）背景

「請願書」は、第一回帝国議会（明治二三年一一月二九日開会）に宛て、明治二四年一月八日付け「大和国平民　森本藤吉」名義で提出されました。時期的には、先の『大東合邦論』の雑誌連載と重なっています。

「森本藤吉」名義となっているのは、この時点ですでに森本家に入籍していたからで、第一回衆議院議員総選挙（明治二三年七月一日）にも――当時立候補制度は存在しなかったものの、立候補の表明は可能でしたので――奈良県第三区に大北作治郎、桜井徳太郎とともに出馬しています。「森本家」は、北氏（御山の北厚治家）夫人によると、徴兵免除を目的に実家を名義上再興したもの（田中惣五郎の著書）ですが、『五條市史』は「御山北家の番頭森本恕太郎の養子に入籍」としています。夫人の実家と番頭家、徴兵免除との関係はわかりません。

なお、土倉庄三郎は正式に辞退を表明したにもかかわらず――東京五区の渋沢栄一と同様――勝手に候補者にされ、惜しくも――本人としては喜ばしいことに――次点で落選しています。

さて、「請願書」の内容を見ていきましょう。

## （二）趣旨

「請願」における「本願の主旨」では、「我邦の最弱点は実に金力」であり、「先つ富国の策を講」じることが最優先との結論が主張されます。そこに至る論理は次のとおりです。

一．一般原則として「親和は人世の標準」だが、同時に「優勝劣敗は天然の理生存競争は生物の常」である。「時務の要政治の方針」においては、この「二者」（親和と競争）をうまく制御しなければならない。

二．「世」を進展させる力は、「強力（体力）」・「金力」・「智力」の三種だが、「我邦人」はいずれの力も「白皙人」や「欧米洲」に劣っており、「競争場裡一も勝算立つ可きなし」の憂うべき「非常」の状況にある。

三．「非常の日本」には「非常の処置」が必要で、既に「優者」たる「欧洲」、特に「英独」制度の――しかもその「多くは制度の文飾にして実質」ではない――模倣など、「非常の今日に適する」ものではない。

## （三）「公同民社」（請願書第二類）

請願のメインが「公同民社」の設立であることは明らかで、冒頭に「本書請願は第二類を以て精神とす其公同民社は嘗て我友協働会社と唱せしもの丶改称なり」の附言が置かれています。樽井は、この「公同民社」が先に見た東洋社会党「党則修正案」（一八八三）の「協同会社」と同一であると明言しています。

設立意図は次のように説明されています。

・「今の日本人は、体力・金力・智力、どれも西洋人には勝てない。中国人にも及ばないところがある。遠からず、世界の劣等国民となって亡びてしまうおそれがある。

・さて、体力は金力に勝つことはできず、金力が現在最強の力なのだが、将来には、金力は智力に勝つことができなくなる。

・つまり、現在を考えれば、最強の力である金力は、将来の最強である智力の世界に入るためのツールだ。

・だから、将来の勝者となるためには、いま、金力の製造の方法を考えなければならない。

樽井は、その金力製造法こそが「公同民社」だと言い、その「世の中に類例のない」方法によって「国家の有事すべて」の心配がなくなると主張しました。

樽井自信満々の「公同民社」を簡単に言うと、国民全体が社員で、組織は国民の共用物、およそ考え得る全社会生産活動を業種として扱う「会社」です。樽井によると本来「産業」は個々人が担うべきだが、未だ日本（人）は力不足、「親和」の力によって国民が一致団結した、「公同民社」の方法に拠らざるを得ない。運営形態は国有でも国営でも、国有・民営の第三セクター方式でもなく「国民」共同の運営で、政治（政府）とは明確に切り分けられて、全産業を所掌します。将来的な海外諸国への「殖民」事業も国際平和（産業）政策として想定され、これも「公同民社」の守備範囲に入っています。

予算規模は政府からの補助金だけで年間一五〇〇万円、主たる財源は新設の人頭税。そして公同民社の三〇年後の事業利益は年間「一億円」。ちなみに「請願」当時（明治二四年）の国家予算規模が約八五〇〇万円です。この巨額の事業資金を動かすのは完全に国家機関化された「国立日本銀行」です。当時の日銀は「日本銀行条例」（一八八二）により、それまでの分権方式による一五〇を超える数の国立銀行から、日本唯一の兌換紙幣を発行できる特殊銀行に移行していました。資本金は民間への株式発行で賄われましたが、業務全般は政府の監督下に置かれ「政府は〔…〕政府に於て不利と認る事件は制止すへし」（条例第二四條）と規定されていました。樽井はこの曖昧な形態を批判し、公同民社に取り込んで国家所有ならぬ国民共同所有というかたちの国有化を主張したのです。この国立日本銀行案は、樽井が並々ならぬ熱意を持っていたもので、前年にも帝国議会に請願され、樽井が議員となってからも再提議が図られたとも言います。明治三〇年（一八九七）には内容を詳細化した「国有銀行論」を雑誌『太陽』に連載しています。

さて、樽井によれば請願のテーマはひとえに「公同民社」。これ以外は「枝葉末節で取るに足りないと嘲られ」て「この請願の趣旨が損なわれ」るかもしれないと懸念を表しつつも、不思議なことに「公同民社の件」は「請願書第二類」（二番目）。で、第一の請願は「国風一定に関する九章」でした。

## (四)「国風一定に関する九章」(請願書第一類)

樽井は金力増強にあたって「昔から日本は世界の事情に疎く、意味も無く金権を軽んじ、商売で争うことを下に見る」傾向が強い、と日本旧来の価値観に対する懸念を露わにし、次のように主張します。

一.「今日の競争社会では商戦」が激化し、国際的「大勢」として「金権」が日増しに強まっている中、日本だけが古い考え方に固執していては先行きが心配だ。

二.弱肉強食の国際情勢において「世界各地の市場で勝利を得る」にあたって、日本(人)のような「弱卒」が強兵に立ち向かう方法は、「国民の秩序を整える」ことだ、

三.最優先されるべき政策は、「国家の秩序を整理し風儀制度を一定」にすること、すなわち次の「国風一定」政策である。

・暦を一定遵奉せしめられたき事(旧暦への復帰)
・礼法を一定せしめられたき事(日本独自の礼法確立)
・男女頭髪の制を一定せられたき事(男・断髪、女・髷髪の復興)
・涅歯剃眉を禁せられたき事(習俗における旧弊の打破)
・帽に一定の制を立られたき事(外国帽子の禁止)
・衣服に一定の制を立られたき事(国産品の制服化)
・儀式に関する企望の事(外国風祝宴の禁止)
・漸次室内の制を改良せしめられたき事(一般家屋における洋間の奨励)

・葬式及祭典を一定せられたき事（法令による祭式の統制）

（「請願書第一類　国風一定に関する九章」）

国際競争に勝ち抜くための――請願の主目的である――「公同民社」に着手するためには、「国風一定」が前提だとして、請願のトップに「国風一定に関する九章」を位置づけたのです。つまり実施の優先順位は、産業振興の公同民社の設立よりも、社会規範の確立の方が高いのです。

さて、ここまでの事実関係の整理を踏まえ、中間的な考察を加えておきます。

## 七　タルイズム（「アジア＋社会」主義）

### （一）特異な思想――重合する「アジア」と「社会」

「請願」における公同民社の実体は、日本国内に建てられた「もう一つの国家」、あるいは当時の日本を呑み込んだ――樽井の価値観を規準に文化風俗も統一された――メタ・レベル国家です。樽井はこのような公同民社の創設によって外交問題や政商癒着の国内問題も含め「国家問題」はことごとく解決されると言うのですが、それは国家自体を消滅させたからで、「問題」は当然ながら解消されることなく、そのまま公同民社というメタ国家に回収されることになります。

つまり公同民社の設立とは、国家の外枠の交換なのです。極論すれば、政府を排除して言葉のもつ本当の意味での「国民国家」を建設しようとしている。「請願」に現れている樽井の「社会主義」は、明治六年（一八七三）の上京以来、多くの影響・感化を受けたはずの佐賀改進党系の副島種臣・諸岡正直・武富時敏ら自由主義右派と呼ばれる人々の思想とは、大きくかけ離れています。また石川三四郎らの無政府主義（アナーキズム）とは、まさしく真逆です。敢えて言うなら国家社会主義的なものですが、その思想のうちの社会規律を糺すかたちでの平等化だけが突出した感じで、なにより国家の観念が「ふつう」とはまるで違い、政府という統治システムを国民の「しもべ」のように、ものすごく軽く扱っています。

さらに、もう一つ特徴的なのは「請願」の国際情勢認識や対応方針・施策が、同時代の著述ということを割り引いても『大東合邦論』と瓜二つであることです。あたかも樽井は国家の活動を産業と政治とに切り分け、産業を担う公同民社を「請願」のテーマとし、政治が担任する「対外政策」を『大東合邦論』で扱ったかのようです。大東合邦論でも、日本という国家を消して「大東国」という新国家の建設が目指されていたことに留意したいと思います。

樽井の社会主義もアジア主義も、どちらもふつうではないのですが、何よりその特異な「社会」主義と特異な「アジア」主義の持つ方向が、メビウスの帯をなぞる時のように区別がつきません。

その区別がつかない理由は、もともと一つのものであったからかもしれません。ならば共通する源流のポイントがあるはずです。これから時間を遡ってそのポイントを探しにいこうと思います。

## （二）「東洋社会党」以前へ

樽井は「公同民社」は、東洋社会党党則（修正）の「協働（同）会社」と同一だと言っていますから、「請願」全体を覆う特異な思想は、東洋社会党の思想と共通していることになります。

その東洋社会党の発想は、いつごろ芽生えたのか。

先に触れたように、上京以前「材木を運搬して一ぷくして居る時、天来の福音の如く」彼を襲い、「五箇条の御誓文を拝読するに及んで初めて報效の志を発し〔…〕明治の新政に浴し治国安民の大策を建てんと欲せば、私利を捨て公務に盡さざるべからず、我れ私欲を捨て、断然国事に盡す」と奮起し、「富国安民の策は、持てる者も持たざる者も共同の力を以て苦楽を共にするものでなければならない」と決意しました。このような趣旨が文書化されて東洋社会党の党則となり、これを半島や大陸にも普及させるというアジア主義的主張に繋がっています。

この「社会」と「アジア（東洋）」とが重合した、「タルイズム」としか言いようのない特異な思想は、樽井自身によれば五條を飛び出した時点で胚胎したのです。そうであれば、上京直後、明治六年ころの維新政府への建白書に、初期プロトタイプがあらわれているかもしれません。

# 八　初期の思想（一八七三〜一八七四）

## （一）維新政府への建白書

①「舩将修練等之議」（明治六年一〇月）

①―イ　舩将を修練して外人傭入の費を省くべき事

①―ロ　芝居浄瑠理の虚を廃して教化の一端に供すべき事

①―ハ　虚文の書を廃し民庶をして実学に就かしむる事

②「海軍水夫劇場俳優之議」（明治六年一二月）

③「劇場之再議」（明治七年一月）

④「選挙院を設くる之議」（明治七年三月）

⑤「設選挙院之議」（明治七年五月）

国立公文書館に収蔵されている樽井の建言書は調べた限りでは以上の五種です。もっとあると思われますが探し出せていません。あるいは政府への建白書はこれがすべてで、あとは政府要人や政治家個人への提言だったかもしれません。内容の紹介は省略します。五種の建白書のうち基本的な提言は①と④。それ以外はどれかの再提案です。

①―イは日本人による海軍力の強化。①―ロ、①―ハは芝居や浄瑠璃など前近代的な「虚偽」の物語の廃止を求めるもの、④の「選挙院」の設置は在野の人材登用を意図されています。「選挙」の用語が紛らわしいですが、投票（選挙）でだれかを選ぶというものではなく、志の持つ者が自発的に政治に参与できる仕組みの提案

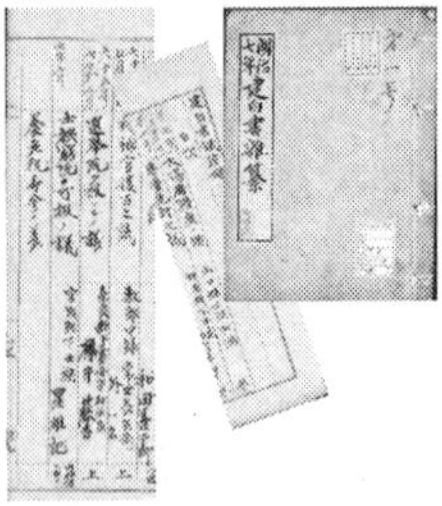

「建白書」

御誓文之御寫

一 廣ク會議ヲ興シ萬機公論ニ決スヘシ

一 上下心ヲ一ニシテ盛ニ經綸ヲ行フヘシ

一 官武一途庶民ニ至ル迄各其志ヲ遂ケ人心ヲシテ倦マサラシメン事ヲ要ス

一 舊來ノ陋習ヲ破リ天地ノ公道ニ基クヘシ

一 智識ヲ世界ニ求メ大ニ皇基ヲ振起スヘシ

『太政官日誌 慶応四年 第1-2巻』
三十二（一部）・修正

です。

このような建白内容に対する当局の評価は複雑で、「志」は立派だが「暴論過激」、「気持ちだけが先走ったたわごと」と切り捨てています。「御一覧」には供されたようですが、とうてい「採用に堪へす」と結論されています。

## （二）建白内容の分析

建言の趣旨をキーワード的に整理すると、「強兵」（①―イ）、「開化」（①―ロ、①―ハ）、「公論」（④）の三つのカテゴリに分類できます。

内容的には「強兵」が中国（清）・ロシアとの攻防を意識した「海軍力の強化と日本人将官の育成」、「開化」は近世を引き摺った虚文や大衆芸能の排斥、そして「公論」では「草莽にある有為の志士の国政参加」が主張されています。

これを見ると、樽井が「感激して奮い立った」とされる、五箇条の御誓文が強く意識されていたことは明白です。「開化」（①―ロ、①―ハ）は「旧来の陋習を破り天地の公道に基づくべし」を、「公論」（④）は「広く会議を興し万機公論に決すべし」を直接受けていて、先に見た『大東合邦論』で全国民は全国政に参加すべきと考えていたことと繋がっています。参考のため、欄外に「五箇条ノ御誓文」を載せておきましたので確認しておいてください。

これらの建言では一貫して、「政府」は御誓文を実現することもできず、ただただ臣民に覆い被さる不要の存在とされています。そのような樽井の思いは「上下心を一にしてさかんに経綸を行うべし」や「官武一途庶民にいたるまで各々その志を遂げ」という誓文の章句をそのまま反射しているように見えます。

そう考えると、建言の目的は五箇条の御誓文の「智識を世界に求め大いに皇基を振起すべし」を実現する、具体施策の提起にあったと言えそうです。建白書からは、天皇の御誓文を聖典視する樽井の姿勢が窺えます。そこに日本の肇国（国の始まり）や統治者としての皇室への尊崇の意識が含まれていることは明らかで、東洋社会党の解党を命じた内務卿の「社会党」の字句に引き摺られた「治安に妨害あり」との判断は、西洋由来のソシャリズムやコミュニズム、アナーキズムとする見方と同様に的を射たものではなかったことになります。ついでに言っておくと「当局者が禁止したのも当然だ」という宮武外骨の言葉も的外れ。右も左も官も民も、揃いも揃って樽井の本旨をつかみ損ねていたのです。

このような五箇条の御誓文を強く意識した建白書は、後の東洋社会党の思想にどう結びついていったのでしょうか。

## (三) 建白の拡張

『内外政党事情』という本に、東洋社会党の処分に関わる記事が載っています。

一八八二年（明治一五）七月、警察が「党員某」（明らかに樽井です）を呼び出して尋問すると、言いたいことを書面にして提出した。

・社会党の上に東洋の二字をかぶせたのは、東洋の社会党という意味ではない、

・社会党とは、大なる親和党との意味である。

・社会とは人々の親和の下で集まっている状態を意味する。
・人々が親和する方法は、道徳以外にはない。
・したがって、道徳は言行の規準なのである。
・第一條は、その道徳の意味を明らかにしたもの。
・第二條の平等主義とは、道徳の働きを言ったもので、儒教でも仏教でもキリスト教でも、道徳を説くものはすべて平等の観念に基づいている。
・太政官の告諭文中にも上下を平均し、人権を斉一にする云々の語がある。
・これも道議に基かれたものであろうから、即ち社会主義である。
・第三條社会公衆の最大福利も、人の世の道義上の目的を示しており、結果を直ちに出そうとするものではない。
・ものを知らない新聞が記事にしているようなものではない。

樽井の申し立ては受け容れられず、「治安に妨害あり」として禁止された。それでも該党員（樽井藤吉）の精神は変わることなく、この趣旨を半島や大陸にも普及させようと企てている。

『大日本政党史』にも、警察の取り調べに対する「党員某」（樽井藤吉）の陳述が記事になっています。ポイントを挙げると、

・社会の事業は、多数人民の便益を図るために実施すべきものだ。
・今の社会の大半は貧乏である。
・したがって社会の事業は、主として貧乏な人の便益になるようにすべきだ。

・「天地の公道に基づき旧来の陋習を破るべし」とは維新の御誓文の文言である。
・上下の権を一にし各人に自由を得せしめんというのは、徴兵令の勅諭の言葉だ。
・我々の誰もが聖慮の厚き思いに感激している、
・東洋社会党を起ち上げたのも、偏に此の聖慮を押し戴き大切にするためだ。
・したがって、東洋社会党への非難は聖慮への非難であり、国賊的行為である。

こうまで過激に言う必要があったのかと思いますが、さらにこの本では、貧民救護、身分平等、権利均一、人類改良（当時流行していた社会進化論に基づく、一種の優生思想）の考え方は、国内よりもむしろ半島・大陸で広げていきたい。それによって東洋の衰退を挽回したい、との党の機関誌の記事が紹介されています。

最後の一文から、建白書にあらわれていた「五箇条のご誓文」の趣旨実現の狙いは、東洋社会党を経由して実際に漢文で執筆された、後の大東合邦論にまで及んでいたことがわかります。樽井のタルイズムは、郷里・五條における「五箇条の御誓文」への「感激」で生起し、建言書・東洋社会党・『大東合邦論』をまたいで、著述の時期や場所、論述の対象や想定読者を変えながらも、「社会」主義と「アジア」主義を同時に——表裏に——存在させながら一筋につながっていたのです。

このメビウスめいたタルイズムの環は、いつまで・どこまでつながっていたのでしょうか。

明治二六年（一八九三）一二月三〇日、条約改正問題で大紛糾した第五帝国議会（衆議院）が抜き打ち的に解散され、樽井は失職します。この後の樽井の動静はよくわかりません。著述や行動から判断すると、まず「社会」主義的な活動が表面に現れ、そこから十年のブランクがあって、明治の終わり頃には――いわゆる「日韓併合」（一九一〇）と関わって――『大東合邦論』がらみの出版が続き、再び「アジア」主義が表に出てきます。

ここで『大東合邦論』と「日韓併合」との関連性について触れておかなければなりません。併合にさいして樽井は「ホントに喜びましたよ。あんな嬉しそうな顔は見たことはありません」と証言されているのですが、『大東合邦論』が純粋な「アジア連帯論」の立場から、記述どおり真に対等な日韓両国の合併（「合邦」）を目指すものなら、当時の「日韓併合」は否定されなければなりません。ところが、田村吉永の「故樽井藤吉翁と大東亜共栄圏建設」掲載の「大東連邦条規概要私案」（一九〇七）第二章「政務」では、『連邦大政府を東京に置き軍政・外務・逓信業務を統轄』するとされています。これは本部の地理的な所在だけを指しているのではありません。第五章「主権者」では、「大東連邦は日本天皇を盟主とし盟主は連邦條規に由つて連邦の大権を行ふ」とされています。やはり「大東国」には「日韓併合」が隠されていたのかとがっかりしてしまいますが、気を取り直して規定を読み進めていくと、第十一章に「連邦分離及解散」が規定されています。

「分離」や「解散」という措置は、明らかに自由な参加・脱退を前提としており、一方が他方を属国とする「併合」の発想とはまったく相容れません。分離や解散を事前に想定した「併合」など、現実性を考える以前に、形容矛盾で成り立たない。この条項から、樽井の「合邦論」が日本政府の併合政策と根本的に異なっていたことは明らかです。先の樽井の「喜び」は、日韓併合を、『大東合邦論』の日韓両国の対等合併と同趣旨と受け取ったからでしょう。祖国の命運を「合邦」に賭けた半島の李容九と同様に。そして、同じ夢を見ていた内田良平ら黒龍会の人たちと同じように、です。

樽井の動向に戻ります。明治末の明治四四年(一九一一)になると「建言書 常平法案私稿 全説明書」が出され、再度「社会」主義が表になります。ただし、樽井は建言書の提案趣旨を当時弾圧の対象となっていた「危険なる社会主義者」を「自滅せしむる」ためだと言って、一線を画しています。

「常平法」と名乗るだけあって、その骨子は単に「窮民生活の困難」や「不時の変災害」への備えではなく、平時でも国家による米の統制を図り、国が介入することで米価や需給の安定を図ることを目的としたものでした。「常平法は生存の要素、日常の必須物を以て、其の共通の利害関係を包括する」ことで「挙国一致」に資するものと説明されています。この「挙国一致」も後の昭和戦時期の国民総力体制を表すスローガンとは違い、文字どおりの意味での全国民の一致を意味しています。一致させる接着剤は、お馴染み——東洋社会党党則でも強調された——「親和」と「道義」です。

この「常平法」に関わって、板垣退助(一八三七〜一九一九)が、興味深い記述を残しています。

予は曩に〔…〕国民生活の安固を図る必要から、米麦の官営を提唱したが、後ちになって樽井藤吉君の常平法案私稿を手にして、幽谷に人の足音を聞く思いがした。ただし、樽井の説く内容と、私の提唱とは、其精神に於て異なる。どこが違うかと言うと、樽井の場合は、対価を求めない、恵みを与えるという精神だ。私はこれには同意できない。

板垣は政治と慈善は峻別すべきで、政治が保護にとどまらず慈善に走るとかえって人を卑屈にし、依頼心を誘発して終には専制（政）を招くと指摘しています。政治的にはごもっともの正論ですが、樽井への批判としては的外れです。樽井は正しい政治の追求よりも、「親和」と「道義」の道を選択していたのです。

この「常平法」に見られるように、明治の末年になっても、タルイズムのメビウス環は閉じられていなかったようです。

以上を踏まえ、まとめに入っていきます。

## 九　仮説の論証

### （一）『明治維新発祥記』（一九一九）――樽井のコスモロジー
### 〈五條＝維新発祥の地〉

結論を先取りすると、ここで取り上げる『明治維新発祥記』が、樽井の思想面でのスタートでありゴールの地点。樽井が終生持ち続けた世界観（コスモロジー）です。

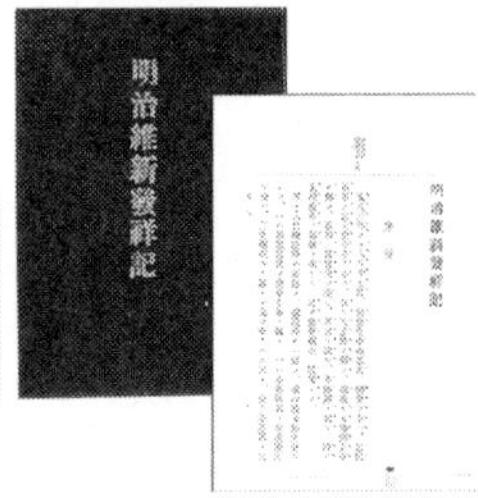

『明治維新発祥記』

樽井の晩年は「明治維新発祥地記念碑」の建立に費やされました。注意しておきたいのは――起源・源流・ルーツを意味する――「発祥」の二文字です。樽井にとって、郷里・五條は明治維新につながった場所ではなく、明治維新が始まった場所、維新は一八六三年、五條の地で始まったのです。「天誅組」事件によって。

大正八年(一九一九)八月、『明治維新発祥記』が刊行されています。奥付の著者名は「明治維新発祥地記念銅標建立会」ですが、発行者は樽井藤吉の個人名義。本文の執筆も樽井個人であることは間違いありません。樽井は記念碑建立の意義を、次のように説明しています。

明治維新の発端は「天忠組」であり、一八六三年(文久三)八月十七日に「自ら天忠組と称し、錦旗を大和国五條に翻し、〔…〕以て王政復古の端緒を開けり、之を維新戦史の嚆矢と」して顕彰するため、「天忠組が拠を以て本陣と為し、初めて錦旗を揚げ、王政維新の端緒を開きたる五條桜井寺の境内に、明治維新発祥地記念標を建立」する。

このあと、樽井は「天誅組」の「チュウ」の使用漢字について、執拗な説明を加え、維新・復古の発祥を顕彰するには、「誅」を「忠」に戻し、その名義の回復から始めなければならないと力説します。名義への強い拘りは「東洋社会党」のときにも見られました。そのとき問題にされているのは「社会」の二文字なのに、党則は修正しても「社会」は引っ込めなかった。社会は「親和」を意味すると言い張ったのですが、だったら親和党にでも改名しておけば組織の延命が図られたかもしれないのに、樽井は「社会」の名称に拘った。たしかに親和は「観念」を表し、社会こそ「親和、実現の実体」だから「社会」の文字こそ相応しいのでしょうが、解散させられたら観念も実体もあったものではない。「名」に拘って元も子もなくしてしまった。「天誅組」の「チュウ」も同じで、冒頭から長々と「忠」使用の正当性を説明されると、読む者の気分は萎え、顕彰に協力しようという気も失せてしまう。これが記念碑建設失敗の原因だとまでは言いませんが、より重要なところから人の注意を逸らせてしまったのは事実だろうと思います。

## 〈国の始まり――素戔嗚尊の故事〉

『明治維新発祥記』で重要なポイントは、次に引用した①から⑥です。

①上古皇祖素戔嗚尊海外諸国を周遊して帰還せらるゝや、杉檜橡樟の種子を持ち帰り、宣して曰く、他方には金銀なる宝貨あり、宜しく此種子を成木せしめ、盛に浮宝〔船〕を造り海外より金銀を取り来るべしと、是詔は我建国上の一大根本義と為さゞる可からざる所のものなりとす、〔「我建国の根本義」〕

②〔領土拡大を望まない国はないが〕殊に露国は、〔…〕宇内併呑の志を抱き、天明文化の頃より屢々我蝦夷に来冠し、竊に樺太を占領せり、夫れ封豕飽く無きは白人種の習性なりなりとす、〔「米使来朝の心意」〕

③同種の米人何ぞ独り此欲望莫からんや、〔…〕英国の虎視眈々其翌逐々たる、〔…〕和蘭〔も〕仏国も亦踵で来請す、〔「米使来朝の心意」〕

④文久元年正月、露国は愈々豕長蛇の本色を現はし、突然我対馬を占領して之を東洋艦隊の根拠地たらしめんとせり、（「朝幕両閣の政策」）

⑤王政復古の端緒は天忠組に因て開かれたるものなり、日本全国中先具第一に天朝直轄の御民と為り租税半減の仁沢に浴したるものは、五條庁管下、宇智吉野両郡人を以て初とす、〔代官所再設置後も〕遂に其歳税半減を実施せり、是天朝の威厳は、此に幕府の収税権に亀裂を生じせしめたる初開なりとす、（「王政復古の発端」）

⑥抑も倒幕と廃藩とは明治維新の二大難関なり。而て其廃藩は〔…〕所謂土地を天朝に帰せしめたるものなり、〔…〕若し夫れ諸侯の封土を奉還せしむること能はざらば、〔…〕挙国一致の力を協はせ、延いて清露の大国と干戈を交へ、以て世界一等国の班に列す事を得ん、公の義旗を挙げられたる、其旨深しと謂ふ可し。（「天忠組の効果」）

①は素戔嗚尊の事蹟に関する記述です。『日本書紀』の本文ではなく「一書に曰く」からの引用……だと思うのですが、これにぴったり該当する記述は見あたりません。書かれているのは――樽井の記述とは違って――素戔嗚尊が「韓郷《からくに》には金銀がある。わが子が治める国に船がなかったら良くないだろう」と髭や体毛を抜いて放つと杉、檜、槇、楠の木になり、樹木の種類ごとに用途を定め、船には杉と楠が充てられた云々です。

樽井はその「韓郷」を「海外諸国」と読み替え、海外より金銀を持ち帰るための船を作るべしと解釈し直したわけです。かりに樽井の「アジア」主義が、半島から大陸への進出を――後のアジア政策の推進者と同様に――意図していたのなら、「韓郷」の語を捨てるはずがない。また『日本書紀』の該当部分の直前には「新羅」の語も記されています。樽井が実際に行われた「日韓併合」の推進者なら、これを見逃すことは考えられない。「韓郷」を「海外諸国」で上書きし、これを「我建国上の一大根本義」とした解釈が、樽井の特異な「アジア」主義と同調していたのなら、樽井の海外へのまなざしは、韓半島や大陸（清国）を越えて――あるいはアジアを一つの「合邦国」したうえで――はるか西洋の諸国に向かっていたことになります。ちょうど『大東合邦論』に示されていたスコープと同じように、です。

この解釈が「建国」に関わっている以上、日本という国の起源に関する樽井の考え方にもつながっていたはずです。国の始まりについての当時の公的見解は神武天皇の即位ですが、樽井の復古の射程は、それより遙か以前、天壌無窮の神勅の時期すら遡って、素戔嗚尊の神代の時代に及んでいました。明治の復古が、同時に維新を意味していたことからすると、樽井にとって日本の「維新」は、内政の安定した神武の時代への復古ではなく、素戔嗚尊が船をつくって海外に雄飛した時点にまで戻って、日本という国を新しく作り直すべきだと考えていたことになります。

その時点は、人民の統治の仕組みも政府も、その概念すらない原初のとき。「請願」が露わに示していた、完全に「均一」で「平等」な時点です。一時の激情とも見えた征韓論への同調も、軽はずみに思える無人島の探索も、その起点は素戔嗚尊の海外雄飛――の樽井流解釈――にあって、すべては「ここ」を起点していたのです。

そのような「真の維新」による、あるいは「真の復古」による近代日本の国づくりのスタートとなる海外雄飛を邪魔するのが、②〜④に記述された西洋諸国。とりわけ樽井の意識は――これだけは他のアジア主義者や脱アジア論者と同様に――ロシアの動向に向けられていたようです。

続く⑤は郷里・五條という地域特性への認識です。「天忠組」によって宮中直轄となった五條こそが「維新」の地であり、したがって素戔嗚尊の御代に最初に「復古」した土地が五條であるとの自負が示され、その上で最後の⑥。時勢に応じて、日清・日露の両戦を勝ち抜き、日本が挙国一致で世界の一等国に向かうに当たり、あらためてその先頭に立つという気負いを漲らせています。

樽井が「明治維新発祥地記念銅標建立会」の活動を始めた時期は、大正六年(一九一七)ごろ。では、ほぼ最晩年のその時期に、樽井の「維新=復古」意識は、五條出奔以来の五箇条の御誓文から「天誅(忠)組」へと移ったのでしょうか。

「天誅組」事件を明治維新の発祥とする考え方は、長い思想の放浪の末、樽井が晩年になって到達した地点なのでしょうか。

## (二) 五條――「時空」の起終点

### 〈「天誅組」事件〉

樽井が五條を明治維新発祥の地とする具体的根拠は、天誅組事件によって五條が最初に天皇直轄地となり、税を半減する政策が実際に実施されたこと。つまり、統治者が幕府から宮中に移り、その新しい幕開けの政策が「民を救う政策」から始められた、まさにその事実です。

問題は、樽井がこの感覚を自分のものとして持つようになった時期。本講の最初の方で、樽井は天誅組事件をリアルに――近い――体験していると言いましたが、その根拠は以下の事実です。

宇智郡南宇智村大字御山北厚治より青銅大砲一挺を借受けたり
口上
一青銅御筒一挺□□□□
右此者に御遣し可被下候以上
八月十九日　林豹吉郎
北厚治様
又同村大字霊安寺楠本治兵衛より具足一領幷に米拾石を借上げたり

田村吉永『天誅組の研究』（一九二〇）中川書店、六五 - 六六頁
※下線は引用者。以下同じ。

天誅組への物資の供与を示す記録です。注目したいのは私が附した下線部。御山の北厚治と霊安寺の楠本、この両名です。

**〈樽井の「師」――隣村（御山）の北厚治〉**

満五歳四ヶ月の時、村内地蔵寺の僧法伝師に就き、習字読本を学び〔その後〕村内の岡田重郎隣村の北厚治の二先生に歌道漢籍を学びたる。（樽井藤吉の自伝的手記）

田中惣五郎（一九三〇）前掲書、六七頁

次の目的地北氏の家へ向ふべく丹生川を渡つた。〔…〕御山の北さんと呼ばれて居る北氏の邸は、当主の妹さんが副島伯夫人であり、北氏の夫人は、ある高貴な身分の人の実姉である。そして一時は赫々たる御山の北さんであつたのだが、栄枯は廻る小車である。今は沈倫の北氏であるさうな。

〔北氏の夫人の証言によると〕「樽井が、森田さんから学んだと云ふのはどうですか、一寸受け取れません、森田さんは祖父と同年配でして、森田さんの方では、祖父を門人扱ひして居たやうですが、祖父の方では、相当に生活の援助もしてやつていた関係から〔…〕呼び捨てにして居たやうです〔。…〕樽井は、その祖父から学んでいたやうです。森田さんは弟の方が備中に医者をして居られたのでよくそつちへ行って居られたものです。月瀬と云つて後には漢学もやられたらしいんで、犬養木堂さんなどは、その弟子分ださうです。樽井は森田さんから習つたとは一寸思はれませんが」

田中惣五郎（一九三〇）前掲書、二九〇‐二九二頁

## 〈樽井の「義兄」――霊安寺の楠本氏〉

この手紙の宛て主である楠本氏は樽井の義兄であり、同時に留守宅を任してある大切な郷人である〔…〕（一七二頁）

楠本氏のお宅は霊安寺村にある。〔…〕樽井の生まれた家等が皆間近にあるのである。

〔…〕「兄弟分になつた訳は此の地方では長男の子が死ぬと、次のが死なぬ様に、

一度養子にやって又貰ひ戻すのです」
〔…〕「樽井が青壮年時代に私へ寄越した手紙は随分沢山あるのですが、皆散逸してしまつて」と言ひながら〔楠本氏は〕その著書大東合邦論、常平倉論、手紙、写真等が次々と並べられる。

長々と引用しましたが、天誅組にブロンズ製の大砲を提供した御山の北厚治は樽井の学問の師。天誅組に具足と米を提供した霊安寺の楠本は樽井の義兄の家（若しくはそれに近い人）。樽井はこの時、満年齢で十三歳。天誅組事件の顛末を「実体験」していたと考えて良いでしょう。

五條出奔以来、樽井の「放浪」と見える不規則な動きは、実のところ、時間的には日本の近代化を目指した経緯。空間的には郷里・五條を起終点とする一巡りのループ。その時空間の結節点が「天誅（忠）組」だったのです。

最後に、樽井の思想や言動に貫かれていた価値観を、あらためて樽井自身の言葉で確認しておきたいと思います。

明治二十六年第四議会での、樽井の緊急動議の趣旨説明です。

### （三）明治二十六年二月二十八日――樽井か、日本か。

（「第四回帝国議会議事速記録第四十六号」一〇九四－一〇九五頁『官報号外』一八九三・三・一

○議長（星亨君）〔…〕――今度は森本……貴方が緊急動議があるさうです

が、〔…〕
○森本藤吉君（百九十六番）　緊急動議の要領を述べます
〔森本藤吉君演壇に登る〕
〔…〕
○森本藤吉君（百九十六番）　一銭一厘も引けぬと言ふて居りながら五十万円も引いたのは、政府は此議会に対して嘘を言ふたのである、さうではごあんせぬか、現に政府が嘘を言ったと云ふことは諸君が御承知がなければならぬ筈である、又衆議院の議員に於て此内閣と竝立つことが出来ぬと言って居りながら是迄竝立って来たと云ふは我輩甚だどうも、（無用々の声起る）（背中合せと呼ぶ者あり）それで政府も罪あれば議会も罪がある、それで政府に対してはそれ丈の責を負はしむる所のことを是からして議長に託して上奏するか、（笑声起る）上奏案を別に作るに及びませぬ、議長は議院法に在る通りであるから、議長からしてそれ丈のことを言って貰へば宜い、現内閣は斯の如き嘘を言ったことであると上奏して貰ふか、左なくば衆議院が此政府と竝立つことが出来ぬと言ったから皆総辞職するか（自分で遣れと呼ぶ者あり）或は夫の上奏案に賛成した諸君は皆総辞職するか、辞表でも出すか（中村弥六君請ふ隗より始めよと呼ぶ）
○議長（星亨君）　それならばもう宜い、さう云ふことなら決を採ります、〔…〕
賛成者はありますか
〔賛成者一人もなしと呼ぶ者あり〕

○議長（星亨君）　賛成者がなければ動議は成り立たぬ、〔…〕次の議事日程〔…〕

嘘を言ってはいけない。言ったことは守らなければならない。

樽井はこれを、条約改正問題で紛糾する議場で、緊急に審議を要する議案として提起したのです。政府は議会で嘘をいった。だから政府は悪い。議会も内閣と並び立たないと言っておきながら並び立ってきた。これも嘘だ。だから議会も悪い。政府も議会も、国の重要政策を議論する前に、まず姿勢を糺せ。

これが樽井の緊急動議の趣旨です。この樽井の言葉に、議場の選良（政治家）たちは嘲笑で応えた。樽井の価値基準と当時の日本社会の価値基準の違いを明確に示す、象徴的シーンだと思います。

## （四）樽井はパンテオンに入れたか。

嘘はいけない。「道義」と「親和」の基本原理が守られなければ国や社会は成り立たないと——本気で——信じた政治家は、後にも先にも、おそらく大和国五條の樽井藤吉だけでしょう。樽井がリーダーに相応しいと思えないのは、古今の政治関係者が、樽井のようには「道義」と「親和」を大切にしなかったからです。彼等の代表者がリーダーのパンテオンを占拠し続ける限り、樽井の居場所はありません。

議場での発言が、一時的な思いつきや激情ゆえでなかったことは、東洋社会党の党則に綴られた言葉からも明らかです。

予が奉ずる所の君主は、道義のみ。
予が精神は則ち、道義。

この文言は、禁止命令を受けた後も修正されることはありませんでした。「私は道義に生きる。『道義』が何より大切だ」、この絶叫が、そのまま一〇年後の議場の「いったん口にしたことは、守らなければならない」に、一直線で繋がっていました。樽井の思想と言動には万古不変の人の道。「道義」が貫かれていたのです。

樽井の「道義」は既存のリーダーの仲間入りをするパスポートにはならないようです。でも新しい——真の——リーダーをつくるプレリュードになりそうな気がしています。

# 今回も、終業のあと

「あのぉ、シツモンがあるんですけどぉ」

「おや、出席していてくれていたのですか。で、なにか」

「なんかぁ、テンチュー組との関係が、イマイチはっきりしないなあと。センセー、なんか言い切ってないですよね」

「……はっきり言い切れないこともありますからね」

「イミシンなんだぁ」

「……意味深長の解釈が間違っていますが、歩きながら話しましょう。

樽井が議場で口にしたのは、簡単に言えば「嘘をついてはいけませぬ」です。直接的には政府の役人と議員たちに対する言葉ですが、樽井の一貫した言動から判断するともっと広範、と言うよりもっと根源に向けられていたはずです。以下は私の推理です。内容に自信はありますが物証がないので、教室では話せません」

「ふうん」

「樽井は大東国で日本を上書きし、公同民社で国家の枠組みを取り替えようとしました。明治国家のあり方、大日本帝国という国のかたちが気に入らなかったのでしょう。『明治維新発祥記』で素戔嗚尊の時代を日本の発祥と位置づけたことからも、それは明らかです」

「……ええと」

「神裔である人皇初代の神武から明治に連綿とつながる日本の皇統、つまり日本という国家は天照大神の神勅を淵源としています。樽井は日本建国の起点を神勅以前の、別のポイントに切り替えようとしたのです。別の日本をつくろうとした、簡略すればそれが樽井の全仕事に共通するコンセプトです。

あらためて、先の東洋社会党の党則を確認しましょう。


予が奉ずる所の君主は、道義のみ。

予が精神は即ち、道義。


『樽井の君主＝道義＝樽井の精神』となりますから、樽井は自分（の精神）しか信じない、さらには臣民が挙って奉ずべき神聖にして侵すべからずの存在も信じない、と断言していることになります」

「それって、マズくないですか」

「大問題です。ごちゃごちゃした党則の記述に紛れて、これまで見落とされてきたのでしょう。

樽井にとって五箇条の御誓文は神の福音でした。だがそれを神に誓った存在が、自ら率先して実行しようとはしない。道義を君主と奉じる樽井にとって、これは『嘘』です。樽井の『嘘はついてはいけませぬ』は、早い時点から、その存在にも向けられていたのです。また嘘をおつきになるのですか、と」

「また……？」

「『嘘はついてはいけませぬ』。樽井の血を吐くような言葉には、明治維新の前夜、汗《かん》の如しであるはずの綸言がいとも簡単に覆されて、志半ばで叛徒の汚名に塗れて散った「天忠(誅)組」への万感の想い、なかんずく痛切な「親和」の情が込められていたのです。

これ以上は言いません。興味があれば、ご自分でお調べください」

# 執筆者等プロフィール

**谷山正道（たにやま・まさみち）**

元天理大学文学部教授

１９５２年奈良県生まれ。広島大学文学部史学科卒業。同大学文学研究科博士課程前期修了。広島大学附属中・高等学校教諭、広島大学文学部助手、同講師・助教授を経て、１９９１年天理大学に着任。１９９６年から文学部教授（２０１７年退職）。博士（文学）。著書に『近世民衆運動の展開』（高科書店、１９９４）、『奈良県の歴史』（共著、山川出版社、２００３）、『近世地域史フォーラム３　地域社会とリーダーたち』（共編著、吉川弘文館、２００６）、『民衆運動からみる幕末維新』（清文堂出版、２０１７）、『奈良県立大学ユーラシア研究センター学術叢書１　vol.２　谷三山　師の師たる人』（共著、京阪奈情報教育出版、２０２２）、『奈良県立大学ユーラシア研究センター学術叢書２　vol.２　大和の国のリーダーたち』（共著、京阪奈情報教育出版、２０２３）など。

**井岡康時（いおか・やすとき）**

奈良大学文学部教授／世界人権問題研究センター研究員

１９５４年生まれ。１９７８年京都大学文学部史学科卒業。同年４月から１９９３年３月まで奈良県立高等学校教員、同年４月から２０１５年３月まで奈良県立同和問題関係史料センター勤務。２０２０年４月から現職。著書に『新版 水平社の源流』（共著、解放出版社、２００２）、『三宅のあゆみ』（共著、２００７）など。

**奥本武裕（おくもと・たけひろ）**

天理大学人間学部非常勤講師

１９６０年奈良県生まれ。龍谷大学大学院修士課程修了。県立高等学校教諭、奈良県立同和問題関係史料センター係長、同所長を経て、２０２０年から現職。論文「中尾靖軒と森田節斎―幕末・明治初期、被差別部落出身青年の修学経験―」（県立同和問題関係史料センター『研究紀要』第20号、２０１６）、「天文一向一揆と大和の地域社会」（県立同和問題関係史料センター『研究紀要』第22号、２０１８）、「明治期、被差別部落出身知識人の社会的・文化的基盤―中尾靖軒をめぐって―」（県立同和問題関係史料センター『研究紀要』第23号、２０１９）など。

**吉田栄治郎（よしだ・えいじろう）**

公益財団法人郡山城史跡・柳沢文庫保存会研究員

１９４８年奈良県生まれ。國學院大學文学部史学科卒業。日本大学大学院文學研究科修士課程修了。１９７８年より奈良市立一条高等学校・奈良県立高等学校教諭、奈良県教育委員会同和教育課指導主事、奈良県立同和問題関係史料センター所長。２００９年退職、同年から現職。著書に『奈良県教育百二十年史』（共著、奈良県教育委員会、1995)、『明治維新と歴史意識』(共著、吉川弘文館、2005)、『安堵町風土記―安堵の歴史点描―』(共著、安堵町、2019)など。

**幡鎌一弘(はたかま かずひろ)**

天理大学文学部教授

1961年大阪府生まれ。1984年東京大学大学文学部国史学専修課程卒業。同年学校法人天理大学(法人本部)勤務。1994年神戸大学大学院文学研究科史学専攻(日本史学)修了。同年天理大学おやさと研究所(助手)。2017年から現職。著書に『寺社史料と近世社会』(法蔵館、2014)『祭礼で読み解く歴史と社会 春日若宮おん祭の900年』(共著、山川出版社、2016)など。

**橋本紀美(はしもと・きみ)**

元安堵町歴史民俗資料館館長

1962年奈良県生まれ。大谷大学文学部史学科卒。1984年財団法人元興寺文化財研究所所員。県内市町村史の編纂事業等に関わる。1992年安堵町職員。1993年安堵町歴史民俗資料館担当、2011年から2022年まで同館館長。同年4月から同館再任用職員。著書に『安堵町風土記―安堵の歴史点描―』(共著。安堵町、2019)、『江戸時代人づくり風土記29 奈良』(共著、農山漁業文化協会、1998)など。

**山上豊（やまがみ・ゆたか）**

元奈良大学文学部非常勤講師

１９４８年奈良県生まれ。１９７６年関西大学文学部卒。奈良県職員を経て、２００８年大阪市立大学大学院経済学研究科修了。２０１３年から２０２３年まで奈良大学非常勤講師。著書に『奈良県の歴史』（共著、山川出版社、２００３）、論文「近代奈良の地域社会形成と名望家今村勤三―とくに「地方行政・政治家」としての活動を中心に―」（『奈良歴史研究』第七四号　２０１０）、「正倉院御物と奈良博覧会―とくに明治10年代の動向を中心に」（『歴史評論』第五七三号　１９９８）など。

**中島敬介（なかじま・けいすけ）**

奈良県立大学ユーラシア研究センター特任准教授、副センター長

１９５６年生まれ。２０１７年から現職。主な著作に「『勅語玄義』に見る奇妙なナショナリズム」東洋大学　井上円了研究センター編『論集　井上円了』（２０１９）教育評論社、「地域経営の視点から見た『平城遷都一三〇〇年祭』」『都市問題研究』第60巻11号（２００８）、「もう一つの観光資源論」『日本観光研究学会研究発表論文集No. 29』（２０１４）、「井上円了の国家構想」『東洋大学井上円了研究センター年報vol. 26』（２０１８）、「南貞助論―日本の近代観光政策を発明した男」『日本観光研究学会研究発表論文集No.34』（２０１９）など。

奈良県立大学ユーラシア研究センター学術叢書シリーズ3
vol.2　大和の国のリーダーたちII

2024年3月31日　初版第一刷発行

編　著　者：奈良県立大学ユーラシア研究センター
責任編集者：中島敬介（ユーラシア研究センター特任准教授・副センター長）

発　行　所：京阪奈情報教育出版株式会社
〒630-8325
奈良市西木辻町139番地の6
URL：http://narahon.com/　Tel：0742-94-4567
印　　　刷：共同プリント株式会社



ISBN978-4-87806-833-1